노동체제 변동과
한국 국가의 노동정책

(2003~18)

노동체제 변동과 한국 국가의 노동정책(2003~18)

1판1쇄 | 2020년 2월 10일

지은이 | 노중기

펴낸이 | 정민용
편집장 | 안중철
책임편집 | 윤상훈
편집 | 강소영, 이진실, 최미정

펴낸곳 | 후마니타스(주)
등록 | 2002년 2월 19일 제2002-000481호
주소 | 서울 마포구 신촌로14안길 17, 2층 (04057)
전화 | 편집_02.739.9929/9930 영업_02.722.9960 팩스_0505.333.9960

블로그 | humabook.blog.me
트위터, 페이스북, 인스타그램 | @humanitasbook
이메일 | humanitasbooks@gmail.com

인쇄 | 천일문화사_031.955.8083 제본 | 일진제책사_031.908.1407

값 15,000원

ISBN 978-89-6437-347-7 94300
    978-89-90106-64-3 (세트)

이 도서의 국립중앙도서관 출판시도서목록(CIP)은 e-CIP홈페이지(http://www.nl.go.kr/ecip)와
국가자료공동목록시스템(http://www.nl.go.kr/kolisnet)에서 이용하실 수 있습니다.
(CIP제어번호: CIP2020003420)

노동체제 변동과
한국 국가의 노동정책
(2003~18)

노중기 지음

후마니타스

일러두기

1. 단행본·정기간행물에는 겹낫표(『 』)를, 논문·기사·기고문·보고서 등에는 홑낫표(「 」)를,
   법령, 온라인 매체 등에는 가랑이표(〈 〉)를 사용했다.
2. 각 장의 출전은 책의 맨 끝에 정리했다.

차례

서문 · 6

1장 | **참여정부의 노동정책** · 9

2장 | **이명박 정부 출범과 노동정책 변동** · 49

3장 | **종속 신자유주의 노동체제와 국가 프로젝트 변동** · 81

4장 | **박근혜 정부의 노동정책에 관한 비판적 고찰** · 125

5장 | **한국 국가의 '노동 개혁'과 노동통제 전략** · 161

6장 | **2016년 촛불 혁명과 노동체제 전환의 가능성** · 199

7장 | **문재인 정부 노동정책의 평가와 전망** · 223

참고문헌 · 257

찾아보기 · 268

서문

한국 사회의 역동성은 다시 생각해도 놀랍기만 하다. 돌이켜 보면 지난 20년 동안 우리 노동자들이 살았던 한국 사회는 지옥 과도 같은 사회였다. 쌍용자동차 정리 해고 노동자들은 국가 폭력 에 시달리다 외롭게 죽을 수밖에 없었고 세계적 첨단 기업에서 수 많은 황유미들은 이유도 모른 채 죽어 갔다. 구이역 스크린 도어 의 김 군과 화력발전소의 김용균은 비정규 노동자들이 처한 비루 한 현실을 다시 한 번 보여 주었다. 게다가 이런 노동 지옥에 맞서 저항하면 폭력적 국가 장치, 곧 목숨을 위협하는 물대포와 천문학 적 액수의 손해배상, 그리고 가혹한 사법적 처벌이 기다리고 있었 다. 우리 젊은이들이 이런 대한민국을 '헬 조선'이라 한탄하면서 도 묵묵히 견딘 것이 기특할 정도였다.

노동 지옥 사회의 밤이 가장 깊었을 때 촛불은 새벽의 도둑처 럼 찾아왔다. 불을 먼저 밝힌 것은 역시 노동운동이었다. 그리고 이 2000만 명에 가까운 시민들이 한겨울 주말마다 거리를 메웠고 그해 겨울은 역사가 되었다. 우리 시민들과 청년들이 이런 노동 지옥 사회가 계속되어선 안 된다는 역사적 선언에 함께 나선 것이 었다. 4·19와 6월 항쟁을 만든 한국 사회의 역동성과 우리 시민 의 위대함을 다시금 확인한 거대한 역전이었다. 2017년 새로 들 어선 권력이 스스로 '촛불 정부'를 자임하며 노동 존중을 선언한 것은 어쩌면 당연한 일이었다.

우리 사회의 이와 같은 역사적 진전은 노동 연구자의 입장에서 보면 노동체제 변동의 가능성을 암시했다. 1997년 IMF(국제통화기금) 외환 위기와 함께 구조화되어 지난 20년 동안 한국 사회를 지배한 것은 '종속 신자유주의 노동체제'였다. 모든 것은 시장의 경쟁에 내맡겨졌다. 노동시장 유연화와 일자리 창출, 국가 경쟁력 강화, 개혁과 작은 정부, 법치주의 등 아름다운 구호들로 포장되었으나 하나같이 허울에 불과했다. 결과는 가혹한 양극화 사회, 노동 빈곤과 비정규직 천지의 신자유주의 사회였다. 서구와 비교할 만한 정도가 아니라는 의미에서 그것은 종속 신자유주의 사회라 할 만했다.

이 책의 화두, 곧 '촛불이 새로운 노동체제의 서막일 수 있다'는 생각은 연구자의 소망 사고일지도 모른다. 문재인 정부 전반기의 개혁 성과와 곧 이어진 개혁 후퇴를 보면 난감한 것은 어쩔 수 없다. 그러나 필자는 꼭 그렇게만 생각하지 않는다. 지금 현실에서 '노동 존중'은 여전히 보잘것없으나 미래가 반드시 암울하지만은 않다는 것이다. 노동체제론이 요구하듯이 좀 더 장기적이고 구조적인 시각으로 이 문제를 봐야 한다.

이 책은 지난 시기 한국 국가의 노동정책에 관한 비판적 연구들을 묶었다. 처음부터 의도하지는 않았으나 결과적으로 보면 이 책의 연구 결과들은 새로운 노동체제의 전망과 연결되어 있었다. 촛불로 들어선 문재인 정부의 새 노동정책과 노동통제 전략, 그 가능성과 한계를 가늠할 준거가 될 수 있기 때문이다.

출간 시점을 고려해 어색한 표현을 일부 수정했다. 그러나 글을 쓰면서 이후의 변화를 전망한 부분은 남겨 두기도 했다. 그 내용과 실제로 펼쳐진 현실을 비교해 보는 것도 의미가 있으리라고 생각한다.

필자는 문재인 정부의 새 노동정책이 노동 존중으로 곧장 귀결될 가능성이 높지 않음을 잘 알고 있다. 다만 일정한 조건이 충족된다면, 그리고 정세의 변동이 긍정적으로 작동한다면 그 출발점이 될 수 있다고 생각한다. 매우 복잡한 정치사회학적·역사적 변수들이 개입하겠으나 그 가능성은 아직 남아 있다. 특히 노동운동 주체들의 조직 역량 확대와 전략적 개입이라는 중요한 변수가 남아 있기 때문이다.

돌이켜 보면 경험적·논리적 취약성이 많은 논문들이었다. 출간을 주저하는 필자에게 힘을 준 동료 연구자들에게 깊이 감사드린다. 한국산업노동학회와 비판사회학회의 동료 연구자들이 없었다면 이 책은 나올 수 없었을 것이다. 마찬가지로 어려운 조건에서 책을 만드는 노고를 짊어진 후마니타스 편집부에도 감사의 마음을 전한다.

2020년 1월
노중기

1장

참여정부의 노동정책

1. 머리말

2003년 노무현 정부는 '노동자에 대한 희망의 약속'을 통해 노동자들의 표를 얻어 집권했다. 노동운동 경력에 투옥된 경험까지 있는 대통령 후보가 제시한 '희망'에 노동자들이 투표한 것은 충분히 이해할 만했다. 대통령 선거 공약에서 노무현 후보는 노동정책 기조를 '보람 있는 일자리 창출', '사회 통합적 노사 관계의 구축', '삶의 질의 향상' 등 세 가지로 압축했다.

여기에는 차별받지 않는 '제대로 된 일자리'decent work 창출, 사회적 파트너십 형성과 민주적 노사 관계, 지구적 표준global standard 의 노동권 도입, 사회복지 확대, 비정규직 차별 완화, 최저임금의 현실화, 모성보호 확대 등이 구체적인 정책 목표로 포함되었다. 더 구체적으로는 현안 이슈에 관한 입장으로 주 5일 근무제 실시, 공무원 노동기본권 보장, 노사정위원회 강화, 비정규 노동자 보호, 외국인 노동자 보호 등을 열거했다(새천년민주당 대통령선거대책위원회 노동위원회 2002 참고).

제도 정당 정치 세력 가운데 상대적으로 개혁적이고 민주적이었을 뿐만 아니라, 후보가 '민주 노조 운동' 출신 노동운동가였던 만큼 노동자들의 기대는 어느 때보다 높았다. 또 김대중 정부의 노동 배제 구조 조정 탓에 생활 기반을 잃어버린 노동자들이 수백만 명에 달하고 노동조건과 삶의 질이 급속도로 악화되던 상황이었다는 점도 기대감을 높인 요인이었다. '사회 통합적 노사 관계 구축'이라는 정책 기조는 대중의 표심을 불러 모으기에 충분했다.

그러나 노동자들의 지지와 기대를 한 몸에 받아 출범한 노무현 정부의 노동정책은 그 기대와 전혀 다르게 진행되었다. 집권 초기 몇 달을 제외하면 이전 정부의 노동 배제 전략과 다를 바 없었기에 노동자와 노동조합의 정부 정책에 대한 불신은 심화되었다. 비정규 노동자들의 자살과 투쟁이 계속되는 가운데 2005년에는 오랫동안 친정부 입장을 견지해 온 한국노총마저 전면적인 대정부 투쟁에 나서기도 했다. 당시 양 노총은 노동부 장관 퇴진을 걸고 노사정위원회와 노동위원회에 불참을 선언한 바 있었다. 특히 정부가 강조했던 비정규 노동자 보호 입법과 노사 관계 선진화의 제도 개혁 과제는 파행으로 점철했다. 비정규 노동자 관련 법은 비정규 노동자와 민주노총의 강력한 반대에 부딪혔다. 그리고 2006년 9월 11일 노사 관계 선진화 방안(로드맵)에 대한 노사정 합의는 민주노총을 배제하고 복수 노조 허용과 전임자 임금 지급 금지 문제를 다시 유예하는 것으로 끝났다.

이 장은 노무현 정부의 노동정책을 개관하고 그 특성을 정리하고자 했다. 2절에서는 시기별로 정책이 전개된 흐름을 정리할 것이다. 3절에서는 노동정책의 전개에서 나타나는 쟁점들을 추출하고 이를 분석적으로 논의하고자 한다. 여기에는 노동통제 방식의 변화, 사회 통합 정책의 포기와 그 이론적 함의, 노사정 합의 체제의 성격 분석 등이 포함된다. 마지막으로 4절에서는 노무현 정부의 노동정책을 1987년 이후의 노동체제 변동이라는 맥락 위에 위치 지우며 그 함의를 고찰하고자 한다.

2. 노무현 정부의 노동정책 개관

노무현 정부의 노동정책은 크게 두 시기로 나누어 살펴볼 수 있다. 먼저 2003년 2월 집권한 이후 몇 개월 동안에는 이전 정부들의 노동 배제 정책과 구별되는 정책들이 시도 및 실행되었다. 그러나 이 기간은 4개월을 넘기지 못했고 6월 이후 정책 기조는 크게 변화했다. 2003년 6월 28일 철도 파업, 전교조(전국교직원노동조합)의 NEIS(교육행정정보시스템) 연가 투쟁을 전환점으로 공권력이 투입되었고 파업 파괴와 구속·수배 조치가 재개되었다. 이후 3년간 노동정책은 더욱더 강경한 입장으로 나아갔고 새로운 정책적 전망은 나타나지 않았다(박태주 2006).

먼저 당선 이후 인수 위원회의 작업에서도 선거 공약의 정책 기조는 유지되었다. 비정규직 문제 등에서 일부 현실화 조치가 있었으나 손해배상 소송 남용 방지 등에서는 정책 내용이 더 구체화되었다.[1]

그리고 노무현 당선자는 정권 출범 직후 이전 정부와 뚜렷이 다른 모습을 보였다. 3월 12일 두산중공업 배달호 열사 관련 합의 타결, 4월 20일 1차 철도 파업과 5월 1차 화물연대 파업에서

---

[1] 대통령직인수위원회 업무 보고(2003년 1월 9일)나 국정 과제 발표(2월 21일) 등 여러 차례 노동정책 기조가 발표되었다. 여기서는 비정규직 관련 기존 입장의 완화, 손해배상 청구 소송과 가압류 청구의 남용 방지, 필수 공익사업장 축소와 직권 중재 제도 개선, 구조 조정 과정에 대한 노동자 참가, 노사정위원회 내실화, 공무원노조의 노동기본권 보장, 산업 업종별 교섭 구조 확산 등이 제시되었다. 자세한 내용은 신원철(2004) 참고.

이루어진 노·정 합의 등이 주요 사례였다. 또 4월 초 대통령은 노사 관계의 거시 구조 개혁을 다룰 연구 팀을 만들라 지시했고, 이에 따라 노사정위원회는 '노사관계발전추진위원회'를 구성해 운영했다.

집권 초반기 노동정책은 여러 면에서 주목할 만한 정책적 변화를 내포했다. 먼저 오랫동안 노동 정치를 규정해 온 국가의 노동 배제 전략에 상당한 변화가 감지되었다. '노자 간에 힘의 불균형이 있으므로 이를 바로잡겠다'는 대통령의 발언은 오랫동안 계속된 자본 편향적인 노동정책에서 벗어나려는 것으로 해석되었다.[2] 이는 구조적으로 자본에 유리하게 작용하고 노동자들을 탄압하는 수단으로 사용된 여러 제도들을 개선하겠다는 정책적 약속으로 구체화되었다. 여기에는 필수 공익사업 지정과 직권 중재 문제, 손해 배상 청구 소송과 가압류 문제, 공무원노조의 노동기본권 보장 등 법·제도적인 것뿐만 아니라 비정규 노동에 대한 제도 개선, 공권력 투입 자제, 구조 조정 과정에서의 노동자 참가와 일방적 민영화 방침 철회, 노사정위원회 개혁 등 더 중요한 정책 전환 요소들이 포함되어 있었다. 특히 산업 업종별 교섭 구조가 형성되도록 정부가 노력하겠다는 정책적 전망을 제시한 것은 커다란 의의가 있었다. 비록 그것이 불필요한 소모적 갈등이나 교섭 비용을 줄여 산업 평화를 이루겠다는 소극적인 성격을 띠었으나 전근대적·기형적 노사 관계의 제도적 기초를 건드렸다는 점에서 중요한 시도

---

2 2월 말 대통령 당선자가 양 노총, 특히 민주노총을 방문한 것은 처음 있는 일이었다.

라고 할 만했다.

그러나 집권 초반기의 노동 포섭 정책은 4개월이라는 짧은 기간이 지난 이후에 전면적으로 파기되었고 정책은 급박하게 전환되었다. 정책적 대전환은 먼저 대통령이 노동운동을 비판하는 발언들에서 예기되었다. 대통령은 6월 이후 노조를 특권 집단이라고 주장하기 시작했고 8월에는 대기업 노조의 이기주의를 본격적으로 언급했다.[3]

더불어 정부가 노동정책을 형성 및 결정하는 과정에도 분명한 변화가 나타났다. 사회 통합 정책을 입안했던 청와대의 정책 담당자가 교체되고,[4] 정책 기획의 주도권은 청와대에서 노동부 및 산업자원부 등 정부 부처로 넘어갔다.

한편 노사정위원회의 노사관계발전추진위원회 구성이 추진되는 상황에서 7월 중순 노동부는 노사관계제도선진화위원회를 독자적으로 구성해 정책 수립 주도권을 장악했다. 한 달 동안 급조해 9월 4일 발표된 노사 관계 선진화 개혁 방안은 이른바 '노동쟁의 대항권'을 제도화하는 등 사회 통합 또는 개혁과는 거리가 먼 새로운 노동통제 정책이었다.[5] 그리고 2003년 8월 2차 화물연대

---

[3] 6월 23일 지방노동관서 근로감독관 특강에서는 '정부를 길들이려 하는 파업, 노조', 27일 포브스 대담에서는 '노조 특혜 축소' 발언이 있었다. 그리고 8월 13일 포스코 포항 공장을 방문해 대기업 노조가 집단 이기주의에 빠져 있다고 강하게 비난했고 이 비난은 2004년까지 계속되었다.

[4] 2003년 6월 말 이른바 새만금 가족 헬기 관광 사건으로 청와대 노동팀장이 해임되었다. 그는 선거 과정과 정권 초반기에 사회 통합적 노사 관계의 정책 기조를 수립·집행한 인물이었다. 물론 헬기 관광 문제는 본질적인 경질 이유가 아니었다.

파업에 대해 정부는 공권력 투입과 파업 진압, 구속과 수배, 손해 배상 청구 소송을 재개했다. 8월 말 주 5일제 노동시간 단축안을 민주노총의 반대 속에 입법화한 이후 하반기는 이른바 비정규 노동자들의 '열사 정국'으로 막을 내렸다.

정책 전환은 9월 초 노사 관계 선진화 방안의 개요가 공표되면서 보다 공식화되었다. 〈표 1-1〉에서 보면 선진화 방안은 '사용자 대항권'이라는 새로운 법 조항을 대폭 도입한 것이 특징이었다. 이는 신정부 출범 직후에 발표된 인수위 보고서의 내용과 크게 대비되었다. 즉 인수위 정책 방향이 '국제적 기준에 부합하는 노사 관계', '책임과 자율의 노사 자치', '대화와 타협' 등 제도 개혁을 강조했다면, 선진화 방안은 노사 갈등에서의 비용 최소화, 노동시장의 유연성 강화, 노사 관계 법질서 확립 등 노동쟁의를 통제하는 데 그 초점이 있었다. 요컨대 선진화 방안의 핵심은 노동쟁의를 법적·제도적으로 봉쇄하는 것이었다.[6]

---

5 7월 말 노동부는 노조에 대한 사용자의 대항권 강화 방안을 산업자원부에 요청했고 산자부는 재계 의견을 수렴해 기업 경쟁력을 끌어올릴 수 있는 12개 방안을 선진화위원회에 제출했다. 노동관계법 선진화 방안, 이른바 참여정부의 노사 정책 '로드맵'은 자본의 이해를 반영해 노동쟁의를 봉쇄하려는 제도적 장치였다(『경향신문』 2003/08/07 참고). 로드맵 내용에 대한 자세한 비판으로는 한국노동사회연구소·민주사회를 위한 변호사 모임 (2003), 민주노총(2003) 참고.

6 더 정확히 말하자면 최초의 선진화 방안에 노동 개혁적인 요소가 없지는 않았다. 작업장 단위 복수 노조 허용, 직권 중재 폐지, 손배·가압류 문제의 해결 등이 그것이었다. 그러나 이 개혁 요소들은 최소한으로 제한된 점, 그리고 사회 통합적 노사 관계와 조응하지 않는 '사용자 대항권'이 갑자기 도입된 정책적 흐름을 주목할 필요가 있다. 또 이 사항들은 이미 최초 안에서 창구 단일화 강제, 대체 노동의 도입 등으로 개혁의 의미는 사실

표 1-1 **노사 관계 선진화 방안 요약**

구분		현행	노사 요구	선진화 개선 방안
노동권 신장	실업자 자격	조합원 자격 제한	ⓝ 자격 요구	초기업 단위 노조에 한해 자격 인정
	기업 복수 노조	2007년 허용	ⓝ 즉시 허용	교섭 창구 단일화 전제 허용
	제3자 개입	신고 및 처벌	ⓝ 즉시 폐지	폐지
	손배·가압류	신원보증인 연대책임	ⓝ 남용 방지 요구	보증 책임 제한, 법·제도 개선
	조정 절차	조정전치주의	ⓝ 폐지	조정 방법 절차 개선, 전치주의 폐지
	직권 중재	필수 공익사업에 적용	ⓝ 폐지	직권 중재 폐지, 공익 범위 재검토
사용자 대항권 강화	전임자 임금	2007년 지급 금지	ⓝ 자율 / ⓢ 실시	예외 기준 설정 후 지급 금지 실시
	유니언숍제	3분의 2 노조에 허용	ⓢ 금지	단결 선택권 보장(1안), 금지(2안)
	부당노동행위	사용자 형사처벌	ⓢ 노조 부당노동 행위 조항 신설	노조 행위 준칙 명시, 사용자에 대한 직접 형사처벌 제도 정비
	직장폐쇄	사후적·방어적 사용	ⓢ 불법 파업에 허용	합법·불법 쟁의 시 모두 허용
	대체 노동	사업 내 인원만 대체	ⓢ 전면 허용	공익사업에 허용
	긴급조정	쟁의 금지, 강제 중재	ⓝ 강제 중지	긴급조정 기간 연장, 강제 유지
	부당해고	형사처벌, 구제명령	ⓢ 처벌 폐지, 보상	처벌 폐지, 복직 대신 금전 보상 제도
기타	정리 해고	경영상 해고 인정	ⓝ 해고 제한 강화	도산 절차 기업 해고 요건 완화

자료 : 노동부(2003, 9) 수정.

한편 2004년 2월 10일에는 노사정위원회에서 '일자리 만들기 사회 협약'이 체결되었으나 그것은 총선을 염두에 둔 일종의 전시 행정이었다. 더욱이 정책을 입안하고 결정하는 중심이 서서히 노사정위원회로부터 노동부로 넘어오던 국면이었으므로 그 실효성은 처음부터 제약되어 있었다. 같은 날 신임 노동부 장관이 임명되면서 변화된 정부 정책 방침이 구체적으로 실행될 수 있었다.[7]

상 크게 퇴색되어 있었다. 결국 손배·가압류 문제가 완전히 배제되고 나머지 두 조항이 3년 유예로 귀결된 이후 노동 정치 전개의 단초는 최초의 로드맵에 내재해 있었다고 볼 수 있다.

2004년 상반기는 대통령 탄핵 사태와 관련해 어수선하게 지나갔고 민주노총의 탄핵 반대로 노·정 관계의 대립은 선명하게 드러나지 않았다.[8] 그러나 하반기의 지하철노조 연대 파업, GS칼텍스노조 파업, 코오롱노조 파업에 대한 강경 진압에서 정부의 대응은 보다 뚜렷해졌다. 더욱이 가을에 일어난 공무원 노동자들의 파업에는 범정부 차원에서 강경 대응하는 모습을 보였고, 결국 노동기본권을 거의 봉쇄하는 '권리 보장 법안'을 국회에서 통과시켰다. 공무원노조 특별법은 6급 이하 공무원까지로 가입을 제한했고, 단체교섭 의제를 심각하게 제한했으며, 단체행동을 금지하는 등 노동기본권 허용이라는 기본 취지를 부인하는 법안이었다. 간부들 대다수가 노조 활동을 할 수 없어 기존 노조를 해체해야 했던 전국공무원노조는 이에 강하게 반대했고, 정부는 대규모 해고와 사법 처리로 대응했다. 이는 본질적으로 2003년 하반기에 전환한 정부 정책의 연속선상에 있는 정책 실행이었다.[9]

---

7 김대환 노동부 장관은 전투적 노조 운동, 대기업 노조에 대해 비판적인 시각을 대통령과 공유했으며 노사정위원회 밖의 노·정 대화를 강조하기도 했다. 그에게 노사정위원회는 불필요한 경쟁 조직이었을 개연성이 크다(『한국경제신문』 2004/02/11 참고).

8 일부에서는 2004년 전반기에 다시 정부 정책의 변화가 있었다고 추측하지만(병원노조 산별 교섭을 강하게 억압하지 않았다는 것이 그 근거이다) 필자는 그렇게 보지 않는다(박석운 2005 참고).

9 정부의 노동통제에서 새로운 시도들이 나타나고 있다는 점에 주목할 만하다. 2004년 연말 대통령은 영국 방문 중에 BBC와의 대담에서 강성 노조에 대해 '통제 가능한 수준에서 관리할 수 있다'는 자신감을 내보였다. 대통령의 신호는 2005년 연초부터 기아자동차노조와 현대자동차노조 간부의 개인 비리 폭로 및 수사, 한국노총 전·현직 간부에 대한 수사와 국고 재정 지원 중단 등의 기획 수사 및 재정적 통제로 나타났다.

특히 같은 해 8월 정부가 일방적으로 제출한 비정규 노동자 관련 입법안은 '보호 법안'이라는 정부의 주장과는 정반대로 대책 없이 비정규직을 양산할 수 있는 법률이었다. 민주노총과 비정규 노동자 당사자들이 강력하게 저항했고 국가기관인 인권위원회가 권고했음에도, 정부는 이를 무시하고 일방적인 법제화 의지를 굽히지 않았다.

이렇게 노무현 정부 전반기를 개관해 보면 이른바 '사회 통합적 노사 관계'에서 '기업 하기 좋은 나라'로의 정책 전환이 누구도 부인하기 힘들 만큼 명료하게 나타난다(조돈문 2005). 여기에는 2003년 하반기 이래 자본이 주도해 엄청난 규모로 생산하고 유통한 '경제 위기 이데올로기' 공세가 주요한 배경이 되었다. '위기가 아니다'라는 노무현 정부의 반복된 반론과 하소연은 양극화된 사회에서 생계 위기에 시달리는 대다수의 시민들에게는 전혀 효과가 없었다. 결국 자본과 보수 야당의 압력 아래서 정부는 손쉽게 정책 기조를 바꾸었던 것이다. 이제 정책 기조는 신자유주의 노동시장 유연화와 비정규직 확대, 노동조합을 통제하고 쟁의권을 제한하기 위한 법·제도의 도입으로 전환되었다.

2003년 하반기 이래 정책 입안과 실행에서 소외된 노사정위원회는 비정규 관련 입법 과정에서 잘 나타나듯이 무기력한 조직으로 전락했다. 대통령이 토로한 것처럼 '사회 통합적 노사 관계'는 실패로 드러났다.[10] 노사정위원회가 주도해 만든 '노사 관계 체제

---

10 양 노총이 장관 퇴진을 요구하던 2005년 여름 노무현 대통령은 사회 통합적 노사 관계

18

발전 전략'은 누구도 언급하지 않는 일이 되었다(노사관계발전추진위원회 2003 참고).[11] 반대로 노동정책의 입안과 실행은 경제 부처들의 강력한 지지하에 노동부로 일원화되었고 노동부 장관의 발언에도 힘이 실렸다. 여러 구설수에 오르고 양 노총의 결사적인 퇴진 투쟁이 있었음에도 김대환 노동부 장관은 장기간 임기를 채울 수 있었다. 재벌 주도하의 자본, 보수 경제 부처와 노동부 관료, 그리고 대통령의 강력한 신임이 삼박자가 되어 그의 신자유주의 노동정책 실행을 뒷받침했기 때문이다. 이런 자본 연대에는 야당도 중요한 막후 행위자가 되어 협력했다고 볼 수 있다. 그런 의미에서 김대환 장관은 적어도 노동정책에 관한 한 2003년 하반기에 다시 구축된 '신자유주의 대동맹'neoliberal grand coalition의 삼각 꼭지 위에 올라탄 막강한 지휘자였던 셈이다.[12]

비정규 노동자 관련 법안과 공무원노조 특별법 사태로 노동조합의 강력한 반발에 직면한 정부는 2005년 들어 새로운 방식으로 노동조합을 압박했다. 연초부터 불거진 대기업 노조의 비리 사태가 그중 하나였다. 기아자동차와 현대자동차 전·현직 노조 간부

가 실패했다고 토로했다. 노사 협력 유공자 오찬 간담회(2005년 6월 24일), 언론사 보도·편집국장단 간담회(2005년 7월 7일)의 대통령 발언 참고.

11 노사관계발전추진위원회에서는 원래 노사정 협력 체제 구축, 업종·지역별 협의 제도 확충, 사업장 노사 관계 혁신, 공공 부문 노사 관계 제도화 등 4대 정책 과제를 제시했다. 그러나 노동부의 로드맵이 여기에 삽입되어 5대 정책 과제로 변질되었다. 로드맵과 4대 정책 과제의 어색한 결합은 노무현 정부 노동정책의 내적 갈등을 보여 준다.

12 노동과 극한 대립을 계속했던 김대환 장관은 참여정부에서는 예외적으로 기업과 보수 언론의 호평을 받았다(〈레이버투데이〉 2006/03/07 참고).

들의 신입 사원 채용 비리는 민주노총 산하 노동조합의 도덕성에 심각한 타격을 주었다. 또 2005년 내내 계속된 한국노총과 민주노총의 최고위급 전·현직 간부의 뇌물 수수 혐의에 대한 기획 수사도 마찬가지였다. 이는 언론과 여론을 동원해 노조를 압박함으로써 정부의 정책 의지를 달성하려는 이데올로기 전술이자 정치 공작이었다. 노사정위원회 참가와 관련한 민주노총 내부의 갈등을 비민주적인 노조 활동, 폭력 집단으로 매도한 사례도 마찬가지였다. 2005년 초 민주노총 대의원대회에서 벌어진 내부 갈등을 제도 언론은 대대적으로 보도했고 노동조합에 대한 여론은 극도로 악화되어 갔다.[13]

정부의 노조 압박 전술로 말미암아 2005년 내내 노·정 관계는 최악의 상황으로 치달았다. 정부는 조종사노조의 파업에 두 차례 긴급조정권을 발동했고 보건의료노조의 파업을 직권 중재에 회부했다. 또 정부의 비정규 법안에 대한 국가인권위원회의 비판 의견, 그리고 충주레미콘노조 간부 사망 사건에 대한 김대환 장관의 대응은 갈등을 더욱 심화했다.[14] 결국 양 노총은 장관 퇴진을 내걸고 노사정위원회는 물론 노동위원회에서 철수하는 초유의 방식으로 저항했다. 또 양 노총은 오래전에 부산에서 개최하기로 예정되

---

13 2005년 초에 시작된 이런 여론 공세는 2006년까지 이어졌다(『한겨레』 2006/02/13 참고).

14 긴급조정은 해방 이래 두 차례뿐이었으며 직권 중재는 로드맵에서 거의 폐기될 것으로 확정된 법 조항이었다. 또 김대환 장관은 국가기관인 인권위원회의 권고를 두고 '노동시장 선진화로 가는 과정의 마지막 돌부리'라고 비난하면서 노동자 사망은 자신과 무관하다고 발언했다.

표 1-2 9·11 선진화 방안 노사정 5자 합의안 개요

구분	선진화 방안	9·11 합의안	민주노총 입장
① 전임자 급여	지원 금지, 예외 인정	3년 유예	노사 간 자율 결정
② 기업 복수 노조	창구 단일화 후 허용	3년 유예	허용, 교섭 창구 자율화
③ 대체 노동	공익사업에 허용	필수 공익사업에 허용	대체 노동 확대 반대
④ 직권 중재	필수 공익, 직권 중재 개념 폐지	직권 중재 폐지, 필수 공익 확대	직권 중재 폐지, 필수 공익 범위 축소(철도·석유)
⑤ 부당해고	벌칙 삭제, 금전 보상	해고 벌칙 삭제, 금전 보상	벌칙 유지, 금전 보상에 노동자 동의권 신설
⑥ 경영상 해고	도산 절차 기업 요건 완화, 통보 기간 차등, 연장	사전 통보 기간 30~60일로 차등	조건 없는 재고용 의무화, 통보 기간 단축 반대

자료 : 민주노총(2006a).

어 있던 국제노동기구ILO의 아시아태평양총회 참가를 거부하고 회의를 무산시켰다.

악화 일로를 치닫던 노·정 관계가 부분적으로나마 회복된 것은 노동부 장관과 민주노총 지도부가 교체된 2006년 3월 이후였다. 2004년 4월 이후 중단되었던 노사정대표자회의가 2006년 6월 재개되었고 로드맵이 본격적으로 논의되었다. 그러나 이 노사정 교섭은 2006년 9월 11일 민주노총을 배제한 채 한국노총, 경총(한국경영자총협회), 대한상의(대한상공회의소), 노사정위원회, 노동부 등 5자 합의로 끝났다. 이는 민주노총을 배제했다는 절차적 문제는 물론, 복수 노조 금지 폐지, 전임자 임금 지급 금지를 다시 3년 유예함으로써 내용상으로도 '선진화' 방안이라는 이름을 무색하게 했다.

3. 노무현 정부 노동정책의 쟁점

정책 전환이 매우 뚜렷했기 때문에 노무현 정부 노동정책의 본질에 대해서는 큰 이견이 있기 어렵다(신원철 2004; 조돈문 2006; 신광영 2005; 최장집 2006; 박태주 2006). 이 시기의 노동정책에서 노동조합은 '사회 통합', '사회적 대타협' 등의 정책 구호가 선전용이었거나 결국 이데올로기였다는 사실을 인정할 수밖에 없었다. 1996년 노사관계개혁위원회로부터 시작된 '노동 개혁' 이데올로기, 그리고 김대중 정부의 '참여와 협력' 이데올로기가 막다른 곳에 온 것이었다. 노무현 정부 노동정책의 귀결은 우리 노동 사회에서 노동계급의 힘이 뒷받침되지 않고 구조적 토양이 부재한 가운데 주창되는 '개혁'과 '참여'의 근본적 한계를 보여 주었다.

그렇지만 일견 명확해 보이는 정부의 노동정책에 대해 그 함의와 의미를 좀 더 천착해 볼 필요가 있다. 명료한 것처럼 보이는 사안을 어떻게 받아들일지에 관해 여러 견해가 있고, 또 그 과정에서 우리가 더 고민할 쟁점들이 숨어 있기 때문이다.

1) 노동통제 방식의 특성과 함의

먼저 노무현 정부의 노동정책은 1987년 이후 노동정책의 흐름에서 1990년대 후반 이래의 새로운 양상을 뚜렷이 보여 주었다. 즉 군부독재의 억압적 노동체제를 해체하는 흐름이 일정하게 종료하면서 반대로 새로운 통제 수단들을 강력하게 제도화하기 시작하는 변화를 읽을 수 있다. 1997년 3월 노동법 개정과 1998년 정리 해고 법제화가 그 첫 단계였다면 비정규 노동을 확대하기 위한 법 개정, 노조의 쟁의권을 제한하는 선진화 방안 제도화, '전투적인' 대기업 노조에 대한 총체적 공격과 각종 비리 수사는 그 마무리 단계에 해당한다. 또 과도기 동안 모순적인 노동 정치를 상징했던 노사정위원회와 참여와 합의의 이데올로기가 후퇴하는 현상도 새로운 노동체제의 모습을 구체화하는 의미를 갖는다. 고용 정책, 특히 '일자리 창출'과 '법과 질서'라는 정책 슬로건이 '노동 개혁'을 대체한 데서도 정책 전환의 모습이 뚜렷하게 나타났다. 노사 관계 정책을 축소하고 고용정책 비중을 늘리려는 노력들은 주목할 만한 현상이었다.

노사 관계 선진화 방안의 의미는 바로 새 노동체제인 '종속 신자유주의 노동체제'dependent neoliberal labour regime[15]의 노사 관계 모델이 제도화하는 데 있을 것이다. 비록 모두 법제화되지는 못했으나 애초 제시되었던 로드맵 정부안은 국가와 자본의 노동정책의 청사진을 잘 보여 준다. 사용자의 대항권 개념 도입, 공익사업에 대한 대체 노동 허용, 합법적 쟁의에 대한 직장폐쇄 허용, 공익사업 최소 의무 유지 도입 및 공익 범위의 확대, 권리 분쟁의 교섭 및 쟁의 대상 제외 법제화, 협약 유효 기간의 연장, 쟁의행위 투표 방식 제한 등 새로운 법·제도적 통제 장치로 노동문제를 해결하겠다는

---

15 '종속 신자유주의 노동체제'의 개념에 관해서는 노중기(2006a) 참고. 비슷하게 최장집(2006, 19)은 '신자유주의 정책 레짐'이라는 개념으로 노무현 정부의 정치적 지배 양식을 개념화했다.

표 1-3 **파업 관련 구속 노동자, 손해배상·가압류 청구 현황** (단위 : 명, 개사, 100만 원)

구분	2003년	2004년	2005년	2006년 6(7)월
구속 노동자 수*	165 (204)	71 (337)	114 (109)	136 (117)
손해배상 청구액**	11,539 (16)	6,722 (7)	18,725 (16)	5,400 (8)
가압류 신청액**	15,027 (17)	15,306 (10)	3,011 (14)	4,629 (5)

주 : * 구속 노동자 수 항목 중 괄호는 민주노총 집계 구속자 수이다. 정부와 민주노총의 구속자 통계는 서로 크게 다르다. 정부가 공식 노조 조직의 파업 노동자 중 구속자를 집계했고, 민주노총은 모든 구속 노동자를 대상으로 했기 때문이다. 예를 들면 2004년의 경우 합법 조직이 아닌 공무원 노동자 구속자가 대거 포함된 것으로 보인다. 반면에 2005년과 2006년 구속자는 정부 집계가 더 많은데 이는 민주노총 집계가 정확하지 않음을 반영한다. 전체적으로 이 수치는 김영삼 정부(연평균 126명)나 김대중 정부(178명)의 구속자 수를 크게 상회한다.
　　** 손해배상 청구액과 가압류 신청액 항목 중 괄호는 업체 수이다.
자료 : 노동부(2006b); 조돈문(2006, 210); 김태현(2006).

의지는 분명했다. 그 핵심은 조직 노동의 파업권을 제한하는 데 있었다.

2006년 9·11 합의의 결과는 여전히 불투명하고 복수 노조와 전임자 임금 등 유예 조항들은 다음 정부에서 다시 문제가 될 사안이었다. 그렇지만 영국이나 미국의 과거 경험을 떠올리지 않더라도 정책의 기본 흐름이 신자유주의 시장 체제, 법과 질서 중심의 노동 행정에 있음은 분명해졌다.[16]

〈표 1-3〉에서 보듯이 노무현 정부 기간 내내 전통적인 공권력 투입, 구속·수배 등 물리적 억압이나 손해배상 청구 소송 및 가압류 등의 법적 통제는 강화되거나 지속되었다. 이에 대해 대통령은 파업 건수가 줄었다고 강조하면서 "구속 노동자가 늘어난 것은

---

[16] 2003년 10월 대통령은 파업을 매년 반으로 줄이겠다는 시정 연설을 하기도 했다(〈레이버투데이〉 2005/09/15 참고).

법을 적용하는 잣대가 엄격해졌기 때문"이라고 설명했다.[17] 결국 정부의 통제 정책의 직접적인 목표는 쟁의 봉쇄였으며 이를 위해 법적·물리적 통제 수단을 강화하는 정책을 실행했다. 또 비정규 노동자들의 연쇄 자살을 초래했던 손해배상·가압류 문제는 정부가 로드맵으로 개선 의지를 밝혔음에도 실제로는 전혀 개선되지 않았다. 결국 9·11 합의에서 이 문제는 논의조차 되지 않았다.

다음으로 이데올로기 통제 수단의 사용도 물리적 폭력 확대와 함께 강화되었는데 약간의 내용 변화가 있었다. 김대중 정부와 비교하면 노사정위를 매개로 한 '참여와 협력' 이데올로기 비중은 줄어들고 반대로 민주 노조를 공격적으로 비난하는 이데올로기가 강화되었다. 2003년 상반기 이후 대통령을 필두로 정부는 민주 노조를 '불법 파업 만능주의', '부패·반민주 및 불법 폭력 집단', '노동운동 위기', '노동 귀족', '집단 이기주의', '국가 경쟁력 잠식' 등의 언사로 비난했고 보수 언론은 이를 체계적으로 확대재생산했다. 전체적인 담론 구조는 "국가는 참여의 길을 열어 놓았는데 민주노총은 내부의 비민주성, 폭력성으로 말미암아 이를 거부했고 정부는 '법과 원칙'에 따라 처벌할 수밖에 없다"는 기조로 정형화될 수 있었다. 결국 참여·협력 이데올로기와 국가 폭력 사이에 모순은 사라졌으며 양자는 상호 보족적으로 작용했다(노중기 2003).

한편 조직적 통제 방식의 측면에서 노동에 대한 분할 지배 전

---

17 노·정 대립이 치열하던 2005년 중반 대통령은 언론사 보도·편집국장들과의 간담회에서 노동정책에 대해 자세한 의견을 표명했다(〈프레시안〉 2005/07/07 참고).

략의 기축도 변화했다. 2005년 이후 강화된 한국노총에 대한 압박은 종속 신자유주의 노동체제라는 큰 구도에서 진행된다고 여겨졌다. 1987년 이래 한국노총은 정부가 민주노총을 견제하는 조직적 도구로서 지위를 지녔으나, 다른 한편으로 상당한 자율성을 갖고 민주 노조 운동으로 수렴하는 현상을 보였다. 실제 이용득 집행부는 가장 개혁적인 집행부로 민주노총과 연대·공조해 전투적으로 투쟁하는 모습을 일부 보이기도 했다.[18] 그러나 2005년 노·정 대립을 거쳐 2006년이 되면 한국노총은 민주노총과 선을 긋고 국가와 자본에 포섭되는 양상이 두드러졌다. 2006년 9·11 합의는 이를 최종적으로 확인한 셈이었다. 이런 변화의 배경에는 국가에 대한 자주성이 취약했던 한국노총 조직의 역사적 특성이 작용하고 있었다. 그리고 작업장 단위 복수 노조 체제의 도래를 앞둔 시점에서 경쟁의식도 영향을 미쳤을 것이다.

그러나 국가와 자본이 한국노총을 상대로 새로운 체제에 편입될지, 아니면 민주노총과 대등한 적대의 대상으로 규정될지를 두고 강하게 압박했다는 점이야말로 이 같은 변화의 더 주요한 요인이었다.[19] 김대환 장관 시기에 나타난 양 노총의 짧은 연대는 결국

---

18 한국노총은 2004년과 2005년 노·정 대립 과정에서 민주노총과 수차례 공동 집회를 개최하는 등 연대를 지속했고 2005년 여름 충주 레미콘노조 쟁의에서 지부 간부가 사망한 이후 더욱 전투적인 모습을 표출했다. 또 이 기간 내내 '투쟁과 교섭의 병행'이라는 전술로 민주노총과 보조를 같이했다. 특히 2006년 상반기 창립 60주년 행사에서는 '사회연대적 노동운동'이라는 새 노선을 제시하기도 했다(《레이버투데이》 2006/03/13 참고).

19 국가와 자본의 압박은 2005년 상반기 이래 한국노총 전·현직 간부 비리 수사와 구속, 재정 지원 중단의 압박, 전임자 임금 지급 중단 강행 의사 표명 등 다각도로 진행되었

9·11 합의 이후 최종적으로 붕괴했다. 한국노총 산하 대다수 노조는 유동적이었으나, 이를 국가와 사용자의 후원을 받는 협조주의 노조로 만들고 민주 노조를 고립시키는 국가 전략이 추진된 것이었다. 이는 1987년 이후, 특히 1994년 이후 민주 노조 운동을 대체로 따랐던 한국노총의 성격과 노동 정치에서의 위상이 크게 변화함을 의미한다.

마지막으로 김대중 정부에서 시작된 민주 노조 운동 출신 활동가들의 정부 참여가 전방위적으로 확대된 것의 함의를 더 고민해 볼 필요가 있다. 노무현 정부의 노동정책 담당자들은 과거 노동운동에 참여했거나 직간접적으로 연관된 사람들로 충원되었다. 노동부 장관과 청와대 수석, 노사정위원회 위원장과 노동 담당 여당 국회의원에서 야당 국회의원까지 거의 모든 노동 라인이 노동운동 출신이었다. 이는 실무 수준에서도 크게 다르지 않았을 것으로 보인다.

그런데 앞서 살폈듯이 그 결과는 별로 나아지지 않는 노동정책의 생산과 실행이었다. 그리고 거꾸로 노동운동 내부가 분열되는 측면이 커졌고, 더불어 운동의 자주성이 위협받을 개연성이 커졌다고 가정할 만하다. 또 이들이 노동운동의 약점과 강점을 잘 알

다. 이에 따라 대체로 2005년을 지나면서 한국노총은 국가와 자본의 요구를 수용하는 태도로 변화하기 시작했다. 2006년 초부터 이용득 위원장은 민주노총을 강하게 비난하기 시작했고 사용자단체장, 산자부 장관과 함께 두 차례 해외 자본 유치를 위한 활동을 실행했다. 또 노사발전재단이라는 새로운 의제로 큰 규모의 재정 지원을 요청하기로 했다(〈레이버투데이〉 2008/06/19 참고).

고 있으므로 한층 세련된 통제 정책이 실행되었다는 점도 흔히 지적되어 왔다(물론 이는 원활한 의사소통의 반대급부라고 할 수도 있다). 이같은 조건은 민주화 이후 노동체제의 구조적 특성 중 한 측면을 드러냈다.[20]

2) 노사정위원회, 사회적 합의의 문제

두 번째로 검토할 문제는 사회 통합적 노사 관계의 핵심인 사회적 합의, 노사정위원회 문제이다.[21] 사실 노무현 정부에서도 노사정위원회는 노동정책, 노동 정치에서 가장 뜨거운 쟁점이었다. 김대중 정부 시기에 민주노총이 탈퇴해 무기력한 상태에 빠졌던 노사정위는 새 정부가 들어서면서 가장 주목받는 기구가 되었다. 대통령이 직접 노사정위에 참가해 기구의 위상을 높였고, 오랫동안 노동운동에 헌신했던 인물이 위원장에 취임해 변화를 기대하게 했다. 그러나 김대중 정부 시기와 마찬가지로 노사정위가 정부 노동정책에서 유의미했던 기간은 짧았으며 그 기능도 원래의 합

---

20 이 문제는 민주 노조 출신 활동가들의 진로와도 연관된다. 기업별 노조의 협소한 조직 형태가 변화하지 않는다면 이 현상은 확대재생산될 여지가 많다. 민주노동당의 제도 정치 진출과 연관해 긍정적인 변화의 조짐도 있겠지만, 노조 운동 내부의 조직 발전 전망이 현실로 나타나지 않거나 정치 세력화가 순조롭지 않을 경우 이는 지속적인 쟁점이 될 개연성이 많다.

21 노사정위원회 문제는 1998년 이후 노동운동에서 핵심적인 논란거리였다. 노무현 정부에서 노동운동은 '투쟁과 교섭의 병행' 전술을 제출했는데 이는 노사정위원회 참가 문제와 긴밀히 연관되어 있다(노중기 2003 참고).

의 정신에는 부합하지 않았다.

먼저 2003년 6월 노무현 정부의 노동정책 전환과 더불어 노사정위의 위상은 크게 추락했다. '사회 통합적 노사 관계 정책'의 제도적 장치가 '노사정위'였으므로 양자는 공생·공멸의 관계에 있었다. 2003년 9월 선진화 방안이 공개되자 노사정위의 위상은 크게 약화되었고, 2004년 2월 일자리 협약을 끝으로 노사정위가 할 만한 역할은 거의 없었다. 노사정위가 주도한 '노사 관계 체제 발전 전략'은 노동부의 '로드맵'으로 대체되었으며 노동부 장관은 노사정위 축소 방침을 공공연하게 주장했다. 2005년 이후 양 노총이 노사정위를 탈퇴했고 참여를 기치로 내건 노사정위는 무력한 기구로 전락했다. 이런 흐름은 최종적으로 2006년 9월 11일 한국노총과 정부, 사용자의 로드맵 합의로 귀결했다. 결국 노사정위는 많은 생채기를 안은 채 노무현 정부가 출범하기 이전 상태로 되돌아갔으며, 신자유주의 구조 조정의 들러리 기구, 이데올로기 통제 기구로 전락했다는 평가를 받았다.

노사정위 노동 정치의 역동적 전개 속에서 확인되는 아이러니는 국가와 노동이라는 두 주체의 엇박자였다. 2003년 상반기 새 정부는 노사정위를 중심으로 노동정책의 새로운 판을 짜기 위해 진력했으나 이때 민주노총의 참가는 불가능했다. 반대로 민주노총 3기 지도부가 참가를 공약하고 당선되었을 때 노사정위는 이미 정부 내에서 발언권을 상실하고 있었다.[22] 그럼에도 민주노총

---

22 노사정위가 무력화된 때가 2004년 10월, 즉 정부가 비정규직 법안을 발의한 시점이었

지도부가 참가를 추진했을 때에는 각종 파업 사태와 노동부 주도의 비정규 법안, 그리고 공무원노조 문제가 다시 발을 잡았다. 노동운동 내부에서는 참가에 반발하는 목소리가 거셌고 결국 '전략적 참가' 방침은 '전술적 참가'로 후퇴했다. 민주노총의 전술적 참가 방침, 즉 '투쟁의 계기로 참가를 이용하겠다'는 전술에 대해 국가가 선의로 대응하지 않는 것은 당연했다.[23] 그러므로 전술적 참가는 국가와 자본이 부정하고 전략적 참가는 체제와 노동운동 내부 사정이 허락하지 않는 결과가 되었다.

그런데 주목할 점은 노무현 정부가 노사정위를 실질적으로 무력화했음에도 사회적 합의 시도가 되풀이되었다는 사실이다. 노동운동이 노사정위를 거부하자 정부는 노사정대표자회의라는 대표자 기구로 노사정위의 기능을 대체하려 했다. 2004년 초 민주노총의 새 지도부와 정부는 노사정대표자회의를 구성·운영했으나, 8월 정부의 비정규 관련 법안에 대해 노동계가 반발하면서 그마저 활동이 중지되었다. 중단되었던 노사정 대화는 2005년 10월 국무총리와 대통령이 제안한 국민통합연석회의를 계기로 다시 시작되었다. 저출산·고령화 대책이라는 제한된 의제를 다루기 위

다는 주장도 있다(박태주 2006). 그러나 2004년 중반 쟁의 사업장에 대한 직권 중재 회부, 8월 정부의 비정규 법안 발표 등으로 미루어 볼 때 그 시기는 훨씬 빨랐을 것으로 생각된다.

23 그리하여 꼭 2년 만에 노사정위 또는 노·정 간 교섭 기구 문제와 관련해 국가와 노동의 위치가 정반대로 바뀌었다. 2005년 상반기 이래 민주노총은 노사정 대화를 '전술 차원에서' 요구했으나 국가와 자본은 이를 회피했다.

해 2006년 1월 말 출범했고 5개월 동안 논의한 끝에 6월 사회 협약을 체결할 수 있었다.[24] 또 노동부 장관과의 갈등 탓에 무력화된 노사정대표자회의는 장관 경질 이후 재개되었고 2006년 6월 민주노총이 참가하기로 결정한 이후에는 로드맵 관련 노사 협상을 주관하는 기구로 활성화되었다.

노사정대표자회의는 노사정 3자 대표 기구인 노사정위 위원장이 대표자 자격으로 참가한 데서 알 수 있듯이 노사정위의 연장선에 있었다. 다만 민주노총 내부의 반발, 노동부를 중심으로 한 정부 부처들의 견제로 말미암아 그 형식을 바꾼 기구에 불과했다. 따라서 두 기구는 본질적으로 구별되지 않았다. 민주노총을 배제한 채 이루어진 노사정대표자회의의 9·11 로드맵 합의는 노사정위원회, 또는 노사정 합의 시도의 가능성과 한계를 한 번 더 명료하게 보여 주었다.

노무현 정부의 노사정위 활동에서 먼저 확인할 수 있는 것은 노사정 합의 시도가 우리 사회에서 10여 년의 경험과 시행착오를 거쳐 최종적으로 파탄했다는 사실이다. 민주노총은 9·11 합의를 '기만이자 밀실 야합'으로 규정했는데, 이는 민주노총 내부의 참여파들이 입지를 거의 상실했음을 의미한다. 이런 상황은 노사정위를 이데올로기 기구, 구조 조정 실행 기구로 비판한 합의 반대

---

24 집행부가 교체된 민주노총은 2006년 3월 초 연석회의에 공식 참가했으나 포괄적인 노사정 대화가 아니라 양극화 대책이라는 제한적인 의제를 다룰 뿐이라며 의미를 축소했다(〈레이버투데이〉 2006/03/08; 2006/06/21 참고). 한편 2006년 8월 열린우리당 대표가 제안한 '뉴딜 정책'에서도 '사회적 대타협'이 주요 방안으로 제시되었다.

파들의 견해를 강력하게 뒷받침했다.[25] 또 정부 내에서 노사정위의 위상이 크게 약화된 점도 주목할 필요가 있다. 2003년 여름 이후 노사정위는 정부의 정책 결정 과정에서 무기력했으며 이는 김대환 장관 시기에 가장 뚜렷하게 드러났다. 이런 결과는 우리 사회에서 노사정 합의의 구조적 조건이 결여되었다거나 종속 신자유주의 축적 체제의 구조적 제약이 사회 통합을 불가능하게 만든다는 비판적 결론을 뒷받침한다.

다음으로 노사정 각 주체들이 노사정위에 부정적임에도 노사정위나 저출산·고령화 대책 연석회의나 노사정대표자회의 같은 대체 기구가 존속되는 이유가 설명되어야 한다. 실질적 합의를 도출할 의도가 없는 조건에서 이 기구들은 무엇보다 이데올로기적 통제 장치라는 맥락에서 이해될 수 있다. 종속 신자유주의 정책으로 규정되는 경제·노동정책을 강행하는 과정에서 노동의 저항을 피할 수는 없다. 특히 민주화 이행 이후 활성화된 민주 노조 운동이 존재하는 조건에서 노동조건의 악화, 사회적 양극화와 빈곤을 양산할 시장주의 정책을 시행하는 경우 짊어질 정치적 부담은 상당하다. 그러므로 노사정위와 같은 제반 합의 기구는 정책의 정당

-----

25 2004년 초 이수호 집행부 출범 이후 민주노총은 내부 조건이 어려웠음에도 네 차례나 노사정위 또는 대표자회의 참가를 결정했고 실제 참가했다(2004년 5월 31일과 8월 25일, 2005년 3월 21일, 그리고 2006년 6월 19일). 그러므로 노동 측의 참가 전략에도 불구하고 합의 정치가 계속 실패한 것은 구조적인 요인으로 설명될 필요가 있다. 그리고 "노동운동에서 전략적 타협의 가능성을 포함하는 '교섭과 투쟁의 병행'론이 있다면 그것은 관념론에 지나지 않는다"는 지적은 이런 면에서 적절하다(임영일 2005).

성을 확보하는 데서 중요한 의미를 갖게 된다. 또한 그것은 합의 기구 참가를 매개로 노동을 압박하거나 분할 지배하는 중요한 제도적 장치로 작동하기도 한다.[26]

요컨대 노무현 정부의 노사정위원회는 '사회 협약을 통한 단절적 전환'의 가능성이 한국 사회에서 극히 제한되어 있음을 보여 주었다.[27] 장기적 관점이라면, 사회적 합의를 위한 전망과 대안을 제시하는 것이 그리 비판받을 일은 아니다. 10여 년이 넘도록 이런 진지한 제언이 없던 것도 아니었다(최장집 2005, 476~486). 이런 문제의식을 정책으로 입안한 것이 2003년 초반의 사회 통합적 노사관계와 재구성된 노사정위원회였다.

그러나 그 결과는 부정적이었다. 이에 대한 국가와 자본의 최

---

26 민주노총은 노무현 정부 시기 내내 노사정위 참여를 둘러싸고 내부에서 분열했고 갈등했다. 또 참여 문제는 한국노총과 민주노총의 이해관계가 대립할 가능성을 만들었고 상호 경쟁을 야기했다. 일례로 한국노총과 정부가 치열하게 대립했던 2004년 12월 노동부와 경총, 한국노총은 노사정위 산하에 '미래노사관계기초위원회'라는 비밀 기구를 구성해 로드맵을 처리할 방향을 논의했다. 민주노총을 배제한 채 진행된 이 논의의 결과는 9·11 합의에 대폭 반영되었다(〈레디앙〉 2006/11/14 참고).

27 사회 협약의 가능성을 주장했던 대표적인 연구로는 최장집(2005, 476~486) 참고. 최장집은 사회 협약을 성사할 핵심 행위 주체는 노동이 아니라 민주화된 국가이자 국가권력이라고 본다. 그는 스페인이나 포르투갈처럼 한국의 국가는 그만한 능력을 충분히 갖고 있다고 전제한다. 그리고 협약이나 교환의 대상은 '재벌 기업의 오너십 보호와 노동자의 사회적 시민권 획득'으로 설정된다. 대타협을 통한 사회적 협약은 낡은 지배 구조를 '민주적인 부르주아 우위와 사민주의 헤게모니 양자 사이의 어느 지점으로 변화시키는 것'이어야 한다. 협약의 필요성은 '정당 간 정치 경쟁이나 기업과 노동자 간 사회적 갈등을 통해 점진적으로 문제가 개선되지' 않으리라는 비관적 전망에 근거한다. 그 밖에도 노사정위 확대를 주장하는 연구자들은 여전히 많다(〈레이버투데이〉 2006/04/17; 전태일기념사업회 2006; 최영기 외 2005 참고).

종적인 대답은 노무현 정부의 정책 전환이었고 9·11 로드맵 합의로 나타났다. 결국 '민주적 국가와 국가권력 담당자의 능력과 의지'에 대한 전제가 타당한지에 대해서는 회의적일 수밖에 없다. '누가 방울을 달 것인지'는 여전히 불투명하다. 상대적으로 개혁적인 친노동 민주 정부, 민주화 운동 세력이 주도한 권력에서 드러난 노사정위의 한계는 근본적이었기 때문이다. 또 현재 무력화된 노사정 합의를 부활하려는 방안들이 제출되고 있으나 이 근본적 한계를 넘어서지는 못하는 것으로 보인다.[28]

3) 사회 통합적 노사 관계 : 가능성과 한계

마지막으로 노무현 정부의 노동정책도 이전 정부의 노동정책과 정확히 동일한 흐름 및 변화 양상을 보였다는 점을 생각해 볼 수 있다. 즉 정권 초반기에는 노동 개혁, 참여와 협력, 사회 통합 등 노동 친화적인 개혁 정책을 내보이다가 곧바로 정반대의 자본 편향 정책으로 돌아서는 궤적을 그렸다. 예컨대 1993년 김영삼 정부 시절 이인제 장관의 노동법 개혁 시도, 1998년 김대중 정부의 노사정위원회, 2003년 노무현 정부의 사회 통합적 노사 관계는 모두 반민주적 노동 악법이나 제도, 그리고 노사 간의 힘의 불

---

28 예컨대 노무현 정부의 선거 공약 중 '산별 교섭 체제 유도' 방침은 노사정위 노사 관계 체제 발전 전략에서 '업종·지역 단위 협의 제도 확충'으로 탈바꿈했다. 이는 '산별 교섭에 대한 일부 사용자 측의 우려'를 고려했기 때문이다. 또 정부는 2006년 9월 노사정위 명칭을 바꾸고 시민 단체를 참여시키는 노사정위 개편 법률안을 제출하기도 했다.

균형을 나름대로 '정상화'하려는 국가의 시도라고 볼 수 있다(노중기 1996: 2000: 2003). 이처럼 되풀이되는 시도에도 불구하고 그 정책들은 곧 굴절되었고 정반대의 강력한 노동 배제 전략이 뒤이었다는 점이 문제였다.

이런 역전의 궤적은 개별 정책에서도 역설과 모순의 모습으로 나타났다. 예컨대 저임금·장시간 노동체제를 개선하고 사회적 양극화에 대응하고자 노동시간 단축이 제시되었지만, 정작 2003년 시행되면서는 거꾸로 노동 유연화 수단으로 이용되었다. 또 비정규 확대가 예상된 2006년에는 '비정규 법안'이 '비정규 노동자 보호 법안'으로 주장되었던 것도 마찬가지이다. 이는 2003년부터 이어진 비정규 노동자들의 절규와 죽음에 정부가 대응하는 법적 조치였기에 더욱 극적인 대비로 비춰졌다. 사회 통합과 노사 관계의 선진화를 표방해 시작한 로드맵은 사용자에게 '쟁의 대항권'을 부여하는 등 새로운 노동통제 장치의 제도화에 머물렀다. 이런 역설에는 이른바 '공무원 노동기본권 보장'도 예외가 아니며, 참여정부를 상징하는 참가 기구인 노사정위원회가 무력화되었다는 점이야말로 가장 대표적인 사례이다.

노동 정치의 궤적이 각 정부마다 동일하게 진행되는 양상을 두고 경제적 위기 상황 때문이라는 대답은 전혀 적절하지 않다. 또 반대로 원인을 정부의 담당자나 정책 책임자의 무능력 및 악의에서 찾는 일은 더욱더 비과학적이다.[29] 그렇다면 왜 이런 일이 되풀

---

29 최장집(2005, 460~476) 참고. 그는 경제 위기를 겪는 와중에도 스페인·포르투갈·그리스

이되고 있는가? 그 구조적 원인은 무엇일까?

하나의 유력한 답은 노동운동의 운동 노선에서 그 원인을 찾는 것이다. '노동운동의 변혁적이고 최대 강령적인maximalist 이념 경도가 권위주의 시절에는 민주화에 일정하게 기여했으나 민주적 상황에서는 필연적으로 노동의 위기를 불러온다'는 설명이다. 민주적 상황에서는 노조 운동이 중산층의 지지를 이끌어 내어 사회적 시민권을 확보해야 한다. 그런데 이에 실패했기에 국가가 신자유주의 발전 모델을 공공연히, 말하자면 시민의 지지를 얻어 강행하고 있다고 보는 것이다. 이런 진단에 따른 대안은 '사회 협약을 통한 단절적 전환의 중요성'을 다시금 확인하는 일이 된다.[30]

필자는 이미 이런 설명과 대안은 현실과 다를뿐더러 논리적으로도 관념론의 요소가 많다고 비판한 바 있었다(노중기 1995, 7장). 여기서는 두 가지 대안적 설명을 잠정적으로 제시하고자 한다. 첫 번째로 과거와 달리 체제 변동의 시기에 '최대 강령주의 비판'은 어느 정도 의미가 있는 설명이다. 그런데 그 비판은 계급적 노조 운동으로서 민주 노조가 갖는 강점과 장점마저 한꺼번에 비판하는 오류를 저지르고 있다. 다시 말해 최대 강령주의, 또는 전투적

가 유럽 복지국가 모델의 발전 경로로 나아갔음을 근거로 경제적 요인에 기반한 설명을 비판했다. 그의 물음은 '왜 민주주의하에서 복지국가로의 발전 경로가 한국에서는 봉쇄되고 있는가?'라는 질문으로 요약된다.

30 최장집(2005) 참고. 사실 이 주장은 노태우 정권 시절에 발표된 그의 과거 연구 결과의 연장선에 있다. 달라진 것이 있다면 이제는 과거 권위주의 시절 노동운동의 최대 강령주의는 일정하게 의미가 있었다고 보는 '바뀐' 인식이다. 자세한 내용은 최장집(1992) 참고.

조합주의의 구조적 한계를 지적하는 것과 그 계급적 가능성을 평가하는 것은 전혀 다른 사안임을 몰각하고 있다.[31]

사실상 노무현 정부의 정책 변화와 배제와 억압으로의 선회는 노동운동의 전투성보다 국가가 자본 압력에 굴복했다는 점이 훨씬 더 중요한 측면이다. 노무현 정부가 노동운동에 요구하는 참여와 협력은 '기업 단위의 노사 협조주의', '신자유주의 경쟁력 체제에 대한 순응'이었기 때문이다.[32] 이를 거부하는 것은 최대 강령주의와는 무관하다.

두 번째로 이런 정책 전환은 좀 더 거시적인 계급 세력 관계, 국가의 구조적 성격 및 시민사회의 특성과 연관되어 있다. 곧 이같은 정책 전환은 노동계급을 포함해 국가와 자본, 그리고 시민사회가 최소한의 합의 체제, 복지국가 발전 모델을 허용할 수 있는 구조적 조건을 갖추고 있지 못한 데 기인했다. 예컨대 한국의 국가와 자본은 공무원과 교원의 노동기본권을 마지못해 인정하면서도 그 실제 활동은 용인할 수 없었다. 민주화 이후에도 기형적인 공무원·교원 노조 특별법이 강요하는 것은 노자 계급 역학의 불균형, 시민사회의 보수성이라는 한국 사회의 구조적·역사적 특수

---

31 두 가지 측면에 대한 구분은 노중기(2005) 참고. 필자는 전투적 조합주의의 한계 때문에 사회적 합의주의 또는 온건한 운동 노선으로 전환할 수밖에 없다는 주장은 과도한 논리적 비약이라고 본다. 예컨대 사회운동 노조주의와 같이 전투적 조합주의의 한계를 넘어서는 급진적 노동조합운동의 전망을 포기하는 것이기 때문이다.

32 신원철(2004) 참고. 그는 노무현 정부의 정책적 목표가 기업 단위에서 생산성 연합을 추구하는 일본식 미시 코포라티즘이며, 이때 노사정위원회 기구는 '사이비(의사) 코포라티즘'이라고 결론지었다.

성과 연관되어 있다는 것이다. 지배 블록 내부에서 개혁적이고 자유주의적인 노동 친화적인 세력, 노무현 정부의 전략적 '돌변'은 그 한계와 가능성을 가늠하게 한다.

이런 설명이 타당하다면 교착상태에 있는 노동 정치 앞에는 두 가지 갈림길이 있었다. 하나는 국가와 자본이 원하는 타협 체제, 기업 수준의 노사 협조주의 체제의 정착이다. 이때 노동운동은 계급 운동의 성격을 상실할 것이다. 두 번째 길은 노동운동의 역량 강화와 더불어 한 차례 대규모 투쟁, 또는 장기간의 대치 과정에서 발생하는 일련의 투쟁, 그리고 제도 정치 지형의 심대한 변동이 발생하는 길이다. 후자의 길이라면 노동운동 주체들의 노선과 전략 선택 및 조직 역량 강화의 구체적인 방안이 심각한 문제가 될 것이다.[33]

이상의 논의에서 국가가 노동 포섭 전략에서 배제 전략으로 전환한 근본적인 원인은 구조적인 조건을 통해 찾아야 함을 알 수 있다. 국가 정책 담당자의 전략 선택이나 노동운동 주체의 전략적 오류로 설명하기 힘들 것이다. 예컨대 국가 주도 시장경제 모델에서 자유 시장경제 모델로 축적 체제가 변동된 데 따른 조절 양식 변화를 통해 정책 전환의 원인을 찾는 대안적 설명이 좀 더 설득력이 있다(조돈문 2006). 이 설명에 따르면 자유 시장경제 모델과 연

---

33 실제 노무현 정부 이래 민주 노조 운동이 선택한 길은 후자였다. 이명박·박근혜 정부 10년간 민주노총은 여러 억압과 제도적 개악에도 불구하고 투쟁 노선을 포기하지 않았다. 그리고 또 이런 장기 대치는 2016년 촛불 집회와 이후의 정치 변동을 야기한 중대한 결과로 발전했다.

관된 조절 양식은 노동 배제적으로 기업을 운영하며 노동에 대한 자본의 일방적이고 억압적인 지배 양식을 요구할 수밖에 없다. 따라서 사회 통합적 노사 관계는 처음부터 지켜지기 어려운 약속이었으며 실패가 예정되어 있었다고 보는 것이 타당하다. 즉 신자유주의 경제정책 모델이 유지되는 한 이에 구조적으로 종속된 노동정책에서 노동 배제 정책 외의 선택지는 거의 없다는 뜻이다.

필자는 이와 같은 구조적 설명의 기본 시각을 지지하면서도 그것으로는 충분하지 않다고 생각한다. 노무현 정부의 노동정책을 일방적·억압적 지배 또는 물질적·억압적 지배 양식으로 단순화하기 힘들다. 예컨대 영미식 자유 시장경제와 마찬가지로 본질적인 노동 배제적 성격을 지녔음에도 노동 통합, 참여와 사회적 합의라는 외피를 필요로 한다는 점에서 영미식 시장경제와 크게 차이를 보인다. 즉 1996년 김영삼 정부의 노사관계개혁위원회와 이후의 노사정위원회로 대표되는 사회적 합의 기구가 지속적으로 문제되는 점을 설명하기 힘들다는 것이다. 마찬가지로 김영삼·김대중·노무현 등 각 정부가 항시 노동 개혁 또는 노동 통합으로 시작하고 이후 정책적 전환이 나타나는 현상도 설명하기 어렵다.

다음으로 물질적·억압적 지배라는 지배 양식을 통한 설명으로는 민주화 이후 노동통제의 구체적인 변화 양태를 충분히 보여 주지 못한다. 억압적 수단의 지속적 유지와 함께 이데올로기적 수단, 조직적 수단의 측면에서 논의할 문제가 많다. 전형적인 신자유주의 배제 정책의 노동 억압적 수단들 외에 사회 통합이나 노동 민주화 이데올로기, 양 노총에 대한 분할 지배 등 복잡한 통제 수단이 동원된 한국 사회의 특성을 더 강조해야 한다.

요컨대 노무현 정부의 노동정책은 신자유주의 경제체제의 구조적 한계 위에서 이해해야 하지만 우리 사회의 특수성에도 충분히 주의를 기울일 필요가 있다. 이 특수성에는 노사정위원회의 문제를 비롯해 다른 통제 방식상 특성이 포함될 수 있다.

4. 결론 : 노무현 정부의 노동정책과 노동체제 변동

민주화 이후의 다른 정부들과 마찬가지로 노무현 정부의 노동정치도 역동적이었다. 비정규 노동자들의 자연발생적 투쟁이 계속되는 가운데 노사 관계를 규정할 제도 전환을 둘러싸고 노사정 행위자들은 대립과 갈등, 타협을 계속해 왔다. 그리고 역동적으로 전개된 이 노동 정치 과정에서 정부는 언제나 가장 중요한 행위자였다(신광영 2005).

앞서 살폈듯이 노무현 정부의 노동정책은 본질적으로 이전 정부 노동정책의 연장선에 있었다. 그것은 신자유주의 축적 전략의 기조 위에서 노동체제를 재편하는 것이었다. 노무현 정부의 노사 관계 선진화 방안, 비정규 관련 입법, 특수 고용 노동에 대한 정책 대응, 공무원노조 특별법, 제반 일자리 창출 정책 등은 모두 같은 맥락에서 이해할 수 있는 정책들이었다. 또 한편 노동 정치의 전개 과정도 정부 초기의 노동 개혁 시도와 곧 이은 정책 전환 및 노동 억압의 강화로 이전 정부와 대동소이했다. 다른 한편에서 파업 파괴나 인신 구속과 같은 노동 억압 정책이 참여와 협력을 내세우는 노사정 합의 기구와 병존하는 모습도 크게 다르지 않았다.

그렇지만 본질적 동질성과 함께 그 특성도 주목할 필요가 있다. 노무현 정부의 노동정책에서는 기존의 노사 관계 제도를 전면적으로 재편하려는 시도가 나타났다. 선진화 방안(로드맵)이라는 이름의 법 개정 시도는 국가가 추구하는 새로운 노동체제의 청사진을 담고 있었다. 또 이 새로운 체제에서 협조주의 노조가 아닌 민주 노조는 배제의 대상임이 분명하게 공표되었고 사회적 합의의 주체가 아니라는 점이 드러났다. 그리고 비정규 노동, 특수 고용 노동의 문제는 개혁과 기본권 보호 관점이 아니라 시장 원리와 노동 유연화 관점에서 다루어졌다. 요컨대 노무현 정부의 정책에서는 종속 신자유주의 노동체제의 밑그림이 분명하게 드러났다.[34]

1987년 노동체제의 전환이라는 관점에서 본다면 노무현 정부의 노동정책은 1997년 이후 10년간 지속된 체제 해체 과정이 종결되는 의미를 지녔다. 우선 작업장 단위 복수 노조 금지, 직권 중재, 제3자 개입 금지 등 1987년 체제의 유제를 정리하겠다는 의지를 국가는 분명히 보여 주었다. 군사정권 시절에 뿌리를 둔 이

---

34 이런 정책 기조는 노무현 대통령이 극찬했다는 국민경제자문회의의 보고서인 「동반성장을 위한 새로운 비전과 전략」에 잘 정리되어 있다. 보고서는 "노사 관계 민주화 또는 노동기본권 신장은 더 이상 노사 관계의 주요한 쟁점이 아니다"라고 분명하게 규정했다. 기본권 대신 노동정책의 핵심을 차지한 것은 '노동시장 유연화', '대기업 공공 부문의 정규직 노조 개혁', '임금 유연성 확대' 등이었다. 또 이 정책을 관철하는 수단으로 '사회적 타협'이 제시되었다. 결국 새로운 정책 기조는 대기업 공공 부문의 고용 보장을 폐기하고 임금을 삭감하는 대 노조 공세 정책과 노동 유연화 확대 정책에 초점이 있었다. 노사정 대화는 유연화 정책을 실행할 수단에 불과했다(《레이버투데이》 2006/02/15 참고). 이 정책 기조에 따라 이상수 노동부 장관은 2006년 8월 ILO 총회 연설에서 "노동시장 유연성은 선택 문제가 아닌 필수적 전제"라고 말했다.

통제 조항들은 1987년 이후 노동운동의 주요한 투쟁 대상이었을 뿐만 아니라 ILO, OECD 등 국제기구들이 줄곧 폐지를 요구해 온 문제 조항들이었다. 따라서 이 조항들의 폐기는 노동정책의 정치적 정당성을 대내외적으로 높이는 한편, 민주 노조 운동의 정치적 도전을 제도적으로 제거하는 의미를 갖고 있었다.[35]

이 같은 노동 정치의 흐름 속에서 민주 노조 운동에 대한 국가의 전략적 태도는 노무현 정부 시기에 크게 변화하는 모습을 보였다. 노동정책의 전환이 이루어진 2003년 여름 이후 대통령은 대기업 노조와 민주 노조를 비판하는 일련의 담론을 제기했고 이는 김대환 장관, 이상수 장관 시기까지 계속되었다. '대기업 이기주의'와 '노동 귀족' 담론으로 시작한 민주노총에 대한 비난은 2005년을 지나면서 '부정·비리', '부패·반민주 및 불법 폭력 집단'의 논리로 확대되었다. 그것은 국가가 1987년 민주화 이후 오랫동안 한편에서는 불법 투쟁으로 엄단했지만, 다른 한편에서 민주 노조로서의 정당성을 어느 정도 인정하던 자세에서 완전히 탈피하는 모습을 보인 것이다.[36]

---

35 2006년 1월 말 시행된 공무원노조 특별법도 마찬가지 맥락으로 이해할 수 있다. 그러나 특별법은 노동기본권 보장의 기본 취지와 거리가 먼 내용으로 이후에도 꾸준히 상당한 갈등을 야기했다. 마찬가지로 작업장 단위 복수 노조 문제는 자본과 한국노총의 반대로 다시 유예되었다.

36 김대환 노동부 장관은 양 노총이 노동위원회까지 철수하면서 저항했으나 '법과 틀 내에서의 자율'만 인정하며 '비공식 협상은 하지 않을 것'임을 분명하게 밝히고 '노사 관계의 정치 영역에서 노동시장 영역으로의 전환'이라는 큰 방향 전환을 이룰 것이라고 공언했다(〈레이버투데이〉 2005/07/18 참고).

노사정위원회로 대표되는 사회적 합의에 대한 국가의 태도도 마찬가지로 변화했다. 노무현 정부는 노동부의 로드맵 개요가 제출된 2003년 9월 이후 노사정위를 단순한 정책 실행 도구로 격하시켰다. 노사정위는 정부의 가이드라인을 크게 벗어날 수 없었으며 때로 실질적 합의가 이뤄지더라도 이내 노동부에 의해 무시되었다.[37] 사실 노동부가 내세운 입장은 노동부의 입장이 아니었다. 그것은 국무총리실을 매개로 집약된 재경부·산자부·법무부·행자부 등 보수적인 정부 부처의 입장이었다. 노무현 정부에서 계속 검토되고 실행된 여러 가지 노동 행정 기구 조정 작업들도 같은 맥락에서 진행된 일이었다.[38]

다른 한편에서 로드맵의 새로운 요소들, 즉 대체 노동의 도입과 확대, 부당해고 처벌의 완화, 정리 해고 요건의 완화, 공익사업 확대와 최소 업무 유지 의무 등은 새로운 종속 신자유주의 노동체제를 구성하는 제도적 장치를 도입한다는 의미로 볼 수 있다. 이 제도 변경은 대체로 노조 쟁의권 제한, 노동시장 유연화라는 두

---

37 2005년 내내 계속 쟁점이 된 비정규 관련 법의 '사유 제한' 문제에 대해 정부는 원칙적 입장을 굽히지 않았고 노사정위는 아무런 역할을 할 수 없었다. 또 같은 해 민주노총이 장관 퇴진을 요구하고 노동위원회에서 철수한 이유에는 노사정위에서 합의된 노사정위 조직 개편안을 노동부가 거부한 것도 있었다(〈레이버투데이〉 2005/09/02 참고).

38 2003년 노동부의 로드맵이 경제 부처의 요구를 기반으로 작성되었음은 잘 알려진 일이다. 이후 정부는 노동부의 이름을 2007년부터 고용노동부로 바꾸기로 결정했으며 청와대 노동비서관의 임무를 일자리 창출, 고용 문제로 제한해 노사 관계 현안에 대한 정치적 조정 기능을 국무총리실로 이관하고자 했다. 또 김대환 장관의 노동부 방향 전환 주장이나 '내용 없는 대타협 불필요' 주장도 같은 맥락 위에서 이해할 수 있다(〈레이버투데이〉 2005/10/24; 2005/08/25 참고).

개의 축으로 구성되어 있었다. 그리고 합의 과정에서 배제된 조항들 가운데 사용자 대항권, 쟁의행위 찬반 투표 및 쟁의행위 규제 합리화 등 쟁의 규제 조항들은 향후 3년 유예된 조항들이 다시 쟁점이 될 때 언제라도 문제가 될 수 있었다.[39]

결국 1987년 체제가 종결되고 종속 신자유주의 노동체제가 제도적으로 완성되었다는 점에서 노무현 정부 노동정책의 의미를 찾아볼 수 있다. 그러나 그 과정은 단순하거나 일방적이지만은 않고 한층 복잡할 것이다. 제도적 경로 의존성과 함께 구조적 제약이 여전히 노동체제의 전환 과정을 복합적·중층적인 것으로 만들기 때문이다.

제도적 경로 의존성institutional path-dependence이란 새로운 사회제도나 질서에 과거의 관행이 지속적으로 영향을 미치는 것을 말한다. 국제적으로 보면 노동체제의 전환에도 불구하고 3년 유예된 두 개의 법 조항과 함께 구속·수배 등 노동문제에 대한 과도한 경찰력 의존과 법적·행정적 과정에서 나타나는 자본 편향성 일반이 지속적인 문제로 부각될 것으로 예상된다.[40] 또 공무원노조 특별법처럼 여전히 국제 기준이나 국내의 노동 현실과 맞지 않거나 기

---

39 이상수 노동부 장관은 향후 대체 노동이 일반 사업장으로 확대되는 것이 바람직하다는 의견을 밝히기도 했다(〈레이버투데이〉 2006/11/02 참고). 또 산자부는 2003년 이후 발전산업 노조 파업에 대비한 대체 인력 운용을 위해 수십억 원의 예산을 지출한 것이 밝혀졌다 (〈레이버투데이〉 2006/09/04).

40 이런 경로 의존성을 드러낸 대표적인 사례로 2006년 KTX 여승무원 문제와 관련해 노동부가 내린 '합법 파견 판정' 사례가 있다(〈레이버투데이〉 2006/10/11; 2006/10/01 참고).

본권을 억압하는 법·제도가 갈등을 불러올 수도 있다.

다음 구조적 제약으로는 주로 비정규 노동자, 특수 고용 노동자 등 노동시장 유연화가 확대됨에 따라 그 수가 증가하거나 노동조건이 악화되는 하층 노동계급의 문제가 있다. 사실 비정규 및 특수 고용 문제는 두 노동체제의 점이지대에서 발생하며 두 노동체제의 내적 모순들을 모두 담지한 사안이다. 한편에서 기존의 노동법 및 관련 제도가 이들의 노동기본권을 보호하지 못한다는 점에서 1987년 체제의 문제이며, 동시에 새로운 노동체제가 해결해야 할 문제를 표현하고 있다. 정부가 제시한 '비정규 보호 입법'은 파견 노동자법이 과거에 그랬듯이 충분한 보호 법안으로 보기에는 무리가 많다.[41] 또 참여정부 시기에 일어난 주요 노동쟁의 가운데 대다수가 비정규직 관련 사안이라는 점도 이 문제의 중요성을 보여 주었다. 2003년 비정규 노동자들의 잇단 자살 사태와 레미콘, 덤프트럭, 하이닉스, 하이스코, 울산·포항·대구 지역 건설 노동자 파업 등 비정규 노동자들의 쟁의는 폭발적이었다.[42] 따라서 비정규 노동의 문제는 앞으로도 상당 기간 노동정책과 정치의 중

---

[41] 민주노총 법률원(2006) 참고. 또 2004년과 2006년 두 차례 발표된 정부의 공공 부문 비정규 노동자 대책은 많은 문제를 안고 있었으며 제대로 실행되지도 않았다(〈레이버투데이〉 2006/08/14 참고).

[42] 비정규 노동자들의 요구에 대해 참여정부는 '법과 원칙'이라는 법적·제도적·물리적 통제 정책으로 답했다. 그 결과 구속 노동자의 대다수가 비정규 노동 부문에서 발생했다. 예컨대 2005년 92명의 비정규 노동자가 구속되었으며, 2006년에는 7월 말까지 포항건설노조 조합원 58명 등 147명이 구속되는 폭증 현상이 나타났다(〈레이버투데이〉 2006/08/07 참고).

심적인 문제로 부각될 것으로 판단된다.

마지막으로 노무현 정부의 노동정책과 거시적인 체제 변동 사이의 이와 같은 연관이 노동운동에 제기하는 함의는 다음과 같다. 우선 2004년 이후 민주 노조 운동이 겪었던 위기가 그저 일시적 현상이 아니라 지도부의 운동 노선, 도덕성 차원의 문제를 넘어서는 구조적인 문제임을 단적으로 보여 준다. 즉 1987년 이후 노동운동을 주도했던 대기업 조직 노동 중심의 전투적 경제주의는 이제 그 한계가 객관적으로 드러나고 있다. 민주노총에 대한 노무현 정부의 강한 압박, 그리고 한국노총에 대한 압박 및 견인은 모두 구조적 지형의 변화가 반영된 자신감의 발로로 이해할 수 있을 것이다.

다음으로 새로운 지향에서 노동운동의 노동기본권 보장이나 탄압 반대 투쟁의 효과는 그다지 크지 않을 것이다. 예컨대 노무현 정부는 이전 정부보다 더 많은 쟁의에 공권력을 투입하고 구속자를 양산했으나 특별히 정치적 수세에 몰리지 않았다. 앞서 살폈듯이 정부는 '노사 관계 민주화'는 완결되었다고 선언했으며 '법과 원칙' 입장을 일관되게 고수할 수 있었다.[43] 20여 년에 걸친 형식

---

[43] 노무현 정부 시기에 민주 노조는 노동기본권 문제를 국제사회에 호소하는 경우가 많아졌다. 이는 국내에서 노동기본권 문제가 사회적 쟁점이 될 수 없을 만큼 헤게모니의 변동이 있었음을 드러냈다(민주노총·ILO 2006; 민주노총 2006b 참고). 한편 한국 정부에 대한 ILO 이사회 등 국제기구들의 비난과 비판은 우리 노동정책의 딜레마를 보여 주었다(국제자유노련·OECD 노조자문위원회·국제산별노련 2006; 〈레이버투데이〉 2006/03/30; 〈레디앙〉 2006/10/16; 〈레이버투데이〉 2006/10/20 참고).

적 민주화의 진전, 노동기본권 보호를 위한 제도적 장치의 일정한 정비, 법과 질서 및 국가 경쟁력의 이데올로기는 상호 작용했고 결과적으로 국가와 자본의 헤게모니를 크게 강화했기 때문이다.

세 번째로, 노동운동의 위기가 체제 변동의 결과라면 그에 걸맞은 주체적 대응과 의제 설정이 필요하다는 함의이다. 이와 관련해 종속 신자유주의 노동체제에서는 정부가 공언하듯이 고용이 가장 중심적인 의제가 될 것으로 판단된다. 따라서 가장 핵심적인 고용 문제인 비정규 노동의 문제를 노동 정치의 주요 의제로 만들고 내부에서 이를 위해 준비 작업을 해야 한다. 정규직 대사업장이 주도하는 민주 노조의 기존 조직 틀을 벗어나지 못한다면 노동운동의 위기는 장기 지속적인 문제가 되어 노동운동의 동력을 소진할 것이다. 그런 면에서 2006년 6월 금속 산업의 대공장 노조들이 산별 전환을 결의한 것은 더욱 커다란 의미를 갖는 일이었다 (강신준 2005).

2장

이명박 정부 출범과 노동정책 변동

1. 머리말

2008년 이명박 정부의 등장은 정치적 민주화의 진전으로 요약되는 1987년 6월 항쟁 이후 한국 사회의 정치 지형을 크게 변화시킨 중대한 사건이었다. 노태우·김영삼 두 보수 정부의 화두도 민주화였으므로 그것은 새로운 정치 지형의 시작을 알리는 사태일 수도 있었다. 또 대선과 총선에서 나타난, 보수 정당에 대한 압도적인 지지율은 변화의 깊이를 예감하게 했다. 대선을 치르기 오래전부터 한나라당(현재 자유한국당)을 중심으로 한 보수 세력들은 노무현 정부를 '친 노동자 좌파 정권'으로 규정하면서 비판해 왔기에 노동정책에서도 커다란 변화가 예상되었다.

한층 전면적인 신자유주의·신보수주의 정권의 등장을 앞에 두고서 많은 관찰자들이 1980년 이후의 영국을 떠올린 것은 당연했다. 노동조합에 대한 공격적 정책과 시장주의 노동정책이 더욱 강화된 형태로 한국 사회에서 실행되리라는 점에는 별다른 이견이 없었다. 1980년대 초반 영국에서 그러했듯이 2008년 한국의 노동 정치가 민주 노조 운동과 보수 정부의 치열한 갈등으로 전개되리라고 충분히 예상할 만했다(한국노동사회연구소 2008; 정영태 2008).

그러나 집권 1년을 맞는 2008년은 1987년 이후 가장 '조용한' 노동 정치가 진행된 해로 기록될 듯하다.[1] 2008년 내내 노동문제

---

1 정부의 노동정책을 분석하고 평가하는 기간으로 1년은 너무 짧다. 더욱이 2008년처럼 노동정책이 주요한 정치적 쟁점으로 부각되지 않고 정책 변화가 구체적인 정책 실행으

는 중요한 정치적 쟁점으로 거의 부각되지 않았으며 커다란 쟁의도 없었고 노·정 간의 대규모 충돌도 없었다. 또 정부의 정책 실행에서 일부 변화는 있었으나 예상되었던 큰 규모의 정책적 전환을 볼 수는 없었다. 이는 민주화 시기 대다수 정부의 초기에 심각한 노·정 갈등이 있었던 양상과 크게 달랐다.

이런 흐름은 미국과의 관계, 남북 관계의 변화나 지역 문제, 경제정책, 특히 미국 쇠고기 수입과 촛불 집회에서 나타난 커다란 정책적 전환과 이를 둘러싼 정치 세력 간 갈등과 비교해 봐도 의외의 일이었다. 국가 정치state politics와 노동 정치labour politics가 긴밀히 연관된 한국에서 국가 정치 수준의 단절적 변화는 노동 정치의 흐름에도 상당한 영향을 미치리라고 기대되었기 때문이다. 그러나 2008년 상황은 국가 정치와 노동 정치의 '상대적 자율성'[2]이라는 명제로도 설명하기 힘들 정도로 독특한 양상을 띤 것으로 판단된다.

물론 2008년은 집권 기간 5년 중 1년에 불과하고 이때 나타난 노동 정치의 흐름이 향후에도 지속된다고 볼 수는 없지만, 정부가 제시한 정책 방향에 이미 뚜렷한 변화 양상이 드러났다는 점에서 집권 첫해의 노동 정치 과정과 함의를 천착할 필요가 있다. 이 장은 노동체제 이론theory of labour regime에 기초해 이명박 정부의 노동정

로 진행되지 않은 조건에서 연구하기는 한층 어렵다. 그러므로 이 연구는 여러 측면에서 가설적인 것이며 향후 연구를 위한 시론의 성격을 갖는다.

2 국가 정치와 노동 정치의 상대적 자율성 및 노동체제 개념에 대한 이론적 논의는 노중기(2007; 2008, 19~22) 참고.

책을 분석한다. 이를 위해 이전 정부들의 노동통제 전략을 이명박 정부의 노동정책과 비교하는 비교 분석 방법을 사용할 것이다.

먼저 전문가들의 예상과 달리(김태현 2008a: 김동원 2008), 이명박 정부의 임기 첫해 노동 정치가 노·정 간 정면충돌이나 열전보다는 냉전으로 마무리된 이유를 설명할 필요가 있다. 이를 위해 정부 노동정책의 흐름과 노동 정치의 전개 과정을 간략히 살펴볼 것이다(2절). 다음으로 구체적인 실행 단계로 나아가지는 못했으나 한 해 동안 정부가 제시한 제반 정책들을 정리하고 분석함으로써, 이전 정부들의 노동정책과 대비해 그 연속성과 단절성이 무엇인지 검토할 것이다(3절). 결론에서는 노동정책의 변화를 거시적인 노동체제 변동의 맥락에서 간략히 해석하고 그 미래를 조망한다.

2. 이명박 정부 노동정책과 노동 정치

1) 노동정책의 전개 과정

2007년 말 대선에서 이명박 후보는 '경제 대통령'을 표방하고 '747 정책'(7퍼센트 성장, 국민소득 4만 달러, 세계 7대 경제 강국)을 대표 구호로 제시했다. '경제'정책에 중점을 둔 데 비하면 그의 노동 공약은 상대적으로 매우 빈약했다. '연 7퍼센트 경제성장으로 일자리 300만 개를 창출한다'는 핵심 공약에서 일자리 확대는 경제성장의 결과였고 노동·사회정책과는 크게 관련이 없었다.

'300만 개 일자리'를 제외하면 노동 관련 공약은 청년 실업 절반 축소, 비정규직에 대한 불합리한 차별 해소('동일노동 동일임금' 원칙 준수, 사회보험 적용 대상 확대 등), 비정규직 직업훈련 및 생산성 향상, 청년 해외 취업 5만 명으로 확대, 고령자 기업 육성 및 임금 피크제 확대 등으로 그다지 특징적인 것이 없었다. '사회 통합적 노사 관계'라는 전략적 목표를 제시하고 매우 구체적인 정책 수단들을 설정한 노무현 정부와 비교하면 크게 빈약한 내용이었다(노중기 2006b).

빈약한 대선 공약은 선거 전술상 고려와 신자유주의 정책 노선의 결과로 해석할 수 있다. 우선 한국노총과 정책 연대를 시도하던 상황에서 노동자에 대한 공격적 정책을 나열할 수는 없었다. 나아가 경제성장을 통해 일자리를 만든다는 기본 입장으로 말미암아 다른 노동정책이 필요하지 않았던 것도 이유 중 하나라고 볼 수 있다.

대선 과정에서 잘 드러나지 않았던 노동정책의 방향이 가시화된 것은 당선자의 행보 및 대통령직인수위원회 활동이었다. 선거이후 당선자는 의도적으로 노동 측을 무시하는 행태를 보였고,[3] 자극적인 발언을 계속했다.[4] 인수위가 제출한 2008년 2월 5일

----

3 당선자는 당선 직후 곧바로 전경련(전국경제인연합회, 2007년 12월 28일)과 상공회의소 (2008년 1월 11일) 등 자본 단체를 방문했지만 노동단체 방문을 미루었다. 노동 측의 문제 제기가 있고 난 이후인 1월 말 한국노총을 방문했지만 민주노총 방문은 끝내 이루어지지 않았다. 민주노총 위원장이 경찰 수사에 응하지 않는다는 것이 공식 이유였지만 그것은 본질적으로 정치적인 신호였다.

4 2008년 1월 1일 신년사에서는 '노동자도 법과 질서를 지켜야 한다'고 말했고 11일 상공회의소 회장단 신년 인사회에서는 노사분규를 비난하면서 '비정규직 문제는 정부가

'국정 과제 보고'에는 핵심 과제로 '새로운 노사 문화 창조 및 노동시장 법치화'가 포함된 것을 제외하면 별로 새로운 것이 없었다. 그러나 인수위 활동 과정에서는 노사 관계 정책과 관련해 '지역 시민 단체가 참가하는 노사민정勞使民政 위원회 구성', '불법 파업에 대처하기 위한 검찰·경찰·노동부 합동 산업 평화 정착 태스크 포스TF 구성', '법질서 바로세우기 범국민운동 추진', '무파업 실적에 따라 지방교부세, 고용보험 기금 차등 지원' 등 한층 분명한 정책 방향이 일부나마 드러났다(김유선 2008).

이명박 정부 노동정책의 면모는 취임 이후인 2008년 3월 13일 노동부 업무 보고에서 전면적으로 드러났다. 보고서에는 노사 관계 선진화, 활력 있는 노동시장, 국민을 섬기는 따뜻한 노동 행정 등 세 가지 국정 과제에는 실천 과제, 단위 과제 등 세부적인 정책 방향이 포괄적으로 제시되어 있었다. '노동 분야 국정 과제 실천 계획'은 인수위 보고서의 국정 과제를 구체화하는 방식으로 작성되었다. 그것은 선거 과정에서 뚜렷하지 않았던 정책 방향은 물론 구체적인 실천 계획까지 포괄했기에 이명박 정부가 추진할 노동정책의 전체적인 상을 보여 주었다.

한편 노동 규제 개혁을 주도한 것은 자본 단체와 경제 부처였다.[5] 전경련과 대한상의 등 경제 5단체는 2008년 3월 말 지식경

나서서 해결할 문제가 아니'라고 발언했다. 또 민주노총 방문을 대체한 1월 29일 대우 자동차 방문 행사에서는 '경제가 살려면 기업이 잘돼야 하고 노사 화합이 필요하다'는 요지의 발언을 했다.

5 자본 단체의 규제 개혁 과제 제출은 범정부 차원의 규제 개혁 작업의 일환이었다. 이는

제부에 267개 규제 개혁 과제를 제출했는데 그중 65개가 노동 관련 규제 개혁이었다. 지식경제부는 자본 측의 의사를 검토하고 재구성해 5월 15일 이를 '노동시장 선진화를 위한 정책 추진 방안'으로 발표하고 노동부에 통보했다. 한편 이미 4월부터 규제 개혁 관련 실무팀을 구성하고 있던 노동부는 5월 19일 곧바로 '규제 개혁 세부 추진 계획'을 발표하고 노동부 차관을 단장으로 하는 '노동규제개혁위원회'를 구성해 발표했다.[6]

이와 같이 노사 관계 정책과 노동시장 정책, 그리고 규제 개혁 완화 등 정책 의제들을 설정하고 그 방향을 결정짓는 정부의 정책 결정은 대체로 5월까지 마무리되었다. 법치주의 노사 관계 확립이라는 정부의 강경한 입장은 먼저 비정규 노동자들의 투쟁에 적용되었다. 대통령 취임 직후인 2월 말 경찰은 마포대교에서 농성하던 GM대우자동차 비정규 노동자들을 연행했고, 3월 11일에는 코스콤 비정규 노동자들을 폭력적으로 연행했다. 검찰·경찰의 공권력을 이용한 쟁의 진압과 법적 대응은 이명박 정부의 노사 관계 정책 실행에서 가장 기본적인 수단이었다.

국가경쟁력강화위원회와 지식경제부의 요청에 따르는 형식을 취했다(김태현 2008c). 그러나 전경련과 한국경제연구소가 '규제 개혁 종합 보고서'를 대선 이전인 2007년 10월 17일에 발표했고 대선 이후인 12월 말 당선자와의 회동에서 재벌 총수들이 이를 요구했다는 점에서 재벌의 요구를 적극 수용한 결과였다.

6 노동규제개혁위원회는 단기 및 장기 과제 설정, 규제 발굴 작업, 국민 제안 수집 등 나름의 형식을 갖추었으나 본질적으로 경제 부처와 자본 단체의 정책 결정을 실행하는 보조 기구에 불과한 것으로 판단된다. 규제 개혁 관련 정책을 결정하는 과정은 경제 부처에 대한 노동부의 종속성이 잘 드러난 사례이다.

그러나 5월까지 급속도로 진행되던 정부의 정책 추진은 6월 이후 그 속도가 눈에 띄게 둔화되었다. 미국 쇠고기 수입 반대 촛불 집회가 정치적 쟁점으로 부각되면서 정부의 정책 수행 능력에 제약이 발생했기 때문이었다. 미국 쇠고기 수입 문제로 불리해진 정치 지형에서 노동자들의 저항을 불러일으킬 노동정책을 실행하기는 어려웠다.[7]

또 노동운동 측의 본격적인 저항이 촛불과 함께 시작되었던 것도 정책 실행을 제약했다. 새 정부의 강력한 반反노동정책에도 불구하고 노동운동은 대선과 4월 총선에서 여당이 거둔 압도적 승리 앞에서 숨죽여야 했다. 그런데 촛불 집회로 정세가 급변했고, 노동운동은 6월 화물연대 파업, 7월 민주노총 총파업과 현대자동차 파업으로 반격을 시도했다.

화물연대 파업과 민주노총의 총파업에 대한 정부의 대응은 전체적으로는 소극적이었다. 정부는 범정부 차원의 대책과 엄단 방침을 속속 발표했으나,[8] 경찰력 투입에 기초한 파업 파괴로 나아가지는 못했다. 화물연대 파업은 7일간의 강력한 파업 이후 노사

---

7 5월 말로 예정되어 있던 공기업 민영화 방안 발표가 8월 이후로 연기된 사례가 대표적이다(비전노동센터 2008 참고).

8 〈레디앙〉(2008/06/17) 참고. 6월 12일 대검찰청 공안부가 주재해 열린 '노동계 집단행동 관련 유관기관 대책회의'에서는 화물연대 파업에 대해 불법 행동 유형을 제시하고 원칙적으로 구속 수사하라는 정부 입장이 발표되었으며 29일에는 민주노총 총파업을 앞두고 관계 장관들이 '폭력 시위에 대한 엄정 사법 처리 방침'을 대국민 담화로 발표했다. 또 7월 15일 대통령은 국무회의에서 현대자동차 파업에 대해 '무노동 무임금' 등 강경 대응을 지시한 바 있었다.

가 합의 타결하는 것으로 종료되었고, 민주노총과 현대자동차의 파업 사태에도 직접적인 공권력을 동원해 해결하려는 시도에는 이르지 않았다. 이런 사태 전개는 정부의 강경 대응 방침 발표가 늘 경찰력 투입과 직접적인 파업 파괴, 대대적인 인신 구속으로 나아갔던 이전 정부들의 노동 행정과는 양상을 달리했다. 정부는 파업 사태가 종결되고 촛불 집회가 약화된 7월 10일 이후 민주노총 지도부에 대한 구속 수사 입장을 천명하고 수사하기 시작했다.

한편 노동조합에 대한 정책 실행에서 두드러진 것은 좀 더 전면적인 분할 지배 전략이었다. 이명박 정부는 대선 과정에서 한국노총과 정책 연대 협정을 체결했고 총선에서는 한국노총 출신 인사들을 대거 공천해 중용했다. 또 한국노총의 요구를 수용해 6월 2일 처음으로 노·정 간 '정책협의회'를 개최하는 등 이전 정부에서 볼 수 없던 밀월 관계를 형성했다. 물론 공기업 구조 조정 정책, 노사정위원회 기구 위상이나 위원장 선임 과정, 그리고 노동부 장관과의 마찰 등 갈등 요소가 없지는 않았다. 그러나 대통령이 미국에서 열린 한미 정상회담에 위원장을 대동할 만큼 한국노총과 정부의 관계는 긴밀했다. 한국노총 간부들이 한나라당 노동위원으로 다수 참여한 것도 이를 보여 준다.

7월 중순 촛불 집회가 약화된 이후 정부의 노동정책은 세 차례에 걸쳐 공기업 선진화 방안을 연이어 발표하는 등 다시 가속화되어 실행되었다. 노동부는 '정당한 노조 활동 허용 범위의 한계에 대한 지도 지침'을 발표하고 행정적 노동통제를 강화하겠다는 정책 의지를 표명했다. 또 이 시기에 자본 단체들은 노동 규제를 완화하라는 요구를 다시 정부에 전달해 정책 실행의 정당성을 높이는 방식으로 대응했다.[9] 9월 10일 대통령은 '국민과의 대화'에서 법치주의 노동 행정과 비정규 노동 문제 불개입, 노동시장 유연화 확대라는 기존 방침을 되풀이해 발표했다.[10] 일단 사태는 촛불 이전으로 돌아갔다.

그렇지만 정부의 노동정책 실행은 9월 중순 이후의 미국발 금융 공황 사태로 다시 주춤하게 된다. 하반기 정기국회에서 비정규 관련 법 등 주요 법·제도 '개혁'을 마무리하겠다는 정부의 되풀이되는 전략 방침은 경제 관련 대책과 언론 관계법 개정 논란 속에서 또다시 실행되지 못했다.

2) 2008년 노동 정치의 특징

이명박 정부의 노동정책을 본격적으로 분석하기에 앞서 2008년 노동 정치의 흐름에 나타난 주요 변화에 주목할 필요가 있다. 1987년 이후 모든 정부에서는 집권 첫해에 정부의 정책적 의지와 노동 측의 요구 및 저항이 부딪히면서 심각한 노·정 갈등이 발생했다. 그런데 이명박 정부의 집권 첫해는 상대적으로 커다란 충돌

---

[9] 7월 4일 상공회의소는 기획재정부·지식경제부·노동부에 비정규 노동 사용 기간 확대를 다시 요구했고, 8월에는 전경련과 상공회의소가 최저임금제도 변경, 노동 규제 완화 등의 입장을 정부에 전달했다.

[10] 대통령은 국민과의 대화에서 '비정규직 문제에 대한 사회적 대타협'을 주장했는데 이는 정부의 정책 방향과 전혀 부합하지 않았다. 노동 측의 평가대로 그것은 노사민정 협의체를 염두에 둔 이데올로기적 언사였다(《오마이뉴스》 2008/09/10 참고).

없이 마무리되었다. 앞 절에서 살폈듯이 이런 변화는 상당 부분 2008년의 정치 정세가 매우 독특했다는 정치 상황적 요인 때문이었다.

무엇보다 5월에서 7월에 걸친 세 달간의 촛불 집회라는 정치적 상황 변수가 노·정 간의 심각한 대립을 제어했다. 이 기간은 대체로 노동조합의 상반기 임금 교섭이 마무리되는 시점으로 쟁의가 집중적으로 발생하는 때이다. 노동 측이 주요 사업장을 중심으로 전국적 연대 전선을 형성하고 정부는 이에 강경하게 대응하는 과정에서 심각한 갈등이 발생하곤 했다. 그러나 2008년 정치적 상황은 꽤 다르게 전개되었다.

먼저 노동조합들은 단체교섭에 촛불 집회의 열기를 적절히 결합해 투쟁 전선을 만들고자 했다. 7월 초 화물연대의 파업과 민주노총의 총파업은 명목상 쇠고기 수입 반대 파업으로 설정되어 있었다. 이런 전술적 변화는 한편에서 전 국민적 요구인 쇠고기 수입 반대라는 정치적 의제에 노동운동이 참여한다는 의미가 있었고 다른 한편에서는 정부나 사용자의 억압을 회피하는 수단으로 기획된 것이었다.

반대로 새 정부는 촛불이 야기한 정치적 수세 국면에서 그것을 명분으로 한 파업 투쟁을 강경하게 진압할 수 없는 조건에 놓여 있었다. 촛불 집회는 단순히 쇠고기 수입 문제만이 아니라 연이은 인사 파행 등 정부 출범 이후의 모든 정치적 실책에 대한 국민적 저항의 성격을 띠고 있었다. 서울 중심부에서 집회 시민과의 물리적 대결이 계속되는 상황에서 노동쟁의에 대한 물리적 강경 대응은 불가했다. 급박한 상황에서 노동 정치는 부차적인 요소로 취급

되었던 것이다.

다음으로 생각해 볼 수 있는 것은 2008년 들어 조직된 노동운동의 투쟁 열기와 역량이 크게 약화된 점이다. 노동조합은 두 차례 선거에서 압도적인 지지율로 승리한 집권 세력의 정치적 우위 앞에서, 그리고 강경한 법치주의와 시장주의 전략을 앞세운 정부를 상대로 대규모 쟁의를 벌이기는 쉽지 않다고 판단했다. 이미 노무현 정부 때부터 심화된 민주 노조 운동의 구조적 위기 경향은 독특한 정치 정세와 결합해 노동운동의 투쟁 의지와 동원 능력을 크게 잠식했던 것이다.[11]

요컨대 국가 정치 수준의 정치 상황과 노동운동 주체 조건이 노동 정치의 흐름에 직접적인 영향을 미쳤다고 볼 수 있을 것이다. 그러나 이명박 정부 집권 첫해 노동 정치 양상의 변화는 단순히 정세 변화로 환원할 수 없는 좀 더 중요한 변화를 포함한 것으로 보인다.

예컨대 이명박 정부는 1987년 이래 이른바 '노동 개혁' 의제를 노동정책의 핵심 주제로 기획하지 않은 첫 번째 정부였다.[12] 때로 '개혁'이나 '노사 관계와 노동시장 선진화' 같은 언술을 사용했지

---

11 민주 노조 운동의 구조적 위기에 대해서는 노중기(2008, 399~460) 참고.

12 민주화 이후 첫 정부였던 노태우 정부는 첫해 여소·야대 국면에서 야당이 노동법 개정 등 노동 개혁 정치를 주도했다. 1993년 김영삼 정부의 노동법 개정 시도, 김대중 정부와 노무현 정부 집권 첫해의 노사정위원회의 개혁 의제도 마찬가지였다. 이 정부들의 집권 첫해는 노동 개혁 의제를 둘러싼 노사정 간의 치열한 대립과 갈등으로 점철되었다 (노중기 2008).

만 여기에 이전 시기의 '노동기본권' 확대나 '노동 민주화' 요소는 부재했다.[13] 그것은 철저히 시장주의 노동 유연화라는 의미로 국한되었다. 결국 노자, 노·정 간의 치열한 대립과 갈등의 소지가 정부의 정책 변화로 처음부터 주어지지 않았음을 의미한다.

또 이명박 정부는 기륭전자나 코스콤, 이랜드와 KTX 여승무원 등 비정규 노동자들의 처절한 장기 쟁의들을 방치했다. 노동부 장관과 대통령은 이른바 노사 자율의 해결 방식을 앞세우며 쟁의에 불개입 원칙을 표방했던 것이다. 이는 이전 정부가 비정규 노동 문제를 다루던 방식과는 크게 달라진 모습이었다. 예컨대 노무현 정부는 노동의 요구를 적극적으로 수용하지 않았으나 문제 자체를 부정하지 않았다. 그러므로 2008년 노동 정치가 표면적으로 '조용하게' 진행된 데는 이 같은 정책 변화가 자리 잡고 있었다.

3. 이명박 정부의 노동통제 전략 : 연속인가, 단절인가

1) 이명박 정부 노동정책의 주요 내용

이명박 정부의 노동정책은 앞서 살폈듯이 3월 중순 노동부의

---

13 선진화라는 말의 일반적 용법에서 보면 낙후된 노동기본권과 제도의 민주화, 개혁이 포함될 수 있다. 그러나 이명박 정부의 선진화는 신자유주의 시장화의 확대·심화만을 의미했다. 이는 이전의 김대중·노무현 정부와 뚜렷이 구분될 수 있다.

표 2-1　노동 분야 국정 과제 실천 계획

	(실천) 과제명	단위 과제명	주요 사업 내용[*]
① 노사 관계 선진화	상생의 노사 협력 기반 구축	• 사업장 단위 노사 협력 확산 • 지역 노사민정 협의체 구성 • 중앙 단위 사회적 대화 활성화	• 노사 파트너십 재정 지원 • 노사민정 협의체 구성, 지역 협약 체결 지원 • 노사정위 업종별 회의, 노사발전재단 지원
	체계적 노사 갈등 관리 시스템 구축	• 효율적 분규 예방 및 조정 시스템 제공 • 외투 기업 노무관리 지원 강화	• 취약 사업장 근로감독관 전담 지도 • 노동위원회 조정 서비스 강화 • 외투 기업 노사 관계 신속 지원 TF 구성
	노사 관계 법치주의 확립	• 교섭 관행, 쟁의 질서 확립 • 노사 관계 법·제도 개선	• 노사 준법 의식 관행 합리화 대국민 홍보 • 복수 노조, 노조 전임자 관련 법 개정 추진 • 비정규직 법 관련 제도 보완
② 활력 있는 노동시장	노동 유연성 제고	• 임금 근로시간 고용 유연화	• 근로시간, 해고 절차 등 법제 개선
	수요자 중심 직업 능력 개발 체계 구축	• 직업 능력 개발 계좌제 도입 • 직업훈련 시장 육성	• 직능 개발 계좌제 도입을 위한 법 개정 • 훈련 시장 진입 장벽 철폐, 시행령 개정
	중소기업의 원활한 인력 지원	• 중소기업 훈련 기회 확대 • 외국인 인력 공급 원활화	• 권역별 직능 개발 중심 대학 사업 시행 • 외국인 인력 수급 계획 조정, 절차 간소화
	수요자별 맞춤형 일자리 지원	• 글로벌 청년 리더 10만 양성 • 취약 청소년 뉴스타트 프로젝트 • 일·가정 양립형 일자리 확대 • 고령자·장애인 고용 촉진 강화	• 해외 취업, 인턴 10만 명 실시 • 뉴스타트 2008년 3천 명, 2009년 2만 명 확대 • 산전후 휴가비용 사회화 방안 마련 • 임금 피크 확대, 장애인 고용 의무제 개편
	사회적 약자 고용 안정망 확충	• 저소득 고용 지원 강화 • 비정규직 고용 개선 지원 • 사회적 기업 육성	• 특수 형태 근로자 고용·산재보험 방안 강구 • 정규직 전환 시 인건비 증가분 세액공제 • 5개년 기본계획 수립 및 법 개정
③ 국민을 섬기는 따뜻한 노동 행정	법정 근로조건 및 건강 보호	• 취약 근로자 근로조건 보호 • 산재로부터 근로자 보호	• 취약 분야 중심 근로감독 • 유해 화학물질 사용 실태 DB 구축
	고용 지원 서비스 선진화	• 국가 고용 지원 서비스망 확충	• 고용지원센터 운영 혁신 • 양질의 종합 인력 서비스 회사 육성
	규제 개혁	• 노동 규제 개혁	• 노사 참여 '규제 개혁 TF' 구성·운영 • 노동 규제 전면 재검토 • 장·단기 과제 발굴 추진

주 : * 주요 사업 내용은 핵심적인 것을 중심으로 정리하고 나머지는 생략.
자료 : 노동부(2008a)를 수정해 작성.

'업무 보고'에서 그 전모가 나타났다. 11개 실천 과제와 23개 단위 과제, 그리고 60개가 넘는 사업 내용으로 구성된 포괄적인 정책이었다. 무엇보다 대선 과정의 선거 공약에서 뚜렷하게 드러나지 않았던 '정책 기조'를 분명하게 제시했다.

노동부는 새 정부의 노동정책 기조를 '경제 살리기'와 '일자리 창출'을 위한 '노사 관계의 경쟁력 강화'로 규정했다. 경쟁력을 강화할 구체적인 방안은 '노동시장의 유연성과 안정성 제고'와 '수요자(근로자) 중심의 노동 행정'으로 설정되었다. 그리고 이를 실현하기 위해 '노사 관계 선진화', '활력 있는 노동시장', '국민을 섬기는 따뜻한 노동 행정'이라는 세 가지 기본 과제를 제시했다.

'선진화', '활력', '섬기고 따뜻한 노동 행정' 등의 수사와 '수요자인 근로자 중심'이라는 언명에도 불구하고 정책 기조는 '경쟁력'과 '노동시장 유연성' 및 이를 확보하기 위한 '노사 관계의 재정립' 등 매우 자본 편향적이었다.[14] 노사 관계 정책 측면에서 그것은 '노사 협력과 법치주의'로 요약되며 노동시장 정책에서는 '노동시장의 유연성 제고'로 정리된다. 요컨대 이명박 정부의 노동정책은 영국의 대처주의 노동정책에 담긴 기조였던 '신자유주의·신보수주의' 노동정책을 선명하게 표방했다.

먼저 노사 관계 정책에서 중요한 사항들로는 지역 수준의 노사민정 협의체 구성과 합리적 교섭 관행 및 쟁의 질서 확립, 그리고 법·제도 개선을 들 수 있다. 이는 사업장 단위 노사 협력과 법치

---

14 세 번째 기본 과제인 '따뜻한 노동 행정'은 곧 살펴보겠지만 매우 포괄적인 규제 개혁 방안으로 설정되어 있었다. 그러므로 그것은 산업재해를 증가시키거나 노동조건을 악화시킬 노동시장 유연성 확대 방안일 뿐이었다. 또 노동부 보고서의 화려한 수사는 실제와는 크게 괴리되어 있어 비판적인 독해를 요구한다. 예컨대 '수요자 중심의 노동 행정'에서 실제 수요자는 '자본'이었고, 자료에 서술된 '개선'은 노동자 입장에서는 대부분 '개악' 사안이었다. 노동부 보고서의 이런 은폐 시도는 정부 내 노동부의 모순적 위상을 반영하며 나아가 정책의 근본적 한계를 표현했다.

주의 확립이라는 두 가지 정책 목표를 달성하는 핵심적인 정책 수단이었다.

'노사민정 협의체'는 지역 단위로 시민 단체를 포함한 노사정 협의체를 만들고 '지역경제 살리기와 일자리 창출 협약(가칭)' 체결 등을 추진하는 방안이다. 여기서 두드러진 정책적 특징은 지방교부세나 특목고와 대학 유치 등 각종 인센티브를 매개로 지역 간 노사 화합 경쟁 체제를 도입하겠다는 점이었다. 결국 이는 지역 수준의 합의 체제와 전국 수준의 경쟁 체제를 이용해 '사업장 단위 노사 협력'을 개별 기업 노조에 강제하는 방식의 통제 정책인 셈이었다.[15]

그리고 노사 관계 법치주의는 단호한 법적 대응을 통해 노조의 불법 행동을 통제하고자 하는 전통적인 법적 통제 방식을 다시 강하게 표방한 것이었다. '관계 기관과의 협조하에 엄정 대처하겠다'는 노동부 정책은 이후 법무부와 검찰, 그리고 경찰의 업무 보고에서 더욱더 구체화되어 나타났다.[16] 또 노사 관계 법·제도 개

---

15 따라서 '노사민정 협의체' 구상의 이면에는 두 가지 중요한 정책 방안이 포함되어 있었다. 첫째, 노동계가 요구하는 산업 업종별 단위의 노사 관계를 거부하고 기업 단위 노사 협력을 정책 목표로 삼는다는 정책 방향이었다. 둘째, 노사정위원회나 중앙 단위 사회적 합의의 위상을 축소하는 방향의 정책 결정이었다. 그러므로 '중앙 단위 사회적 대화 활성화'는 '노사민정 협의체 구상'과 배치된다는 점에서 정책적 의지와 구체적인 실행 방안이 의심스러웠다. 4월 26일 노동부 장관이 불과 2주일 전의 노사정위 합의안('단체 교섭 체계 개선을 위한 합의')을 부정한 것도 같은 맥락이었다(〈오마이뉴스〉 2008/05/01 참고).

16 김경한 법무부 장관은 2008년 4월 3일 교섭 결렬 시에만 쟁의행위 찬반 투표를 하도록 법제화를 추진하고 노동쟁의에 대한 손해배상 청구 소송을 촉진하기 위해 특례법을 제정하겠다는 뜻을 밝혔다. 이어서 4월 16일 법무부는 대통령 업무 보고에서 파업 찬반

64

선도 이를 위한 하위 실천 방안으로 설정되었는데 이는 이전 정부에서 노동 개혁 사안이었던 '복수 노조 허용과 전임자 임금 지급 금지', '비정규 보호' 등이 적극적인 노동통제 수단으로 바뀌고 있음을 보여 준다.

다음으로 노동시장 정책에서는 유연화 제고 정책이 핵심 정책 방안이었다. 임금과 고용 일반은 물론 노동시간과 해고 절차 및 그 요건 등 모든 핵심적인 노동조건들에서 노동보호 장치를 완화하거나 제거하는 것이 정책 목표로 설정되었다. 해고 절차 완화, 최저임금 산정 기준과 결정 방식 변경, 부당해고 금전 보상 제도 실시, 탄력적 노동시장 제도 변경 등이 주요 내용이었다.

특히 중요한 것은 노동 행정의 일개 실천 사항으로 설정되어 있는 노동 규제 개혁이었다. 그것은 실제로는 시장주의 노동정책의 핵심이었다. 예컨대 업무 보고의 주요 사업 내용에는 '노사 참여 규제 개혁 태스크 포스 팀 구성', '노동 규제 전면 재검토' 및 '장단기 과제 발굴 추진' 등 포괄적이고 추상적인 내용만이 제시되었다. 그러나 광범한 범위에 걸친 규제 개혁의 정책 내용은 이미 준비되어 있었고 그 주체도 노동부가 아니었다.

투표 절차 변경, 이른바 '떼법' 청산과 무관용zero tolerance 원칙 적용, 형사재판과 손해배상 소송의 동시 추진, 쟁의에 대한 공권력 행사 시 면책 범위 확대 등 강경한 방침을 발표했고, 이는 2008년 연말에 이듬해의 사업 방안으로 다시 확인되었다. 경찰청도 불법 쟁의 체포 전담반 운영, 무관용 적용, 손해배상 소송, 불법 단체 지원 중단 등으로 법무부와 보조를 맞추었다. 한편 노동부는 4월 17일 전국 노동 관서에 '노사 관계 불법행위 예방 팀'을 신속하게 설치했다.

표 2-2 **지식경제부 규제 완화 추진 방안과 자본 단체 요구안**

규제 개혁 방향	지식경제부의 규제 완화 방안	경제 5단체 규제 완화 요구안*
노사 관계 법치화	• 분규 사업장 '법과 원칙' 대응 • 무노동 무임금 준수 사업장 지원	• 대량 고용 변동 신고 개선 • 경영상 이유의 해고 제한 완화
선진형 노사 관계	• 노조 전임자 급여 지원 금지 • 복수 노조 교섭 창구 단일화 • 대체 근로 허용 • 유니언숍제 삭제 • 쟁의 찬반 투표 교섭 결렬 시만 허용	• 해고 예고 제도 개선 • 법정 퇴직 급여 제도 폐지 • 퇴직금(연금) 제도 적용 확대 개선 • 비정규 노동자 차별 처우 금지 개선 • 정년퇴직 해고 차별 금지 벌칙 완화
비정규직 관련	• 기간제 노동 사용 기간 연장(3~4년으로) • 파견제 노동 사용 기간 연장(3~4년으로) • 파견 업종 대폭 확대(네거티브 시스템)	• 직장 보육 시설 설치 의무 완화 • 직장 내 성희롱 벌칙 규정 완화 • 육아휴직 중 해고 관련 벌칙 완화 • 장애인 고용 의무 제도 개선
〈근로기준법〉 개정	• 취업규칙 불이익 변경, 노조 동의 삭제 • 최저임금에 각종 수당 산입 • 탄력 근로시간제, 3개월에서 1년으로 • 주 단위 탄력 근로제(30인 미만 사업장) • 유급 주휴, 무급 전환 • 해고 시 금전 보상 사용자에도 허용 • 해고 제한 3~6개월 최소 자격 설정 • 해고 시 제소 기간 3개월 설정 • 해고 규모별 사전 통보 기간 차등 설정	• 비정규 활용 범위, 사용 기간 확대 • 노동시장의 유연성 제고 • 임금 체계의 합리화 • 산재 발생 보고 대상, 기한 개정 • 사업장 산업 안전 감독 기준 개정 • 산업안전보건위원회 의결 기능 삭제 • 특수 건강 진단 실시 주기 개정 • 근골격계 질환 유해 조사 제도 개선 • 작업 환경 측정 사업주 처벌 조항 삭제

주 : * 경제 5단체의 요구안 65개 항 중 임의로 주요 항목 20개를 발췌 요약함.
자료 : 김태현(2008c)에서 수정 재작성.

    5월 15일 지식경제부가 노동부에 제출한 규제 개혁안은 매우 중요하다. 임금 고용, 노동조건, 작업환경 등에 집중된 자본 단체의 요구를 대체로 수용하지만 이에 머물지 않고 더 확대한 점이 특징적이었다.[17] 즉 노사 관계와 비정규직 관련 법·제도 개선까지도 규제 개혁의 핵심 사안으로 설정한 포괄적인 것이었다.

    먼저 지식경제부 안에는 노동부 보고에서 여러 방식으로 은폐

---

17 표면적으로 보면 경제 단체는 협소한 임금 노동조건의 규제 완화를 요구했다. 그러나 그 요구는 지식경제부를 거치며 노사 관계 정책, 법·제도 변경까지 확대된다. 양자 사이에는 모든 문제에 대해 충분한 정책 협의와 의사소통이 있었다고 봐야 한다.

되고 채색된 새 정부의 노동정책 방향이 적나라하게 드러나 있었다. 예컨대 노동부 안이 '노사 준법 의식 관행 합리화'로 모호하게 표현한 데 비해 지식경제부 안은 이를 "분규 사업장 '법과 원칙' 대응", '무노동 무임금 준수 사업장 지원'으로 명료하게 표현하고 있다. 또 '법치주의 확립'의 '복수 노조 전임자 관련 법 개정 추진'이나 '비정규직 관련 제도 보완'도 '노조 전임자 급여 지원 금지', '복수 노조 교섭 창구 단일화', '대체 근로 허용', '유니언숍제 삭제', '쟁의 찬반 투표 교섭 결렬 시만 허용', '기간제·파견제 노동 사용 기간 3~4년으로 연장', '파견 업종 대폭 확대' 등으로 분명하게 나타나 있다. 또 노동시장 정책에서도 '임금 근로시간 고용 유연화'와 '근로시간 해고 절차 법제 개선'과 같은 추상적 표현은 더욱더 구체적인 정책안들로 제시되어 있음을 알 수 있다.

특히 노동부 안에서 '수요자 중심'이나 '개선' 등 모호하고 중립적인 언사 대신 지식경제부 안은 자본의 요구를 전적으로 수용하는 면모가 두드러졌다. 지식경제부 규제 개혁안의 가장 큰 특징은 재계의 요구를 일방적으로 수용했다는 점이었다(김태현 2008c): 노동정책에서 강한 자본 편향성과 노동자를 배제하는 계급성이 이렇게 적나라하게 드러난 것은 군부독재 이후 20년 만이었다. 더불어 이전 정부에서 모호하던 노동정책의 경제정책에 대한 종속성, 정부 내 노동 부처의 경제 부처에 대한 종속성도 이명박 정부에서는 더 공공연하고 명료하게 나타났다.[18]

---

18 물론 노동부는 지식경제부의 안이 단순히 업무 협조 요구 수준이며 결정된 정부 정책

2) 헤게모니 배제 전략 : 연속인가, 단절인가

정책으로 충분히 실행되지는 않았지만 이명박 정부의 노동정책은 몇 가지 측면에서 이전 정부들과 분명하게 구분되었다. 선명한 시장주의 유연화 전략과 규제 개혁, 노동 개혁 의제가 사라진 점, 계급 편향성이 더 분명하게 드러난 점, 억압적 요소가 크게 강화되고 있는 점 등이 모두 그랬다. 국가 정치 수준에서 정권의 성격 변화가 노동정책에서도 일부 나타나고 있는 것이다.

그러나 과연 그 변화가 노동통제 전략의 단절적 변동을 의미하는가? 이 물음에 답하려면 정책의 내용과 구체적 실행 모두에서 노무현 정부를 비롯한 이전 정부들의 '헤게모니적 노동 배제 전략'과 체계적으로 비교할 필요가 있다.[19]

먼저 거시적인 노동정책의 내용에서는 연속성과 단절성 요소가 모두 지적될 수 있다. 연속성의 측면에서 두 정부의 노동정책은 모두 노동시장 유연화와 법치주의를 지향한 신자유주의 노동정책이다. 사실 이명박 정부의 정책 기조들은 모두 노무현 정부에서 표방되고 시도되었던 것들을 더 구체화하고 세밀한 정책안으

안은 아니라고 주장했다. 그러나 두 부처의 관계가 특수하다는 점은 지식경제부가 자신의 노동정책안을 제시하고 이를 노동부에 통보하는 데서 이미 드러났다고 볼 수 있다(노동부 2008c 참고).

19 헤게모니 배제 전략은 핵심 이데올로기를 매개로 정책의 정당성을 확보한 뒤, 그 밖의 억압적·법적 통제 수단들을 체계적으로 동원하는 통제 전략을 말한다. 이에 관해서는 노중기(2006b: 2007: 2008, 441~455) 참고.

로 제기한 것에 불과하다.[20] 예컨대 노동시장의 유연화는 노사 관계 선진화 방안의 정리 해고 요건 완화나 다른 노동시장 정책을 통해 지속적으로 추진되어 왔다. 특히 비정규 노동자 보호법 제정은 그 자체가 이전까지 불법화되어 있었던 비정규 노동의 사용을 합법화하고 정당화하는 노동시장 유연화 정책의 강력한 정책 수단이었다.

또 '법과 원칙' 또는 '법치주의'라는 노사 관계 정책도 크게 다르지 않았다. 노무현 정부는 거의 모든 노동쟁의에 대해 '법과 원칙'이라는 기준을 강조했으며 이 기준에 따라 민주 노조 운동을 억압하고 1000명이 넘는 구속 노동자를 발생시켰다. 공권력을 동원한 쟁의 진압이나 한국노총을 지렛대로 한 민주노총에 대한 분할 지배 전략도 크게 다르지 않았다.

거시적인 노동정책 내용에서 유의미한 차이는 이른바 '노동 개혁' 의제가 이명박 정부에서는 거의 사라졌다는 점이었다. 예를 들어, 노무현 정부가 추진했던 노동 개혁 의제들에는 노동시간 단축과 실업자 노조 가입, 직권 중재와 손해배상 소송 및 가압류 문제, 비정규 노동자 보호, 공무원노조 합법화 등이 포함된다.[21] 이

---

20 2003년 하반기 노동부의 '노사 관계 선진화 방안'이나 2006년 초 노무현 대통령이 극찬한 국정경제자문회의의 보고서 「동반성장을 위한 새로운 비전과 전략」에는 '노동시장 유연화', '임금 유연성 확대'가 주요한 정책 기조로 자리 잡고 있었다. 자세한 내용은 노중기(2006b) 참고.

21 물론 정부가 이들을 모두 실현했는지 또는 진실한 개혁 의지가 있었는지는 다른 문제이다. 결과적으로 노무현 정부는 이 의제들의 대부분을 실행하지 않았고 노동시간 단축이나 비정규직 법안에서 보듯이 비개혁적인 방식으로 왜곡했다.

에 반해, 이명박 정부에서 노동 개혁 사안은 거의 존재하지 않았다. '복수 노조 금지'와 '전임자 임금 지급 금지' 같은 이전 정부의 개혁안도 처음부터 노동권을 억압하는 방식으로 기획하거나 '실업자 노조 가입'처럼 실행 의지를 드러내지 않았다.[22] 이명박 정부의 신자유주의 노동정책이 노무현 정부의 노동정책보다 더욱 선명해 보였던 데는 개혁 의제의 소멸이 하나의 요인으로 작용한 듯하다.

다음으로 구체적인 정책 실행 과정에서 나타나는 연속성과 차별성은 좀 더 복잡하다. 노무현 정부와 이명박 정부의 노동정책 실행은 일견 크게 다를 것으로 기대되었으나 실제로는 그렇지 않았다. 정부의 정치적 성격이 변화했음에도 사회정책의 '경로 의존성'은 작지 않기 때문이며 정책 실행 부문에 따라 다양할 수 있기 때문이다. 이를 감안해 조심스럽게 비교하되 차이점에 좀 더 주목할 필요가 있다. 국가의 노동정책 실행은 여러 통제 수단을 동원하는 방식에 따라 나누어 분석할 수 있다.

먼저 물리적 기구를 이용한 통제가 전반적으로 강화되는 점을 들 수 있다. 노동쟁의나 노사 관계에 대해 검찰과 경찰, 정보기관을 동원하는 통제 방식은 군부독재 이후 한국 노동 정치의 가장 중요한 특성이었다(노중기 2007, 6장). 민주화 이후에도 물리적 통제는

---

22 노동부는 9월 29일 '실업자 노조 가입' 문제를 규제 개혁 추진 방안의 하나로 설정해 발표했다. 그러나 다른 규제 개혁 사안들과 다르게 그 시행 시한을 2012년으로 설정해 추진할 의지가 없음을 드러냈다. 최소한의 구색 갖추기에 불과했던 셈이다(노동부 2008e; 〈매일노동뉴스〉 2008/09/29 참고).

여전히 지속되었으나 과거처럼 탈법적인 형태의 물리력 동원은 상대적으로 줄었고 국가의 전체 노동통제에서 차지하는 비중은 점점 약화되어 왔다. 지배적 국가 담론이었던 '민주화'로 말미암아 국가는 자신의 탈법적 노동 억압을 자제하지 않을 수 없었다. 요컨대 '민주화'라는 지배 이데올로기와 배치되는 정책 수단이었기 때문이다.

그러나 이명박 정부 시기에 상황은 역전되는 듯했다. 우선 정책의 방향에서 '법치주의', '무관용 원칙' 등이 지속적으로 발표되었으며 각종 쟁의나 집회, 시위에서 경찰력을 중심으로 한 물리력 동원이 크게 늘어났다. 2008년 당시 파업에 대한 직접적인 파괴 사례는 그다지 나타나지 않았으나 각종 비정규 노동자 쟁의와 민주노총 지도부에 대한 수사, 그리고 화물연대 파업과 민주노총 총파업에 강경하게 대응한다는 방침이 이어졌다. 이는 정치 환경이 변화될 경우 물리적 통제 수단의 사용이 크게 늘어날 것임을 암시했다. 결국 '신자유주의 경찰국가'로서의 성격이 좀 더 분명해졌던 것이다.[23]

---

23 신자유주의 사회에서 경찰력의 강화는 세 가지 독특한 기제를 매개로 이루어진다. 먼저 전통적으로 경찰력이 사용되지 않던 사회복지나 노동 영역이 재경찰화된다. 이것은 국가의 사회정책 영역이 다시 시장 영역으로 전환된 데 따른 논리적 귀결이다. 다음으로 경찰력 행사가 '자유주의' 이데올로기로 정당화되는 측면이다. 자유에 결부된 책임 추궁과 타인의 자유 침해에 대한 부분을 강조하는 이데올로기는 신자유주의 사회에서 경찰력 확대를 정당화한다. 셋째, 강력력 행사가 '법과 질서'의 법적 정당성을 갖고 행해진다. 이는 군부독재 등 권위주의적 정치 지배와 구별되는 지점이다. 자세한 내용은 이계수·오병두(2008) 참고.

또 물리적 수단의 확대에서 주목할 만한 변화는 국가정보원을 중심으로 한 정보기관의 개입이 확대된 점이었다. 정보기관의 노동 정치에 대한 개입은 과거 한국 사회의 독특한 특성이었으나 민주화 이후에는 크게 약화되어 왔다. 그러나 이명박 정부에서는 이 상황이 변화하는 조짐이 뚜렷이 나타났다.[24]

두 번째로 법·제도적 방식의 노동통제가 양적·질적으로 크게 강화되었다. 노동시장 유연화를 위한 제반 법 개정이 시도되었고, 법치주의가 전반적으로 강화되었다. 여기서 범정부적으로 다양하게 추진된 법치주의 강화 정책들에서 노동문제는 가장 중요한 법 집행 대상으로 설정되어 있었다.[25]

구체적인 수준에서도 지식경제부가 노동부에 제시한 '규제 완화 방안'은 일관되게 법적 수단을 통한 노동통제 방침이었다. 분규 사업장에 대응하며 '법과 원칙'을 강조하는 것이나 '무노동 무임금' 준수 지원은 모두 노동쟁의의 법적·행정적 통제를 지향했다. 또 '노조 전임자 급여 지원 금지', '복수 노조 교섭 창구 단일

---

24 예컨대 기륭전자 비정규 노동자 쟁의에서 국정원은 경총과 함께 개입한 것으로 보도되었다. 또 정기국회에서는 노동부가 환경노동위원회 회의 내용이나 의원들의 동향을 국정원과 경찰청에 체계적으로 보고한 사실이 드러나 큰 파장을 일으켰다. 한편 정부·여당은 국정원의 국내 정치 개입을 허용하는 법안을 정기국회에서 제출했다. 이런 변화는 노동문제에 대한 정보기관의 개입이 늘어나리라는 것을 시사했다(《오마이뉴스》 2008/10/17 참고).

25 대통령(8·15 경축사)과 법무부 장관(9월 3일 강연, 12월 2009년 업무 보고) 및 각종 관계 기관 대책회의에서는 노사 관계에서 엄정한 법 집행을 강조하는 발언들과 조치들이 계속되었다(이계수·오병두 2008).

화', '대체 근로 허용', '유니언숍제 삭제', '쟁의 찬반 투표 교섭 결렬 시만 허용' 등은 모두 정상적인 노동조합 활동을 어렵게 하거나 쟁의를 법적으로 봉쇄하는 장치였다.

한편 노동부를 중심으로 노동 행정 기구를 이용해 노동운동을 통제하려는 시도가 다시금 시작되었다는 점도 주목할 만하다. 노동부는 4월 말 전국 노동 관서에 '불합리한 노사 관행' 유형을 제시하고 지도할 것을 시달한 바 있었다. 여기에는 '파업 기간에 대한 임금 요구'(무노동 무임금), '인사위원회 노사 동수 구성', '기술 도입 시 노사 합의 관행', '사용자의 손해배상 청구 소송 합의 취하' 등이 포함되어 있었다. 또 9월에는 '정당한 노조 활동의 허용 범위와 한계에 관한 지도'라는 행정 지침을 시달했다.[26] 행정 지침에 의한 노동통제는 노태우 정부 시기 노동운동을 억압한 핵심적인 수단이었으나 그 초법적 성격에 대한 비판과 노동 측의 반발로 말미암아 크게 약화되어 왔다. 과거 행정적 통제의 내용들은 곧 법적 제도화 시도로 이어져 왔다는 점에서 향후 법적 통제의 방향을 예시한 것으로 볼 수 있다.

세 번째로 이데올로기적 통제 수단의 사용에서도 내용상 변화

---

[26] 이 지침은 노조 활동의 정당성을 판단할 기준을 제시하고 위반 시 예상 책임을 구체적으로 적시했다. 근무시간 중 노조 활동, 회의 교육 등을 위한 기업 시설물 이용, 유인물 배포 및 현수막 게시 등을 통한 홍보 활동, 투쟁 복장 및 리본 착용, 근로자가 아닌 자의 사업장 출입, 조합원 개인의 노조 활동 여부 등 여섯 가지 기본적인 노조 활동의 위법 여부를 평가했다. 이 지침은 노조 활동에 대한 사용자 개입과 기본권 침해를 노동 행정 부처가 노골적으로 유도했다는 점에서 충격적이었다. 노태우 정부의 업무 지침들에 대한 분석은 노중기(2007) 참고.

가 부분적으로 나타났다. 가장 두드러지는 변화는 이전 정부들에서 핵심적인 통제 수단이었던 노사정위원회의 위상이 크게 약화된 점이었다. 김영삼 정부 이래 합의 기구들은 '참여와 협력' 또는 '노동 개혁'의 이데올로기를 전파하고 노동 배제 전략 전체의 정당성을 제고한 강력한 이데올로기적 통제 수단으로 기능해 왔다. 이명박 정부의 노사정위원회에 대한 태도는 노동정책 전반을 가늠할 수 있는 시금석이었다. 정치적으로 매우 보수적인 정부였으므로 합의 기구 자체를 폐기할 것이라는 예측도 있었다.

우선 노사정위원회가 폐지되지 않고 유지되었다는 점을 주목할 필요가 있다. 노무현 정부의 방만한 정부 기구 확대를 비판해 온 이명박 정부는 정부 내의 많은 위원회 기구들을 폐지·축소했다. 참여정부의 사회정책을 대표하는 기구였던 노사정위가 폐지되리라고 예상할 법했으나, 정부는 유지·존속을 선택한 것이다. 앞서 말했듯이, 정책 연대를 맺은 한국노총의 반발, 무리 없는 노동관계법의 개정, 최소한의 정책적 정당성 홍보 및 선전 등 여러 가지 현실적 요인들이 작용했던 결과로 보인다. 그러나 기구의 위상은 크게 약화되었다. 과거 노동정책 의제를 발안하고 기본 정책을 수립하던 기능은 소멸했다. 결국 법 제정과 개정 과정에 제한된 노사정 간의 '협의 기능'만이 남았다.[27]

---

27 노사정위의 존속을 강하게 주장한 한국노총은 위원장 선임에 반발하기도 했다. 반면에 경총과 정부는 '협의 및 의견 수렴' 기능으로 축소하고자 했다. 자세한 내용은 〈매일노동뉴스〉(2008/10/17) 참고.

노사정위의 위상 약화는 제도의 존속과 무관하게 이데올로기 통제의 내용에 상당한 변화가 있음을 보여 주었다. '노동 민주화와 개혁', '참여와 협력' 등 이전 정부의 이데올로기를 대신한 것은 '노사 협력과 경쟁력' 그리고 '법치주의'였다. 더 정확하게 표현하면 '참여와 협력', '개혁' 이념의 상대적 비중이 크게 줄어들거나 거의 소멸한 반면 법치주의, 경쟁력 이념은 크게 강화되었다. 그러므로 노사정위 기능을 대체하는 것으로 설계된 '노사민정협의체'의 이데올로기적 기능은 '참여'보다는 전통적인 '(사업장 단위) 노사 협력주의'라고 볼 수 있다. 헤게모니 통제는 강화되었으나 그 내용이 변화했다.

마지막으로 조직적 통제 방식에서도 상당한 변화가 나타났다. 가장 중요한 변화는 전경련과 경총 등 경제 단체들이 정책 결정과 실행 과정에서 차지하는 역할이 매우 커졌다는 점이다. 정부는 경제 단체의 정책적 요구를 적극 수렴하고 이를 정책으로 반영했으며, 다시 경제 단체들은 자신의 회원 사업장이나 기업 내에서 이를 실행함으로써 노동을 통제하는 정책적 순환 구조가 형성되었다. 노무현 정부에서도 이런 정책 결정과 실행 구조가 있었으나[28] 한층 전면적이고 공개적으로 진행되었다는 차이가 있었다.

그리고 한국노총과 민주노총 등 노동조합 조직에 대한 분할 지

---

[28] 노무현 정부에서 가장 중요한 쟁점 가운데 하나였던 '노사 관계 선진화 방안'에서 이른바 '사용자 대항권'은 산업자원부가 재계에 정책 건의를 요청해 만들어졌다. 자세한 내용은 노중기(2006b, 4~5) 참고.

배를 매개로 한 조직적 통제도 상당히 강화된 것으로 보인다. 정치적·정책적 연대 과정에서 한국노총은 이제 공식적으로 친정부 노동조합 조직으로 변모했다. 반대로 민주노총에 대한 정부의 억압과 배제는 더욱 공공연하게 실행되었다. 노조에 대한 분할 지배 또한 민주화 이후 어느 정도 지속된 정책 실행이었으나 이명박 정부에서는 더욱 전면적이고 공개적으로 확대되었다.[29]

한편 노동통제 수단들 상호간 비중이 변화된 추이를 살펴볼 필요가 있다. 전체 노동정책이 변화되는 양상에서 통제 수단들의 관계가 어떻게 변화했는지는 매우 중요하다. 대체로 이명박 정부의 노동정책에서는 이전보다 물리적 수단과 법적·제도적 통제 수단의 중요성이 커졌다. 또 부분적으로 조직적 통제 수단도 강화되었다. 반면에 이데올로기적 수단 가운데 '참여와 협력', '노동 개혁' 이데올로기는 약화되고 '법과 질서', '경쟁력과 노사 협력' 가치가 더욱더 중시되었다.

그렇지만 이데올로기적 통제 자체가 약화되거나 초법적·물리적 통제로 통제 방식이 전면적으로 변화하는 일이 발생하지 않았다는 점은 중요하다. 이명박 정부는 KBS, YTN 사태나 역사 교과서 파동에서 나타났듯이 여론 장악을 매우 중요한 정치적 목표로 삼았다. 노동정책에서도 경쟁력과 법치로 요약되는 여론 형성 및

---

29 물론 이와 같은 분할 지배가 성공할 가능성은 크지 않다. 한국노총조차 정부의 민영화 정책이나 비정규직 확대 정책에 반대할 가능성이 크기 때문이다. 향후 사태의 전개는 정부와 한국노총의 행태뿐만 아니라 민주노총의 전략적 대응의 성공 여부가 주요한 변수로 개입할 것이다.

홍보 정책에 상당한 비중을 부여했다. 따라서 담론 흐름을 장악하고 이를 기반으로 법적 정당성을 갖는 정책 실행을 추구한다는 점에서 헤게모니 전략은 이명박 정부에서도 여전히 노동정책의 골간을 이룬 셈이다. 또 쟁의를 봉쇄하고 노동 유연화를 달성하고자 했다는 점에서 정책 목표는 신자유주의적인 노동 배제 전략의 성격을 띠었다.

논의를 요약하면 이명박 정부의 노동정책은 정책 내용 및 실행의 양 측면에서 이전 정부와는 여러 가지로 구별된다. 그러나 이런 차별성이 단절적인 성격을 지닌다고 이해하기는 힘들다. 상당한 변화에도 불구하고 그것은 내용적으로 신자유주의 노동정책을 강화하고, 실행 차원에서 헤게모니적 배제 전략을 여전히 추구했다는 점에서 김대중·노무현 정부의 정책과 본질적으로는 연속적이었다. 이명박 정부의 노동정책에서 새로운 요소를 찾아보기 힘들며 심지어 노동정책 자체가 부재해 보였던 것도 우연한 일은 아니었다(김태현 2008b).

4. 결론 : 체제 변동과 이명박 정부 노동정책

큰 변화가 예상되었던 이명박 정부 1년의 노동 정치는 뜻밖에 조용히 마무리되었다. 국가 정치 수준에서 개혁적 자유주의 정부가 주도한 민주화 정치가 종료하고 신자유주의 보수 정부가 집권하면서 노동 정치에서도 커다란 변화나 전환이 예상되었으나 결과는 그렇지 않았다. 이 장에서는 이명박 정부의 신자유주의 노동

정치가 본질적으로 김대중·노무현 정부 등 이전의 민주화 정부가 시행한 신자유주의 노동정책과 연속적이라는 점에 주목했다. 노동통제 전략에서도 이데올로기를 중심으로 법·제도적 통제 장치를 배치하는 헤게모니적 배제 전략은 동일했다. 한층 강경한 법치주의를 추구하거나 노동시장에 대한 폭넓은 규제 완화를 시도하는 등 변화가 없지는 않았다. 다만 주요한 변화들은 이미 10여 년 전부터 지속되어 왔으므로 질적으로 새로운 요소가 나타나지는 않았던 것이다.

거시적으로 이명박 정부의 노동정책은 1997년 이후의 종속 신자유주의 노동체제를 완성하는 함의를 갖는다. 더 나아가 그것은 1987년 노동체제로부터 연원하는 민주화 및 노동 개혁 정치의 잔여물이 역사적으로 완전히 사라졌음을 의미했다.

앞 절에서 보았듯이 이명박 정부의 노동정책이 이전 정부와 구별되는 가장 중요한 지점은 '개혁 의제'의 부재였다. 1987년 이후 10년 동안은 물론 그 이후 자유주의 세력이 집권한 기간에도 국가는 노동 사회에 관한 한 민주화와 개혁 의제를 회피하기 어려웠다. 군부독재 기간에 제도화되었던 반노동주의 통제 장치의 요소들이 강하게 잔존했기 때문이었다. 억압적 통제 장치들은 개혁 정치가 오래 지속됨에 따라 거의 해체되었다. 민주노총의 합법화, 교원노조와 공무원노조의 법제화, 노동 정당의 결성과 합법적 활동, 노조 활동의 형식적 자유화는 그 상징적 결과였다.

반면에 신자유주의 의제, 곧 법치주의 노동통제와 노동시장 유연화, 규제 완화는 이명박 정부 노동정책에서 비로소 전면적으로 실행되었다. 이는 김대중·노무현 정부의 신자유주의 노동정책의 확장이자 완성이었다. 이전 정부들은 민주 정부로서의 정치적 제약, 개혁 노동 의제의 실체적 존재로 말미암아 신자유주의 노동정책을 노골적으로 실시할 수 없었다.[30] 이명박 정부는 이런 구속으로부터 자유로웠던 첫 번째 정부였고 스스로 표방한 대로 신자유주의 정책을 전면화할 수 있었다. 요컨대 이명박 정부의 노동정책은 신자유주의 노동체제가 한국 사회에서 이제 완전하게 자리 잡았음을 알리는 신호탄의 의미를 띤다.

이명박 정부 노동정책의 성격을 감안하면 몇 가지 잠정적 함의를 생각해 볼 수도 있다. 우선 이명박 정부에서 특별히 새로운 노동정책이 시도될 개연성은 그다지 많지 않다. 그것은 신자유주의 노동정책의 모든 내용이 이미 이전 정부에서부터 제도화되고 실행되어 왔기 때문이다. 다만 현재 이명박 정부의 신자유주의 정책안들이 그대로 실행될 경우 노·정 및 노사 간 대결이 한층 첨예해질 수는 있을 것이다.[31] 이는 노동운동에 새로운 활력을 불러일으킬 수 있는 하나의 계기가 되는 한편 정부 정책에서 새로운 변화

---

30 바로 이 점이 개혁 기구를 표방했던 노사정위원회의 존재 근거였으며 이 기구가 이명박 정부에서 유명무실해진 배경이기도 했다. 노사정위원회는 개혁-민주화 의제와 신자유주의 의제를 교환하는 방식으로 신자유주의 노동체제를 제도화하기 위한 통제 기구였다(노중기 2008). 그러므로 개혁-민주화 의제의 소실은 노사정의 구조적 기반 가운데 하나가 사라졌음을 의미한다.

31 가장 중요한 변수는 공공 부문 민영화의 추진 범위와 강도, 그리고 경제 위기의 강도 등이었다. 강도 높은 경기 위축 및 이에 따른 구조 조정의 확산은 일자리를 둘러싸고 한층 첨예한 노·정 대결과 정부 정책의 변화를 불러올 개연성이 있다. 특히 대기업 조직 노동의 고용이 심각하게 위협받을 경우 대규모 쟁의가 일어날 수도 있다.

를 촉발할 수도 있다. 물론 이런 전망에는 조직된 노동운동의 내부 혁신이 전제되어야 한다.

두 번째로 이명박 정부의 신자유주의 노동정책은 강력한 정치적 헤게모니를 확보하지 못할 가능성이 매우 크다. 그 이유로는 첫째, 신자유주의로의 전환이 이미 10년 동안 지속되면서 구조적 한계가 드러나고 있기 때문이다. 노무현 정부 이래 빈발하고 있는 비정규 노동자들의 극한적 투쟁은 이명박 정부에서 새로운 힘을 얻을 개연성이 크다. 또 전체 사회의 양극화와 더불어 이 투쟁은 사회적 지지를 더욱 광범위하게 확보할 것으로 보인다.

둘째, 한국 신자유주의의 특수성, 곧 그 종속성 때문이다. 예컨 대 서구에서 신자유주의는 사민주의의 계급 타협 정치에서 '노동의 실패'를 기반으로 하여 자본계급이 헤게모니를 장악한 결과였다. 복지국가 위기와 재정 위기에 대한 정치적 책임이 노동 측에 전가되었고, 그 결과 신자유주의가 도입된 것이다. 이로써 신자유주의 이념의 정치적·사회적 정당성이 확보되었다.

물론 이에 반해 제도화된 민주 노조에 대한 자본과 보수 언론의 공세가 강화되었고 정부의 노동정책은 어느 정도 여론의 지지를 받았다. 그러나 서구와 비교하면 양과 질 모두 상당히 취약해 보인다. 또 한국의 신자유주의 정책이 조직 노동뿐만 아니라 노동 일반을 배제하는 가혹한 노동정책이라는 점, 그리고 민주 노조의 조직적 대표성 자체가 취약한 점도 경제 위기의 책임을 노동 측에 전가하기 어렵게 만들었다.

종속 신자유주의 노동체제와 국가 프로젝트 변동

1. 머리말

이명박 정부의 집권 첫해였던 2008년의 정치적 위기를 넘기고 2009년 이후부터는 반노동정책이 본격화되었다. 쌍용자동차 파업과 철도 파업을 무력 진압한 것은 물론 공무원노조와 전교조에 대해 막무가내로 노조 불인정 정책을 펼쳤고 거센 탄압까지 진행되었다. 특히 비정규 관련 법 개정 시도가 일단 실패한 이후 복수 노조 허용 및 전임자 임금 지급 금지 법 개정에서는 이전 정부가 보여 주지 못한 단호함과 신속함, 정밀성을 보여 주었다.

더 주목할 것은 정책 실행의 표면보다 이런 반노동정책이 큰 저항을 야기하거나 별다른 정치적 비용을 지불하지 않고 마무리되고 있다는 심층의 흐름이다. 심지어 2009년 하반기에 이명박 정부는 노조에 대한 공격을 자신의 지지 세력을 결집하고 정부에 대한 지지 여론을 동원하는 수단으로 삼는 것처럼 보이기도 했다.[1]

한편 민주노총을 비롯해 민주 노조 운동의 대응은 전반적으로 무기력해 보인다. 전체 운동에 장기적으로 심각한 영향을 미칠 제도적 사안인 복수 노조 전임자 문제는 그 시금석이었다. 그 중요성과 심각성에도 불구하고 전국적 전선을 형성할 수 없었고 투쟁다운 투쟁을 조직하지 못했다(민주노총 2010b, 54~55 참고). 민주 노조 운동의 구조적·전면적 위기는 더 심화되고 있는 것으로 보인다.

---

[1] 대통령을 필두로 한 정부의 여론 공세에 대해서는 철도공사파업유도진상조사단(2010) 및 민주노총(2009) 참고.

요컨대 반노동 보수 정부의 거침없는 노조 탄압과 무기력한 민주 노조의 모습은 노동 정치의 지형이 크게 변화했음을 단적으로 보여 준다. 노동자 대투쟁 이후 20년 넘도록 볼 수 없었던 정치 지형이라 할 만하다. 정치 지형에 대한 한층 정밀하면서도 거시적인 분석이 필요한 것으로 보인다.

이명박 정부의 성격에 대해서도 논란과 비난은 많으나 정밀한 분석과 논의는 그리 많지 않다. 언론 탄압과 노동 탄압, 그리고 각종 비민주적 정책 실행을 보면서 일부에서는 이를 독재 정권이나 심지어 파시즘의 전조로 보기도 한다(박영균 2009). 반면에 제반 민주적 권리의 축소에 주목하면서도 여전히 자유민주주의, 절차적 민주주의의 범주 내에 머무르고 있다는 신중한 판단과 그에 따른 반론도 있다(최장집 2010). 특히 논란이 될 수 있는 것은 이전 정부들, 이른바 '민주 정부'들과 이명박 정부의 차별성과 동질성 문제이다. 차이를 강조하는 이들은 노동 탄압의 강도나 폭, 또는 민주적 기본권에 대한 침해나 토건주의 개발 정책을 강조한다(김태현 2010; 고원 2008). 그리고 연속성을 강조하는 이들은 민주 정부와 이명박 정부가 모두 신자유주의 경제정책, 사회·노동정책을 일관되게 추진하고 있음을 주목한다(손호철 2010).

자본주의국가의 성격을 규명하기란 쉽지 않다. 국가는 매우 복잡하며 다면적인 요소들로 구성되어 있을 뿐만 아니라 그 자체가 유동적인 '사회적 관계'로 구성되기 때문이다. 또 분석의 수준이나 영역에 따라서도 다양한 국가 성격을 논할 수도 있다. 노동정책이라는 제한된 영역에 국한해 국가의 성격을 다루는 이 글은 시론의 성격을 갖는다.

이 장은 이명박 정부 시기의 노동정책과 노동 정치 지형을 좀 더 분석적으로 논의함으로써 그 성격을 규명하고자 한다. 이를 위해 먼저 분석의 이론 틀인 전략 관계 국가론을 간략하게 소개한다(2절). 그리고 이명박 정부와 그 이전 '민주 정부'의 노동통제 전략을 비교해 분석할 것이다(3절). 또 그 동질성과 차별성을 설명할 수 있는 분석 틀로 국가 프로젝트의 변동과 그 내용을 고찰한다(4절). 마지막으로 노동 정치 지형의 변화를 보여 주는 중요한 지표로 이명박 정부의 '법치주의'를 분석하고, 노동 정치 지형의 변화 내용과 그 함의를 보여 줄 것이다(5절).

2. 자본주의국가와 전략 관계 국가론

마르크스주의 국가 연구에서 핵심적인 딜레마는 국가를 축적 논리에 의해 결정된다고 보는 구조주의적 환원론이나 지배계급의 도구로 파악하는 도구주의를 극복하는 문제였다. 각기 자본 이론적 접근법과 계급 이론적 접근법이라 할 이런 이분법은 생산과 자본 논리의 규정성과 계급 세력 관계의 연관성을 일면적으로 해석하는 한계를 보여 준다(Jessop 1990, 9장). 이 두 가지 문제를 극복하기 위한 적극적 시도로 등장한 것이 밥 제숍의 '전략 관계 국가론'이었다.

전략 관계 국가론에서 제숍은 후기 풀란차스(Poulantzas 1979)의 논점을 이어받아 국가를 "정치적 투쟁 및 정치와 관련된 투쟁에서 이루어지는 세력 균형의 형태 결정된 응축으로 간주"할 수 있다고 봤다. 그는 1970년대 국가론 논쟁에서 핵심적인 개념이었으나 모호했던 상대적 자율성relative autonomy을 대신할 개념으로 '구조적 결합'structural coupling 및 '전략적 조정'strategic coordination을 제시했다. 전자는 자본주의 경제와 국가 체제가 각기 독자적인 제도적 규칙과 절차를 갖고 있으면서 특정한 역사적 국면에서 특수한 방식으로 접합한다는 관점을 포함한다. 그리고 후자는 특정한 사회 세력들이 그 조직과 구조, 체계를 조정하려는 주체적 관점이 포함된 전략들을 말한다. 주체들은 구조적 제약의 한계와 세력 간의 균형이 반영되는 한계 내에서 전략적인 선택을 할 수밖에 없다. 이것이 그의 "전략적 선택성"strategic selectivity 개념이다.

이처럼 전략 관계 국가론에서 볼 때 국가는 "모든 사회 세력과 정치적 프로젝트들 사이에 결코 중립적일 수 없는 전략적 선택 지형"이 되며 그 한계 내에서 "국가 권력(행사)의 결과는 세력균형의 변화에 의해 좌우되는 것"이다. 제솝은 국가를 둘러싼 전략적 시도들을 크게 축적 전략, 헤게모니 프로젝트hegemonic projects, 국가 프로젝트state projects로 구분했다(Jessop 1990, 12장).

제도적 총체로서 국가에는 고유한 형식적·실질적 통일성이 존재하지 않으며 이것은 항상 국가 내부에서 특수한 방식으로 창조되어야 한다. 여기서 국가 내부의 통일성을 부여하고자 하는 전략적 계기가 '국가 프로젝트'이다. 국가 프로젝트는 물질적 양보와 상징적 보상을 통해 국가 내부의 갈등을 억제하며 체계의 재생산에 상대적인 통일성과 안정성을 부여한다(김호기 1993, 243).

그러나 동시에 국가는 전체 사회 체계의 부분이면서 전체를 통합하고 응집을 유지해야 하는 딜레마 속에 있다. 사회를 대표하는 국가는 지배 블록 내부의 특정 분파와 함께 사회 전체를 통합하고 유지하기 위한 또 다른 전략을 추진한다. 그러므로 국가 프로젝트는 국가 외부의 전체 사회와 관련해 '환상적 공동체illusory community를 창출하기 위해 사회 내 관련 세력들의 균형을 고려해 산출하는 국민 대중적national popular 프로그램', 곧 '헤게모니 프로젝트'와 깊이 연관되어 있다.

요컨대 국가 프로젝트는 "헤게모니 프로젝트와 밀접히 관련되어 있으나 이로 환원될 수 없는 독자적 프로젝트이다. 그것은 특정한 역사 블록과 헤게모니 프로젝트의 틀 내에서 '환상적 공동체'를 구성해 내는 담론에 대한 국가의 프로젝트이다". 그리고 "그 틀 내에서 사회적 요구를 수렴하거나 변형하며 물리적 억압과 상징적 보상, 그리고 물질적 타협을 통해 대중을 통합하는" 전략적 기획이라고 할 수 있다(손호철 2002, 123~125).

제숩의 '전략 관계 국가론'은 여러 한계에도 불구하고 그 이론적 함의가 적지 않다. 환원론, 목적론, 기능주의에 빠지지 않는 마르크스주의 국가 이론을 모색하고 자신만의 독자적인 이론화에 이르렀다. 특히 추상적인 자본 논리나 일방적 도구주의로 경도되지 않으면서도 현실의 국가를 분석할 수 있는 중범위 수준의 개념 틀과 이론을 제시한 점을 높이 평가할 수 있다(손호철 2002, 138~139).

한편 전략 관계 이론을 한국 노동 정치에 구체적인 분석에 적용하고자 하는 이 장의 관점에서 볼 때 적지 않은 난점이 예상된다. 먼저 국가 전략의 내적 계기와 외적 계기로 나눈 그의 국가 프로젝트와 헤게모니 프로젝트의 관계가 분명하지 않은 점이다. 전자가 후자의 하위 범주나 부분 범주인지 아니면 독자적 범주인지 모호하다.[2] 필자는 손호철(2002)의 해석을 따라 독자적인 프로젝트이나 전체 사회의 헤게모니 구성에 중요한 역할을 수행하는 것으로 파악하고자 한다. 둘째, 제솝은 서구 현대 국가의 국가형태를 케인스주의 복지국가의 한 국민 전략one nation strategy과 슘페터주의 근로 국가의 두 국민 전략two nation strategy이라는 헤게모니 프로젝트로 이론화했다(Jessop 2002). 한국 국가의 국가 프로젝트를 논의하기 위해서는 전체 사회의 헤게모니 프로젝트에 대한 논의가 반드시 필요하지만 이에 관한 논의는 제시되어 있지 않다. 따라서 이 장의 논의는 한국 국가의 헤게모니 프로젝트를 분석하기 위한 시론이라고 할 수 있다. 마지막으로 국가의 노동통제 전략은 전체 국가 프로젝트의 일부이며 노동 부문의 국가 프로젝트로 파악할 수 있다. 비록 그것이 국가의 축적 전략과 헤게모니 프로젝트의 핵심 요소라고 할 수 있으나 국가 프로젝트의 전체와 동일하지는 않다. 따라서 민주화 이후 국가 프로젝트의 전개 양상에 대해서는 좀 더 거시적인 새로운 연구가 필요할 것이다.

---

2 손호철(2002, 125)은 국가 프로젝트를 독자적 범주로 파악하나 헤게모니 프로젝트와 접합·매개해 전체 사회의 헤게모니를 구성하는 것으로 파악한다. 즉 국가 프로젝트의 기능이 국가 기구 내부의 형식적 통일성에 머무르는 것으로 해석하는 데 반대한다. 이와 달리 김호기(1993, 242~244)는 국가 프로젝트가 헤게모니 프로젝트의 하위 개념이 아니라고 보면서도 국가 내부의 형식적·실질적 통일성 유지를 위한 헤게모니 프로젝트로 파악한다. 필자는 이와 같은 두 해석이 서로 모순되지 않는다고 본다. 국가 내부의 통일성을 산출하는 독자적인 프로젝트이나 헤게모니 프로젝트와 매개·접합하는 관계로 설정할 수 있기 때문이다.

3. 이명박 정부와 '민주 정부'의 노동정책 비교

이명박 정부의 노동정책과 이른바 '민주 정부'의 노동정책을 비교하는 데에는 약간 주의할 점이 있다. 먼저 이 연구를 진행한 시점에서 이명박 정부의 정책은 충분히 실행되지 않은 상태이고, '민주 정부'는 김대중·노무현 정부로 나뉘어 있으며 그것도 10년에 걸쳐 있다는 점이다. 그러나 두 시기의 노동정책은 상당 부분 기본적인 의제를 공유하고 있으며 많은 점에서 연속적이다. 따라서 연속성과 차별성이라는 측면에서 비교 분석이 가능할 뿐만 아니라 이 과정에서 여러 가지 함의가 드러날 수 있을 것이다.[3]

먼저 지난 십수 년 동안 세 정부에 걸쳐 가장 일관되게 나타난 정책은 급진적인 노동 유연화와 법치주의 강화로 대표되는 신자유주의 정책이었다. 각 정부에서 구체적인 정책의 초점은 어느 정도 변화했으나 시장 원리를 확대해 노동을 유연화한다는 핵심 내용은 동일했다. 제도적으로 보면 김대중 정부의 정리 해고, 파견 노동자 제도 법제화, 각종 구조 조정과 민영화, 노무현 정부의 비정규 관련 입법과 노사 관계 선진화 방안(로드맵), 이명박 정부의 노사 관계 선진화(법치주의), 노동시장 유연화 및 규제 개혁 방안은 그 기조는 물론 내용에서도 상당 부분 일치한다.[4] 특히 그 정치

---

3 김대중 정부(1998년 2월~2003년 2월), 노무현 정부(2003년 2월~2008년 2월), 이명박 정부(2008년 2월~2010년 현재)의 노동정책 각각의 구체적인 분석에 관해서는 노중기(2001: 2008, 12장), 노중기(2005), 노중기(2009) 참고. 본문 논의는 이 논문들을 참고해 정리 및 보완했다.

적 성격이 매우 상반된다고 인식되어 온 노무현·이명박 정부가 모두 '노사 관계 선진화'를 주요 정책 방향으로 제시한 것은 매우 이채로운 일이었다.

다음으로 법치주의 강화라는 신자유주의 노사 관계 정책은 세 정부 모두에서 일관된 기조였다. 김대중 정부의 경우 집권 후 구조 조정 및 대량 해고 사태 국면에서 정책 기조로 표명되지 못했던 '법과 원칙'은 2001년 초 대통령의 '강한 정부론'에서 공식화되었다. 이는 노무현 정부에서도 마찬가지였으며 이명박 정부에서는 더욱 분명하게 '법치주의 확립'이라는 정책 목표로 처음부터 제기되었다. 그러나 공식적인 정책 의제 채택 여부와 무관하게 세 정부는 모두 노동쟁의에 강경하게 법을 적용하고 국가 폭력을 행사했다. 1998년 김대중 정부의 만도기계 파업, 조폐공사 쟁의 진압부터 2009년 이명박 정부의 쌍용자동차 정리 해고 파업, 철도 파업 진압에 이르기까지 쟁의에 대해 법 집행을 매개로 한 국가 폭력 행사는 대동소이했다.

구체적인 억압의 형태에서도 세 정부의 차이는 크지 않았다. 하나같이 대통령으로부터 시작되는 대규모 이데올로기 공세를 기초로 법적 처벌 방침을 정당화하고 국정원·검찰·경찰 등 물리적

---

4 노동시장 유연화와 관련해 구체적으로는 김대중 정부가 '경영상 이유로 인한 정리 해고'를 합법화하고 파견 노동을 제도화했다면, 노무현 정부는 비정규 특별법을 입법함으로써 비정규 노동 사용을 양성화·제도화했다. 마찬가지로 이명박 정부는 2009년 임시·계약직 비정규직 사용 기한을 늘리는 노동법 개악을 시도했고, 그 뒤로도 정리 해고 요건을 완화하고 변형 노동을 확대하려 시도했다.

표 3-1 **역대 정부별 구속 노동자 수**

	노태우 정부	김영삼 정부	김대중 정부	노무현 정부	이명박 정부
구속자 수	1973명	632명	892명	1053명	334명*
연평균 구속자 수	394.6명	126.4명	178.4명	210.6명	200.4명

주 : * 2009년 10월 28일 기준.
자료 : 김태현(2010)에서 수정 작성.

폭력 기구를 동원하는 방식으로 쟁의에 대응했던 것이다. 특히 업무방해, 폭력 행사 등 〈형법〉 조항을 노동쟁의에 적용하고 고액의 손해배상 청구 소송이나 가압류를 통해 노동조합은 물론 개인 노동자들을 분리해 억압하는 방식까지도 동일했다.[5]

셋째, 세 정부의 경제 위기, 고용 문제에 대한 대응 정책도 대동소이했다. 김대중 정부와 이명박 정부는 집권 초반에 심각한 경제-금융 위기와 고용 위기에 봉착했다. 노무현 정부에서도 고용 문제의 심각성은 마찬가지였다. 이에 대해 세 정부는 모두 비정규직 확대 정책과 함께 단기 고용 대책으로 일관했다. 김대중 정부의 공공 근로 사업은 노무현·이명박 정부에서도 되풀이되었다. 특히 이명박 정부가 2010년 구성한 '국가고용전략회의'는 노무현

---

5 노동쟁의에 대한 면책권을 약화시키고 노조와 개인을 억압하는 손해배상 문제는 영국의 대처 정부 이래 신자유주의 노사 관계 정책의 핵심 요소였다(Marsh 1992, 82~90). 세 정부 모두 손해배상 청구를 정부 정책으로 사용자에게 요청하고 있으며 그 피해는 실로 엄청나다. 예컨대 2002년과 2003년에 여러 비정규 노동자들의 자살 사태를 낳은 주요 원인이었으며 여전히 많은 노조와 노동자들이 커다란 손해배상 부담을 안고 있다. 자세한 내용은 김태현(2010) 참고. 또 억압 수단으로서 업무방해 문제에 관해서는 권두섭(2010) 참고.

정부의 2007년 '사람입국 일자리위원회'의 구상과 다르지 않았으며 희망 근로, 인턴 사원 확대 등 정책 내용도 대동소이했다.

이는 다른 한편에서 세 정부의 고용정책이 대개 신자유주의를 신봉하는 경제 부처들의 주도로 만들어진 것과 무관하지 않다. 정도의 차이는 있으나 세 정부 모두 노동정책은 경제정책에 종속된 하위 정책에서 크게 벗어나지 못했다고 볼 수 있다.[6]

다음으로 세 정부 노동정책의 차별성에도 주목할 필요가 있다. 신자유주의 정책이라는 거시적인 동일성에도 불구하고 이명박 정부 노동정책이 '민주 정부'의 정책과 질적으로 다르다고 인식하게 하는 요소이기 때문이다. 이 차별성은 단순히 노동 배제나 억압 강도의 강화, 또는 새로운 통제 기법의 개발 및 적용 등과 구분되는 질적인 차이라고 볼 수 있다.[7]

첫째, 가장 두드러진 차이는 이른바 '노동 개혁' 의제가 이명박 정부에서 소멸했다는 점이다. '민주 정부'들은 1987년 노동체제에서 연원한 여러 가지 제도 개혁을 둘러싼 쟁점들을 노동정책의 핵심 의제로 삼아 왔다.[8] 김대중 정부에서는 민주노총 합법화, 작

---

6 예컨대 노무현 정부의 노사 관계 선진화 방안은 재계와 경제 부처의 의견을 수렴해 만들어진 것으로 밝혀졌다. 또 이명박 정부에서 노동정책의 경제정책에 대한 종속은 더욱 공공연한 사실이었다. 자세한 내용은 〈매일노동뉴스〉(2010/01/25) 참고.

7 예컨대 이명박 정부는 공공 기관 선진화 방안을 추진하면서 '단체협약 해지'를 새로운 통제 수단으로 사용하고 있다. 또 공무원노조와 전교조에 대해서는 노조 설립 신고(허가)를 매개로 한 단결권 억압 조치를 실행하는 새로운 모습을 보였다. 그러나 후자는 노태우 정부 시기 노·정 간 핵심 쟁점이었던 '노조 규약 시정 명령' 등 노조 운영에 대한 국가의 부당한 지배 개입 문제가 되살아난 것에 불과하다.

업장 단위 복수 노조 금지 조항의 철폐, 교원과 공무원의 단결권 보장, 노조의 정치 활동 보장, 실업자 노조 가입, 법정 노동시간 단축 등으로 제시되었고 그중 일부가 법제화로 해결되기도 했다. 노무현 정부는 해결하지 못한 과제를 '노사 관계 선진화 방안'에 담아 해결하고자 시도했다. 여기에는 공무원노조 합법화, 실업자 노조 가입, 기업 단위 복수 노조 허용, 손해배상·가압류 제도 개선, 필수 공익사업의 직권 중재 등이 포함되었다. 2006년 9월 선진화 방안에 대한 노사정 5자 회담의 합의에서도 문제가 모두 해결되지는 못했고, 남은 문제는 다음 정부로 이월되는 듯했다.

그러나 이명박 정부에서 개혁 의제는 존재하지 않았다. 이 의제들 가운데 이명박 정부가 노동정책의 대상으로 삼은 것은 전임자 임금 지급 금지와 연동된 '작업장 단위 복수 노조 허용'뿐이었다. 그리고 2010년 초 국회를 통과한 '복수 노조 허용'은 개혁안이라기보다 노조에 대한 사용자와 국가기구의 지배적 개입을 제도화하고 산별노조 운동을 거세하기 위한 개악안이었다.

둘째, 1998년 김대중 정부에서 시작된 참여·합의 방식의 노동정책 추진이 중단되었다는 점도 중요하다. 이명박 정부에서 노사정위원회는 살아남았지만 실질적으로 운영되지는 않았다. 이명박 정부는 노사 관계 선진화의 구체적인 과제로 지역의 노사민정 협

---

8 이는 전략 관계 국가론에서 말하는 '계급 관계의 물질적 응축'이라는 자본주의국가의 면모를 보여 주는 사례이다. 1987년 체제 10년간 성장한 노동계급의 역량이 국가 장치에 물질적으로 각인되는 과정으로 해석할 수 있을 것이다.

의체, 중앙의 사회적 대화 활성화를 제시했으나 하나같이 거의 실행되지 않았다. 예컨대 2009년 임시·계약직 비정규 노동 사용 기간 연장 문제나 복수 노조와 전임자 임금 문제에서 노동 측의 의사가 완전히 무시된 것은 이명박 정부에서 거론되는 사회적 합의의 실상을 단적으로 드러냈다.[9]

노사정위 합의 정치의 실질적 폐기와 더불어 '민주 정부'들의 '참여와 협력' 이데올로기도 더는 의미를 갖지 못하게 되었다. '상생', '노사 협력'이라는 담론이 이명박 정부의 노동정책을 장식하지만, 그것은 참여 민주주의나 합의 정치와는 무관하며 기업 단위에서 노조의 일방적 생산성 협력, 곧 노사 협조주의를 공식화하는 용어일 뿐이었다.

셋째, 김대중·노무현 정부에서 실행된 사회복지 제도의 확대 도입이나 복지 예산의 제한적 증가가 모두 중단되었다. '민주 정부'들의 고용보험 확대나 한시적 생계 지원 제도, 국민 기초 생활 보호 제도 등 복지 확대는 신자유주의 경제 노동정책의 효과를 제한적이나마 완충하는 의미를 갖고 있었다. 그러나 감세와 작은 정부를 기조로 하는 이명박 정부에서 그 기조는 소멸했다. 2008년

----

9 유일한 합의였던 2009년 2월 '일자리 협약'은 큰 쟁점 없이 정부 정책을 추인하는 데 그쳤다. 노사정위에 참여한 한국노총의 경우 '일자리 협약'에서의 협력 및 정부·여당과의 정책 연대에도 불구하고 일방적이고 굴욕적인 처지를 벗어나지 못했다. 결국 노사정위 협의나 노사정 대표자 6자 회담 모두 형식적 통과 절차를 넘어서기 힘들었던 것으로 판단된다(노중기 2009). 또 일례로 장관급인 노사정위원회 위원장이 청와대 노동비서관에게 받은 굴욕적인 대우는 노사정위의 위상을 잘 드러낸다(〈매일노동뉴스〉 2010/07/14 참조).

미국발 금융 위기와 고용 악화 속에서도 사회복지 예산을 늘리지 않아 실질적인 복지 후퇴를 초래했던 것이다.

이상의 논의에서 우선 알 수 있는 것은 노동정책의 측면에서 이명박 정부와 '민주 정부'들의 관계는 단순하게 설정될 수 없다는 점이다. 거시적인 측면에서 신자유주의 노동 유연화의 흐름을 근저에서 공유하지만 구체적인 수준에서 양자 사이에는 무시할 수 없는 차이들이 자리하고 있다. 결국 세 정부 모두를 신자유주의 정부라고 단순히 일반화하거나 경제(주의)적으로 규정하는 것으로는 부족하다. 그리고 동시에 자유주의 정부와 보수(수구) 정부 또는 민주 정부와 권위주의나 파시즘 등으로 구분하는 이원론적 설명의 한계도 분명하다.

따라서 동일성보다는 차별성, 곧 1998년 이후 '민주 정부' 시기인 10년 동안 노동정책에 발생한 변화를 정치하게 설명하고 해석하는 것이 매우 중요하다. 정부의 노동정책 또는 국가의 노동통제 전략의 변동은 노동 정치의 정치적 지형과 계급 세력 관계의 변화를 표현하기 때문이다. 그리고 그만큼 현재의 노동 정치 정세와 지형의 구조를 드러낼 수 있기 때문이다.

4. 민주화 이후 노동 정치와 국가 프로젝트 변동

1987년 6월 시민 항쟁과 7·8월 노동자 대투쟁 이래 한국 사회에는 새로운 지배 체제를 형성하기 위한 장기간의 정치적 대립 국면이 형성되었다. 그것은 예외 국가로부터 정상 국가로 국가 체제를 정상화하고 새로운 지배 블록과 역사적 블록을 모색한 특수한 과도기였다. 6월 항쟁과 그해 연말의 대통령 선거(정초 선거)를 거쳐 새로운 절차적 민주주의 정치체제, 곧 6공화국이 시작되었으나 그 구체적인 내용은 확정되지 못했다. 정상 국가에 부응한 새로운 계급 헤게모니는 창출되지 못했고 국가 장치state apparatus와 계급적 세력 관계 사이의 탈구dislocation는 심각했다. 근본적으로 그것은 생산을 둘러싼 사회적 관계, 곧 계급 세력 관계가 유동적인 상황에서 국가 지배 체제와 정치사회에 심각한 불안정과 갈등 상황이 조성되었기 때문이었다.

이 과도적·유동적 정치체제의 중심에는 이른바 '1987년 노동체제'가 자리 잡고 있었다.[10] 정치사회의 자유화·민주화 흐름이 '공장 문 앞에서 차단되는' 왜곡된 노동 현실에 대한 노동 대중의 투쟁은 민주화 이후에도 중단되지 않았고 10여 년간 심각한 계급 투쟁으로 지속되었던 것이다. 지배계급이 원한 것은 노동계급을 정치적으로 그리고 사회경제적으로 배제한 채 고착된 형식적 민주주의 체제였다. 1990년 3당 합당 등은 그런 의미에서 특수한 새로운 헤게모니를 창출하려는 지배 블록 분파들의 몸부림이었다. 그러나 노동계급의 투쟁을 무마하지 못하는 한 새로운 계급 헤게모니를 생산할 수는 없었다.

여기서 1987년 체제의 딜레마가 발생했다. 독점 재벌과 보수적 국가 관료를 중심으로 한 지배 블록의 '노동 없는 민주주의' 프

---

10 '1987년 노동체제'에 관해서는 노중기(2008), 임영일(2003), 장홍근(1999) 참고.

로젝트는 국가 프로젝트로 자리 잡을 수 없었을 뿐만 아니라 지배 블록 내부에서 분파 갈등을 지속적으로 재생산했다.[11] 나아가 그 것은 지배계급 전체의 이익을 위협하는 민주 노조 운동의 역설적 인 성장으로 귀결되었다. 대규모 사업장의 조직 노동자들은 자신 의 계급 역량을 반영하는 최소한의 작업장 민주주의를 요구했고 국가와 정면으로 대립했다. 개별 쟁의들에서는 국가의 물리적 억 압이 우세했으나 그것은 곧 민주 노조들의 연대와 조직 확장이라 는 원치 않는 결과로 돌아왔던 것이다. 지배 블록 내부에서 이런 딜레마를 포착하는 데는 그다지 오래 걸리지 않았다. 그리고 결국 새로운 국가 프로젝트의 형성을 강제했다.

1) 민주화 국가 프로젝트

민주화 국가 프로젝트는 3당 합당으로 집권한 김영삼 정부에 서 형성되었다. 1993년 집권 직후부터 시작된 민주화 프로젝트는 노동 정치에서 1993년 노동법 개정 시도로 처음 시도되었다. 이 후 1996년 대통령의 '신노사 관계 구상'으로 발전했고 노사관계

---

11 1990년 1월 3당 합당, 1992년 대선과 총선에서의 경쟁(김영삼·김대중·정주영), 1993년 초 노동 개혁을 둘러싼 갈등, 마지막으로 1996년 노사관계개혁위원회 실험과 연말의 날치기 노동법 개정 파동 등을 생각해 볼 수 있다. 이는 모두 1980년대 후반 이후 포드 주의 축적 체제의 위기와 계급 세력 관계 변동에 대응한 지배 블록 내부의 강경 수구파 와 온건 개혁파 간의 경쟁과 갈등의 사례로 해석할 수 있다. 결국 지배 블록 내부의 온 건 개혁파는 노동계급의 도전과 저항을 정치적으로 동원해 1997년 대선에서 승리했다.

개혁위원회가 설치되면서 국가 장치에 물질화되었다.[12]

노동 영역[13]에서 민주화 국가 프로젝트의 핵심 내용은 변화된 계급 세력 관계를 반영해 조직 노동 일부를 포섭하는 것이었다. 구체적으로는 민주 노조 운동에 합법적 지위를 부여하는 것이었고 법률적으로는 복수 노조 금지와 제3자 개입 금지 조항을 개정 또는 폐기하는 것을 의미했다. 노조의 정치 활동 보장이나 공무원·교원에 대한 단결권 보장도 포섭을 위한 중요한 제도적 장치였다. 또 노사정이 민주적인 방식으로 운영하는 합의 체제인 노사관계개혁위원회 자체의 의미도 중요했다. 요컨대 그것은 노동 정치에서 최소한의 절차적 민주주의를 제도화해 민주 노조 운동을 포섭하려는 시도였다. 나아가 1987년 노동체제에서 변화된 계급 세력 관계를 국가 장치에 물질화해 체제 통합을 달성하려는 시도였다.

김영삼 정부의 '민주화 프로젝트'는 제한적으로만 달성되었다. 정부 내 개혁파가 주도한 여러 시도들은 모두 지배 블록 내부의 강경 수구파가 반대하고 저항하면서 왜곡 및 변형되었다. 예컨대 1996년의 개혁 시도는 독점 재벌의 직접적·정치적 저항과 부처 관

---

12 '신 노사 관계 구상'의 정식 명칭은 '신 노사 관계로 21세기 세계 일류 국가 건설'이었다. 따라서 김영삼 정부가 추진한 '민주화 프로젝트'는 '선진화 프로젝트'와 결합되어 있었던 셈이다(노중기 2008, 244).

13 민주화 프로젝트나 뒤이어 서술할 선진화 프로젝트는 모두 노동 정치를 넘어선 정치·사회·경제 영역을 포괄하는 거시 국가 프로젝트이다. 이 장에서는 노동 영역에 국한해 논의한다.

료, 여당 내 강경파들의 반발로 이어졌고, 결국 날치기 노동법 개정 사태를 유발했다. 그리고 1997년 3월 노동법 개정에서 복수 노조와 제3자 개입 금지가 일정하게 해결된 것은 민주 노조 운동의 조직적인 투쟁, 곧 겨울 총파업을 거치면서였다. 결국 최초의 민주화 프로젝트 실행은 국가와 노동 양자의 상호작용의 소산이었다.[14]

민주화 프로젝트는 1997년 지배 블록 내 온건 개혁파의 집권과 이듬해 터진 외환 위기를 계기로 급작스럽게 다시 추진되었다. 2008년 2월 노사정위원회의 합의가 가능했던 것은 지배 블록 내 강경파의 반발이 경제 위기로 말미암아 봉쇄된 데 기초하고 있었다. 2·6 노사정 합의로 재개된 민주화 프로젝트는 김대중·노무현 두 온건 개혁파 정부 10년에 걸쳐 진행되었다. 여기에는 노사정위 구성을 필두로 공무원과 교원의 단결권 보장, 정치 활동 보장, 노동시간 단축, 민주노총 합법화, 직권 중재 제도 철폐, 기초적 복지의 제도화 등이 포함되어 있었다. 2006년 노무현 정부의 9·11 노사 관계 선진화 방안(로드맵) 노사정 합의에 의해 민주화 프로젝트는 일단락되었다.[15]

---

14 자세한 정치과정은 노중기(2008, 6장) 참고. 노사관계개혁위원회에서 나타난 '민주화 프로젝트'는 그람시가 말하는 위로부터의 수동 혁명과 아래로부터의 기동전 등 양자가 결합해 성취된 것이었다.

15 물론 작업장 단위 복수 노조 문제나 손해배상 청구, 공무원노조 특별법 문제 등이 남았고 절차적·정치적 민주화가 완결되지는 않았다. 그러나 이명박 정부가 집권하면서 민주화 프로젝트는 봉쇄되고 봉합되었다.

2) 선진화 국가 프로젝트

1994년 말 김영삼 대통령의 '세계화선언'은 국가가 주도하는 개발독재·산업화 전략을 대체하는 대안적 프로젝트의 시작이었다. 그것은 김영삼 정부의 금융 자유화와 OECD 가입을 거쳐 김대중 정부의 '구조 조정'과 '경제 위기 극복' 담론, 그리고 노무현·이명박 정부의 '선진화' 담론을 관통해 장기적으로 기획·실행된 거대 국가 프로젝트였다.[16] 1980년대 후반 이래 세계화가 진전됨에 따라 진행된 축적 체제의 변동, 민주화 이후 계급 세력 관계의 변동에 따른 정치사회적 지형의 변화에 대한 지배 블록의 전략적 대응이 선진화 프로젝트로 물화된 것이었다.

노동 영역에서 선진화 프로젝트의 핵심은 노동시장 유연화와 법치주의의 도입 및 강화, 곧 신자유주의 노동체제로의 전환이었다.[17] 먼저 그것은 1987년 이후 규모별로 분절화된 노동시장을 유연화하는 것을 포함해 노동시장과 노동과정 전반에 시장주의 경쟁 원리를 급진적으로 도입하는 것을 목표로 했다. 여기에는 정리

---

16 선진화 프로젝트의 대체적인 내용은 정문건·손민중(2004), 이근(2007) 참고. 한편 윤상우(2009)는 외환 위기 이후 정부의 경제정책 분석을 통해 이를 발전주의적 신자유주의화 developmental neoliberalization(프로젝트)로 규정한 바 있었다. 이병천(2007)은 이를 신자유주의 수동 혁명으로 파악했다.

17 세계화 프로젝트의 모델은 1980년대 영국 대처 정부의 신자유주의 노동정책이었다. 시장주의 이데올로기 공세에 기초한 노동 유연화와 (노동 배제) 법치주의 강화가 그 주요 내용이었다. 자세한 내용은 데이비드 마시(Marsh 1992)와 데이비드 코츠(Coates 1989) 및 스튜어트 홀(Hall 1988) 참고.

해고 제도를 필두로 변형 노동시간제, 파견 노동제 등의 제도를 도입하는 일과 함께 계약제 노동, 단시간 노동, 특수 고용 노동 등 비정규 노동력 이용을 확대하는 것이 포함되었다. 공기업을 민영화하거나 내부에 시장주의 운영 원리를 확대하는 일도 중요했다. 그리고 이 과정에서 필연적으로 발생하는 노동조합의 저항을 제어하는 일은 법치주의 강화라는 전략목표로 제기되었다. 그것은 노동운동을 통제하기 위한 이데올로기와 법적 장치를 개발하거나 제도화하고 경찰 사법 기구 등의 억압적 국가기구를 재편·강화하는 일이었다.

김영삼 정부의 '신 노사 관계 선언' 이후 1997년 3월 법 개정에서 정리 해고제를 비롯해 몇 가지 새로운 노동통제 조항을 도입한 것이 선진화 프로젝트의 출발이었다. 그러나 선진화 프로젝트가 본격화된 것은 민주화 프로젝트와 마찬가지로 김대중 정부 시기였다. 경제 위기와 정치 민주화라는 지형 변화에 기초해 민주 정부는 집권 초에 정리 해고 제도와 파견 노동자 제도를 법제화했고 기업의 비정규직 사용을 크게 확대하는 정책을 실행했다. 또 각종 구조 조정 정책에 저항하는 노동조합에 대한 법적·물리적 통제를 강화해 갔다. 2001년 초 김대중 대통령이 천명한 '강한 정부'론은 신자유주의 경찰국가로의 전환을 공식화하는 일이었다.

두 번째 민주 정부인 노무현 정부에서 선진화 프로젝트는 한층 강한 형태로 집행되었다. 2003년 9월의 노사 관계 선진화 방안에는 '사용자의 대항권'이라는 이름으로 노동권을 적극적으로 억압하는 기획이 포함되어 있었다. 선진화 방안은 노동 영역에서 추진될 '선진화 프로젝트'의 전체적 윤곽을 담고 있었다. 그 핵심은 노

동 유연화의 확대와 노동통제 강화였고, 그중 일부가 2006년 선진화 방안 합의로 제도화되었다.[18]

노무현 정부 선진화 프로젝트에서 가장 중요한 것은 노동시장의 제도적 유연화, 곧 비정규 노동의 입법화였다. '비정규 노동 보호 특별법'이라는 명칭에도 불구하고 정책의 핵심은 보호보다 비정규직 사용을 합법화하고 제도화하는 데 있었다.[19] 또 노무현 정부는 '법과 원칙'의 법치주의를 강하게 적용해 가장 많은 구속 노동자를 발생시킨 정부가 되기도 했다.

그러므로 이명박 정부의 노사 관계 법치주의 강조와 비정규 노동 확대 시도, 그리고 전임자 임금 지급 금지와 작업장 단위 복수 노조 허용은 노무현 정부 '선진화 방안'의 재생산 또는 제한적 확대로 볼 수 있다. 예컨대 전임자 임금과 복수 노조 문제는 노무현 정부가 원했으나 노동의 저항으로 제도화할 수 없었던 것이다. 또 비정규 노동 확대 시도와 법치주의 강화도 이전 정부 정책 기조를 확대하거나 강화한 것과 다름없다.

---

18 2006년 9·11 합의를 통해 공익사업에 대체 노동 투입이 합법화되었고 필수 공익사업이 확대되었으며 부당해고 처벌도 완화되었다. 또 경영상 정리 해고 요건도 부분적이나마 완화되었다(노중기 2006b).

19 비정규 보호법에는 일부나마 민주화 프로젝트의 요소가 있었다고 볼 수도 있다. 그러나 보호 조항의 제한성 등까지 아울러 평가할 때 비정규 노동의 이용을 활성화하고 확대하는 제도적 장치로 보는 것이 타당하다.

3) 두 국가 프로젝트의 관계와 성격

앞서 살펴본 두 개의 국가 프로젝트는 동일한 시기, 동일한 주체에 의해 추진된 두 개의 프로젝트라는 특징을 갖고 있다. 따라서 그 관계와 구체적인 성격, 나아가 내부 동학을 고찰하는 것이 각 프로젝트의 내용보다 더 중요할 것이다.[20]

첫째, 두 프로젝트는 1987년 제한적 민주화 이후 사회 내부에서 격렬하게 진행된 계급 갈등을 무마하고 일정한 헤게모니를 만들고자 하는 지배 블록의 전략적 시도로 형성되었다. 3당 합당을 통해, 그리고 이후 집권당 내부의 복잡한 권력투쟁을 거쳐 집권한 김영삼 정부는 두 프로젝트의 발안자였다고 할 수 있다.

세계화와 OECD 가입을 국정 지표로 삼은 '문민정부'에서 두 프로젝트는 상보적인 방식으로 결합되어 있었다.[21] 그것은 절차적 민주주의의 완성, 곧 심화되고 있던 계급 갈등을 어느 정도 포섭

----

20 두 프로젝트의 구체적 내용은 노사 관계, 노동시장, 노동력 재생산 등 각 영역에서 다시 정밀하게 논의될 수 있다. 또 국가 프로젝트의 전환이 각 영역에 미치는 영향이나 그 내부의 정책 변동 과정의 동학도 중요하다. 나아가 두 프로젝트와 축적 전략, 조절 양식, 정권 형태의 연관이나 이에 대한 구체적인 분석도 마찬가지이다. 여기서 이런 문제들을 모두 다룰 수는 없으므로 차후의 과제로 남긴다.

21 문민정부의 '세계화' 담론은 국민의 정부에서는 '민주주의와 시장경제의 병행 발전'으로, 노무현 정부에서는 '선진 통상 국가론'이나 '동반 성장 정책' 등으로 되풀이되었다. 노무현 대통령은 2005년 연두 기자회견에서 '선진 한국', '선진 경제', '기업 하기 좋은 나라' 등의 선진화 담론을 뚜렷하게 제시하고 같은 해 3월 그 정책 수단으로 한미 자유무역협정FTA 추진을 결정했다. 필자는 각 정부 간의 세부적 차이보다(신진욱·이영민 2009, 280~281) 담론 간의 연속성에 주목하고자 한다.

하는 일인 동시에 선진국 진입의 선결 요건이었다. 그중에서 노동 개혁은 OECD의 요구 조건이었을 뿐만 아니라 새로운 축적 체제를 제도화하는 데도 매우 중요했다. 그리고 선진화 프로젝트는 변화된 축적 조건, 특히 더는 작동하기 힘든 주변부 포드주의 축적 체제를 넘어 자본의 확대재생산을 가능하게 하는 대안이었다. 또 1987년 체제의 한계를 넘어 시민들의 정치적 지지를 동원하기 위한 국민 대중적 헤게모니 전략이기도 했다.

요컨대 두 프로젝트는 동시적으로 추진되었고 내적으로 결합되어 있었다.[22] 그렇지만 그것은 국가와 지배 블록 내부에서 발생하는 균열과 반발을 피할 수 없었다. 권위주의적 노동 배제 전략으로 구조화된 국가 장치들은 민주화 프로젝트에 반발했고 이들의 배후에서는 지배 블록의 강경 수구 분파인 독점 대재벌이 강하게 저항했다. 이른바 국가의 '전략적 선택성'이 작동한 것이었고, 이는 '민주화 없는 선진화 프로젝트'였던 날치기 노동법 개악으로 귀결했다. 역설적이게도 제한된 형태로나마 두 프로젝트를 다시 묶은 것은 노동운동이었다. 선진화 프로젝트에 반발하고 있던 노동운동은 민주화 프로젝트마저 무너지자 유례없는 겨울 총파업으로 대응했고 상황은 다시 반전되었다. 결국 제한적이고 부분적인 형태로나마 두 개의 프로젝트는 관철될 수 있었으며 지배 블록 내

---

22 노사관계개혁위원회의 노동 개혁 논의에서 양자는 노동기본권 보장(복수 노조와 3자 개입 금지의 철폐)과 노동 유연화(정리 해고 제도와 변형 노동시간 제도 도입)가 교환되는 형태로 결합되어 있었다. 자세한 내용은 노중기(2008, 6장) 참고.

부의 균열은 봉합되었다(노중기 2008, 44~46). 그러나 그 내부의 모순이 드러나는 데는 그리 많은 시간이 걸리지 않았다.

둘째, 민주 정부 10년은 전체적으로 민주화 프로젝트가 어느 정도 제도화되면서 종결되는 과정이자 이를 대신해 선진화 프로젝트가 정형화·내실화하는 과정이었다. 그리고 이 과정은 두 개의 프로젝트가 지배 블록 내부, 그리고 계급 세력 관계 속에서 끊임없이 충돌하는 과정이었다. 결국 최종적으로 이명박 정부에서 단일 선진화 프로젝트가 완성되었다.

온건 자유주의 세력의 정부인 '국민의 정부'와 '참여정부'에서 두 프로젝트의 모순성은 더 뚜렷하게 나타났다. 오랫동안 지배 블록 내부에서 상대적으로 소외된 자유주의 보수 야당으로서 두 정부는 역사적으로 민주화 프로젝트에 친화적이었다. 그러나 심각한 경제 위기의 한가운데서 집권한 '국민의 정부'는 초국적 금융 자본의 '경제 구조 조정' 요구와 '경제 살리기'라는 현실적인 압력에 노출되었다. 또 카드 대란 및 부동산 대란 사태와 심화된 사회 경제적 양극화 속에서 집권한 '참여정부'도 동일한 압력과 딜레마 속에 있었다. '참여와 협력' 그리고 '사회 통합적 노사 관계'라는 민주화 프로젝트는 곧 '노동 유연화'와 '법치주의'라는 선진화 프로젝트로 대체되어 갔던 것이다. 그러므로 두 민주 정부 시기에 두 개의 프로젝트는 집권 초반 상보적인 것으로 출발했으나 곧 위계적인 관계로 전환되었고, 나아가 선진화 프로젝트가 민주화 프로젝트를 해체하고 폐기하는 대립적 관계로 바뀌었다.[23]

'민주 정부'가 자신의 정치적 기반을 잠식하는 '선진화 프로젝트'에 매진하게 된 정치적 역학을 어떻게 설명할 수 있을까? 우선 민주화 프로젝트의 성격에 따른 제약을 생각해 볼 수 있다. 민주화 프로젝트는 '예외 국가'로부터 '정상 국가'로 나아가는 국가 전략의 표현이다. 이때 그 '민주화'의 내용과 한계는 사회적 계급 역학과 정치적 정세에 의해 규정된다. '계급 세력 관계'가 뒷받침되지 않는다면 대개 그것은 최소한의 형식적·절차적 민주주의로 제한되기 마련이다.[24] 그 '최소한의 민주주의'가 제도로 도입되는 일정 기간을 지나면 프로젝트 자체의 내적 동력이 소진될 수밖에 없다. 앞 절에서 살폈듯이, 김대중·노무현 정부를 거치면서 노동 개혁의 의제가 소진되고 소멸한 것은 민주화 프로젝트의 이런 성격과 무관하지 않다.

이와 연관해 계급 세력 관계의 심대한 변동도 주요한 원인이었다. 1997년 초 겨울 총파업에서 보여 준 노동계급의 역량은 1998년 이후 급격히 약화되었다. 그것은 1987년 체제가 배태한 운동의 구조적 한계와 더불어 경제 위기와 고용 불안에 따른 구조적

---

23 노사정위원회의 딜레마는 두 프로젝트 간의 대립과 모순을 조직적으로 상징한다고 볼 수 있다. 노사정위는 내부에 모순과 대립을 포함한 두 프로젝트를 동시에 추진할 국가 장치였다. 그러나 주지하듯이 두 정부에서 모두 내적 한계를 극복하지 못한 채 '선진화 전략'의 계급적 내용을 은폐하는 이데올로기 기구로 전락했다(노중기 2008, 10장). 결국 이명박 정부 시기에 선진화 담론의 전략 기획은 민주주의 담론과 강하게 접합되어 그 모순은 해체되었다. 민주 정부들이 추진한 사회복지 제도 도입과 확장도 이 시기 국가의 딜레마, 두 프로젝트의 모순적 접합 사례이다. 신자유주의 경제정책과 복지 확대의 모순적 결합이 그것이다.

24 급진적인 민주화 이행이 아닐 경우 대개 그것은 '위로부터의 개혁', 곧 그람시가 말하는 '수동 혁명'이 된다. '타협에 의한 이행'의 대표적 사례인 한국에서도 (약간의 '기동전'적인 성격이 포함되지만) 이와 가깝다고 판단된다.

역량 약화라는 이중적 과정에 의해 이루어졌다. 기업과 작업장 수준의 민주화 투쟁, 그리고 경제적 생존권 요구로 구조화된 1987년 체제의 민주 노조 운동은 기업 수준의 노조 활동이 보장되고 고용 불안이 심화되자 급격히 약화되었다. 노동 측의 투쟁 역량 약화는 민주화 프로젝트를 뒷받침하는 주요한 사회 세력이 사라졌음을 의미했다.

마지막으로 가장 중요하게는 집권 세력의 계급적 성격이 변화했다. 이들은 전통적으로 부르주아계급 내의 자유주의적 분파의 성격을 띠었다. 그러나 집권 이후 이들은 한편에서 자본 파업capital strike을 앞세운 재벌 자본의 압력 속에서, 다른 한편으로는 전문성과 효율성이라는 국가 관료제의 '전략적 선택성' 앞에서 독점자본 분파의 영향력 속으로 쉽게 흡수되고 말았다.[25] 요컨대 자유주의 민주화 세력이 정치적으로 소멸했고 이들을 포함한 신자유주의 대동맹이라는 새로운 지배 블록이 형성되었던 것이다.[26]

셋째, 민주화 프로젝트의 성격이 헤게모니적 요소를 갖는지, 그렇다면 그 성격이 무엇인지를 논의할 필요가 있다. 이와 관련해 손호철(2010, 30~31)은 '민주 정부'들의 민주화 프로젝트를 '한 국민

---

25 '권력이 시장으로 넘어갔다'거나 '한나라당과의 대연정'을 호소하고 '2만 달러 선진국'을 주창했던 노무현 정부의 희비극은 이런 변화를 단적으로 보여 준다. 동북아 금융 허브나 한미 FTA를 추진하면서 나타난 삼성 재벌과의 체계적인 유착도 그 단면이다(김용철 2010). 이 문제에 관한 일반적인 논의로는 이종보(2010) 참고.

26 이병천(2007)은 이를 국제금융자본, 재벌, 자유주의 정부가 결합된 '신 성장 체제 3각 동맹'으로 규정했다. 그러나 민주 정부들을 자유주의 정부로 볼 수 있을지에 대해서는 의문이 있다.

헤게모니 프로젝트'와 연관되었다고 해석한 바 있었다. 그리고 그것이 신자유주의적 축적 전략에 잠식됨으로써 실패할 수밖에 없었다고 봤다. 노사정위원회와 같은 '한 국민적인' 형식과 노동 배제적인 '두 국민'의 내용이 충돌했으며 그 원인은 축적 전략의 제약에 있다는 것이다.

우선 앞서 논의했듯이 민주 정부의 국가 프로젝트가 하나가 아니라 둘이었다는 점을 지적할 필요가 있다. 이 둘의 관계는 복잡하지만 이 시기의 국가 프로젝트를 단순히 단일 민주화 프로젝트로 해석하기는 힘들어 보인다.

이와 관련해 더 중요한 것은 '민주 정부'들의 국가 프로젝트(또는 헤게모니 프로젝트)가 '한 국민 전략'이라는 해석이다. 한 국민 전략은 전후 복지국가와 같이 상당한 수준의 물질적 양보를 기초로 전 국민을 통합하는 가장 헤게모니적인 지배 전략을 말한다. 민주 정부 시기의 민주화 국가 프로젝트가 이런 수준에 이르지 않는다는 것은 주지의 사실이다. 그러므로 이 시기의 헤게모니 프로젝트는 대처 시기의 영국과 유사한 '두 국민 전략'으로 보는 것이 타당하다. 특히 두 정부를 관통하는 선진화 국가 프로젝트와 두 프로젝트의 관계 및 그 변화 양상을 감안하면 그렇다는 뜻이다.

두 국가 프로젝트 중 민주화 프로젝트는 그 성격 자체가 과도기적이고 유동적이다. 그것은 특정한 정치 지형 속에서 계급 세력 관계와 기타 조건이 뒷받침될 경우 두 국민 전략이나 한 국민 전략과 연관될 수도 있으며 헤게모니적인 성격을 띨 수 있다. 그러나 헤게모니가 이데올로기적 동의는 물론 (제한적인) 물질적 양보에 기초해 작동한다는 점을 감안하면 민주 정부들의 민주화 프로젝트를 그렇게 보기는 어렵다. 김영삼 정부 시기에 그 담론과 구조가 형성된 민주화 프로젝트는 헤게모니 성격이 크게 약하므로 오히려 '수동 혁명'에 가까운 위로부터의 개혁 또는 피지배계급의 저항을 무마하는 국가 프로젝트로 파악하는 것이 옳다(이병천 2007; 신진욱·이영민 2009). 다음 절에서는 이 문제를 법치주의 문제와 연관해 좀 더 자세히 살펴본다.

5. 국가 프로젝트 변동과 '법치주의'

민주 정부 10년을 지나면서, 그리고 이명박 정부 시기에 들어 노동문제에 대한 국가의 법적 통제 또는 법치주의 문제의 중요성은 점점 커져 왔다. 다만 이전 정부와 달리 이명박 정부에서 두드러지는 점은 법의 문제가 노동 개혁이 아니라 오로지 억압적 노동 통제의 측면에서 강조되고 있다는 점이다.

우선 이명박 정부의 단일 국가 프로젝트인 선진화 프로젝트에서는 '법치주의' 강화를 과거보다 뚜렷한 형태로 제시했다. 구체적으로 노동쟁의나 노조에 대한 엄격한 법질서 확립, 그리고 복수노조 및 전임자, 비정규 관련 법과 같은 노동 유연화를 위한 법제화 등이 해당된다(노중기 2009, 140~145).

대통령이 앞장서서 엄격한 법 집행을 강조하면서 법적 노동통제 수단의 적용이 강화되어 그 위력은 배가되었다. 정부는 사용자에게 노골적으로 그리고 공식적으로 손해배상 청구나 가압류를 신청하라고 거듭 요청했다. 그리고 각종 쟁의에서는 최대한의 형사적 처벌이나 무관용 원칙을 적용했다. 노동법이 아니라 〈형법〉 상의 업무방해나 폭력 등의 처벌 조항이 적용되는 방식의 억압도 크게 확대되었다. 그 결과 2009년 쌍용자동차 쟁의나 철도 쟁의 와 같은 대표적 쟁의들에서는 엄청난 수의 구속자와 해고자, 징계 노동자, 경제적 억압이 발생했다.[27] 2008년 이후 공공 부문에서 민간 부문으로 광범하게 확산된 새로운 통제 수단인 단체협약 해 지도 정부의 합법적 노동 억압 사례 중 하나였다.

다른 한편, 노동법에 대한 정부의 자의적인 해석 및 실행은 수 십만 명을 조직한 합법 노조를 불법화하는 위력을 보여 주었다. 2009년 하반기 이래 해고자의 노조 활동이나 단체협약 내용 등을 문제로 삼아 정부는 공무원·교원노조를 법외노조로 만들고 실질 적으로 불법 조직이라고 치부해 억압했다. 해당 노조와 민주노총 은 이것과 기타 공무원노조 탄압은 국제적인 노동 기준을 심각하 게 침해한 사례라고 비판했으나 정부는 요지부동이었다.[28]

2010년 7월 전임자 임금 지급 금지를 앞두고 노동부가 '매뉴 얼'을 발표한 것도 자의적으로 법을 적용한 대표적 사례 중 하나 로 볼 수 있다. 자의적인 법 해석에 기초한 이런 통제는 한국 사회

---

27 쌍용차 쟁의에서는 구속 95명, 손해배상 청구액 150억 원이 발생했고 철도 파업에서 는 파면·해임 189명을 포함해 8439명의 파업 노동자가 징계받았다(〈레디앙〉 2010/06/08: 김태현 2010 참고).

28 이 문제에 대해 이명박 정부는 한국 정부의 조치가 합법적이며 정당하다는 강한 반론 을 제출했다(노동부 2008b 참고). 입장은 그 뒤로도 바뀌지 않았다(〈매일노동뉴스〉 2010/08/05 참 고). 실제 법원도 정부 조치가 정당하다는 판결을 내렸다(〈레디앙〉 2010/07/22 참고).

노동 행정의 정상적인 '법치주의'였으며 그다지 새로운 것도 아니었다.[29]

더 나아가 쌍용자동차 쟁의 진압 등 이명박 정부가 실행한 노골적인 물리적 억압조차도 법적 통제라는 형식적 틀 위에서 진행되었다. 노동쟁의에 대한 국가의 물리적 억압은 법적 통제와 초법적 억압 모두와 연관되어 있다. 이명박 정부에서 물리적 억압은 법적 한계를 때로 넘어서는 모습을 보였다. 그러나 하나같이 궁극적으로는 억압의 절차 및 수순에서의 합법성을 주장했고 그 최종적 결과 모두를 '법치주의'라는 이름으로 정당화했다.

법적 통제의 효율성은 가공할 만한 위력으로 나타났다. 합법적인 정리 해고와 공권력 투입, 합법적인 폭력의 행사 그리고 마지막으로 가혹한 법적 처벌은 쟁의 참가자들에게 엄청난 상흔을 남긴다.[30] 또 법치주의는 조합원 개인이나 개별 노조 차원뿐만 아니라 노동운동 전체에 심각한 공포와 두려움을 불러일으키고 있는 듯하다. 이명박 정부가 13년 이상 노자 계급 세력 관계 속에서 도입이 유예되어 온 작업장 단위 복수 노조 문제와 전임자 임금 지급 문제를 강력하고 신속하게 처리한 것도 그래서였다. 또 민주노조 운동이 처한 구조적 위기의 중요한 측면 중 하나는 이른바

---

29 예컨대 노동부는 이명박 정부 초기부터 노동조합 활동의 허용 범위를 마음대로 정해 노조 활동을 통제하려는 시도를 계속해 왔다(노동부 2008d 참고). 그리고 〈노동위원회법〉을 개정해 노동 측 추천 공익위원을 없앰으로써 구조적으로 편파적인 행정 기구를 합법적인 억압 기구로 전환하려는 시도를 하기도 했다(〈매일노동뉴스〉 2010/08/10 참고).

30 쌍용자동차 쟁의가 남긴 상흔에 관해서는 강수돌(2010) 참고.

법치주의가 노동운동을 구조적으로 억압하거나 제어하는 효과에서 찾아볼 수 있다.

이와 같이 최대한 법을 엄격히 집행하고 때로는 자의적이거나 편파적인 법 해석과 실행으로 노동을 억압하는 모습은 이명박 정부 시기에 특히 두드러졌다. 노사정위원회와 같은 참여 및 의사전달 통로를 폐쇄하고 어떤 개혁 의제와의 교환이나 협상 가능성도 배제한 채 진행되었기에 그 억압성은 더욱 강하게 나타났다. 이 측면은 이명박 정부의 노동정책이 민주 정부와는 질적으로 구별되는 것으로 인식되기도 했다. 그러므로 민주적 절차와 기본권을 억압하는 비민주적 독재 정권이라고 규정되거나, 심지어 개발독재 및 '거의 파시즘적 양상'(김태현 2010)이라는 평가가 제기된 것도 무리는 아니었다.

그렇지만 이명박 정부의 '법치주의'를 좀 더 엄밀히 평가하려면 탄압의 양상을 넘어서는 분석적 논의가 필요하다. 먼저 '법'은 중립적이거나 공정한 질서 유지 기제가 아니다. 나아가 법 그 자체를 자본주의국가의 중요한 일부이자 사회적 세력 관계가 물질화된 계급적 국가 장치로 이해해야 한다. 자본주의사회에서 법은 크게 세 가지 성격을 띤다(폴란차스 1994, 97~118).

첫째, 법은 제도화된 국가 폭력이며 그 가능성과 한계, 실행 방식을 지시하는 하나의 코드이다. 자본주의사회에서 국가는 사적 폭력을 금지하고 폭력을 독점적으로 행사한다. 문제는 그것이 다수의 국민 대중으로부터 정당성을 확보한 폭력이라는 점이다. 정당성의 정도와 내용은 국가의 형태, 정권regime의 성격에 따라 달라지지만 법의 본질이 폭력이라는 점은 변하지 않는다.

둘째, 법은 그 자체가 하나의 이데올로기이며 사회적 세력 관계에서 발생한 '동의'consent의 물질화이다. 사회적 세력 관계는 매우 유동적이므로 법은 항상 변화하며 수많은 '빈틈'과 '해석의 여지'를 남긴다. 노동 정치가 역동적으로 변동하는 만큼 법은 세력 관계를 적절히 반영하지 못할 여지를 가지며 이는 법 개정 압력을 만들어 낸다. 이때 법은 동의를 기반으로 피지배계급을 규율하는 통제 체제인 동시에 지배 세력 자신의 계급 지배 양태를 제한하고 규율한다는 점에 주목할 필요가 있다. 즉 법은 지배계급에 대해서도 계급 지배의 형식 및 내용을 규율함으로써 세력 간의 균형점을 표현하는 물질적 국가 장치이다.[31]

셋째, 자본주의사회에서 법은 단순히 이데올로기를 주입해 동의를 산출하는 장치가 아니다. 피지배계급에 대한 물질적·경제적 양보를 통해 지적·도덕적 지도력을 생산하는 제도적인 헤게모니 기구이다. 헤게모니 장치로서의 법은 지배계급의 도구보다는 자본 권력과 그 이해의 규율과 제한, 피지배계급에 대한 양보이다.

요컨대 법은 중립적 장치가 아닐 뿐만 아니라 단순히 계급 지배의 도구만도 아니다. 법은 복합적이고 다중적인 방식으로 구성되는 사회 세력 관계의 물질적 응축으로 이해할 수 있다. 이렇게 보면 '법치주의'는 국가 프로젝트 변동의 함의를 드러내는 실마리

---

31 예컨대 1987년 노동자 대투쟁 이후 최근까지 수많은 노동법 개정 및 관련 논란들은 1987년 체제에서 새로이 형성된 노자 계급 세력 관계를 반영하고 규율하는 국가 장치의 변동 과정으로 볼 수 있다.

가 될 수 있다.

한 국민 전략을 대표하는 전후 서구 민주주의 사회는 국가 폭력으로서 법의 요소는 최소화하면서 이데올로기와 물질적 양보로서의 법적 요소를 크게 확대한 법치주의 사회이다. 그리고 1980년대 이후 신자유주의의 두 국민 전략은 물질적 양보를 급격히 축소하면서 폭력으로서의 법을 다시금 강화하는 법치주의 헤게모니 프로젝트일 것이다. 급진적 시장주의 이데올로기와 국가 폭력을 집중시키는 강한 국가론은 이런 형태의 법치주의와 조응한다. 그렇지만 두 경우 모두 적나라한 물리적 폭력과 이데올로기적 대중 동원에 기초한 예외 국가와는 거리가 멀다. 즉 최소한의 절차적 합법성에 입각한 대의제 민주주의를 유지한다는 점에서 절차적·정치적 민주주의 지배 형태이다.

한국에서 선진화 국가 프로젝트는 크게 봤을 때 서구의 두 국민 전략 중 국가 프로젝트와 대동소이하다. 문제는 민주화 프로젝트이다. 여기서 법치주의는 선진화 프로젝트뿐만 아니라 민주화 프로젝트와도 긴밀히 연관되어 있다는 점이 중요하다.

민주화 프로젝트에서 법치의 문제는 한편에서 지배 블록이 이전의 초법적 지배를 스스로 제한하고 피지배계급에 최소한의 정치적 기본권을 제공하는 개혁의 문제로 나타났다. 이 노동 개혁은 지배 블록이나 피지배 노동계급 모두에게 이중적 의미를 갖는다. 먼저 지배 블록은 초법적·탈법적 억압을 실행할 수 없게 된 반면 일정한 법적 제약 안에서 지배의 정당성을 크게 제고할 수 있었다. '정당한' 국가 폭력을 강력하게 행사할 수 있게 되었고 '법과 원칙'이라는 이데올로기 통제의 효율성이 크게 높아졌다.

반대로 피지배 노동계급은 최소한의 단결과 단체행동의 법적 권리를 확보한 반면 자신이 확보한 법적 장치의 절차적 틀 내에서 행동할 수밖에 없는 새로운 법적 제약을 만들었다고 할 수 있다. 예컨대 공무원노조 특별법은 단결권을 보장하는 동시에 억압하는 요소를 모두 갖게 되었으며 비정규 노동 보호 특별법이나 작업장 단위 복수 노조 허용도 마찬가지였다.[32] 민주 정부 후반에 만들어진 이른바 '개혁' 의제들이 처음부터 노동통제 수단 및 노동 유연화 제도로 귀착한 데는 '법치주의'의 이런 딜레마가 숨어 있었기 때문이었다. 결국 1987년 체제의 해체, 노동의 민주화는 노조의 행동 양식과 전투적 투쟁의 측면에서 심각한 제도적 한계를 발생시키는 결과를 초래했다.

1998년 이후 법치주의는 서구의 두 국민 전략의 법치주의와 유사했다. 그러나 서구의 두 국민 전략이 한 국민 전략의 확대된 법적 권리를 제한하는 방향이었던 반면 한국의 법치주의는 초법적 억압 체제로부터 두 국민 전략으로의 이행이었던 점에서 중요한 차이가 있다. 더욱이 한 국민 전략은 물론 자유주의적 법치조차 전혀 경험하지 못한 채 신자유주의의 법치주의가 급속하게 도입됨으로써 국가 폭력으로서의 법치 현상, 곧 억압 체제의 국가 폭력이 법치로 정당화되는 심각한 위기 상황이 도래했다. 요컨대 한국의 '법치주의'에는 민주화 프로젝트의 법적 개혁과 선진화 프

---

32 김혜진(2009)은 비정규 노동 보호 특별법이 보호법이기보다 통제법이라는 점을 적절하게 지적했다. 공무원노조 합법화나 복수 노조 허용도 마찬가지로 파악할 수 있다.

로젝트의 법적 억압 강화가 동시에 작동했던 것이다. 그리고 그 방향은 노동운동의 구조적 지위를 향상하기보다 상대적 세력 관계를 크게 약화하는 방향, 곧 법적 정당성은 제고하되 폭력성은 강화하는 방향으로 작용한 듯하다.

이상의 논의에서 이명박 정부 시기의 노동통제 전략이나 노동 정치에 관한 몇 가지 함의를 도출할 수 있다. 먼저 이명박 정부를 포함해 1998년 이후의 '종속 신자유주의 노동체제'에서 말하는 국가 폭력과 '법치주의'는 1987년 체제의 그것과 질적으로 구별된다. 후자의 경우 법과 국가 폭력은 예외 국가로부터 연원하는 '정당성 없는 폭력 행사'에 가까웠다. 당시 노태우 정부는 이른바 민주 정부로서의 법적 정당성을 강조했으나 그것은 국가 폭력을 넘어 이데올로기적 동의를 산출하는 데까지는 이르지 못했다. 또 당시 법은 내적 일관성과 형식적 합리성을 갖추지 못했다. 예외 국가로부터 이어받은 법적 통제 장치들은 현실과 괴리되어 부실했거나 현실의 노동 정치를 규율하기에는 턱없이 미비했다. 예컨대 4대 악법 조항(복수 노조, 제3자 개입, 공무원·교원 단결과 노조의 정치 활동 등 금지 조항)은 비민주적이었을 뿐만 아니라 이미 현실에 존재하는 사회관계를 단순히 부정함으로써 치밀한 규율 장치로서 기능할 수 없었다. 그 결과는 노동자들은 물론 일반 시민들도 거의 설득할 수 없는 적나라한 '법적·초법적 국가 폭력'의 일상화였다.

그러나 민주 정부가 성립하고 1997년 3월과 1998년 2월의 노동법이 개정되면서 상황은 크게 바뀌었다. 특히 이른바 '노동 개혁' 정치 10년을 지나면서 국가의 법적 노동통제의 정당성과 합리성은 크게 제고되었다. 예외 국가에서 탄압받았던 바로 그 주체들에 의해 이루어진 '노동 민주화', '노동 개혁'은 대다수의 시민들과 노동자들 모두를 설득할 수 있는 '국민 대중적' 프로젝트였다. 그리고 억압적 악법 조항들을 폐지하거나 개정하는 과정에서는 이를 대체할 수 있는 새로운 통제 수단들이 동시에 제도화되었다는 점도 중요하다.[33] 또 그동안 '비사건'non-events 전술로 통제해왔던 비정규 노동은 관련 법이 제도화되면서 합리적·효율적 통제가 가능해졌다. 전체적으로 민주 정부들의 노동 개혁은 '법치주의'의 법적 폭력 행사에서 그 정당성과 효율성을 크게 제고한 제도적 변화를 야기했다고 할 수 있다.

둘째, 이명박 정부의 노동통제를 개발독재나 파시즘 억압과 유사한 것으로 이해할 수는 없다는 함의이다. 앞서 살폈듯이 이명박 정부의 '선진화 국가 프로젝트'와 그 '법치주의'의 역사적·논리적 전제는 '(노동) 민주화 프로젝트'였다. 또 민주 정부 10년의 '민주화 프로젝트'는 '선진화 프로젝트'와 접합된 형태로 진행된 바 있다. '선진화 프로젝트'의 법치주의는 서구의 두 국민 전략에서와 마찬가지로 노동 규율에서 절차적·정치적 정당성을 전제했다.

새로운 '법치주의'는 법적 절차의 형식적 요건을 존중하고 법적 판단의 결과에 복종하는 것을 포함한다. 이 법치는 노자勞資 모두를 규율한다. 즉 국가 폭력은 법 테두리를 함부로 벗어나지 않

---

33 예컨대 필수 공익사업장에 대한 직권 중재의 폐지는 대체 인력 투입과 필수 유지 업무 제도의 신설로 대체되었다. 나아가 작업장 단위 복수 노조의 경우에는 전임자 임금 지급 금지와 여타 교섭 제한이 새로이 제도화되어 개혁이라는 말이 무색해졌다.

으며 노동자뿐만 아니라 국가와 자본의 행동 역시 일정 범위 내에서 통제한다.[34] 그리고 법이 국가와 자본, 그리고 노동의 행동을 모두 통제하는 규율이 됨으로써 법적 장치의 중요성과 의미는 더욱더 커졌다. 이는 민주 정부는 물론 이명박 정부가 선진화 프로젝트를 추진하며, 그 과정에서 제반 법적 통제 장치의 도입이나 개정을 핵심 과제로 삼는 이유가 되었다.[35]

요컨대 이명박 정부의 법치주의 노동통제는 파시즘이나 개발독재의 통제와는 질적으로 구분되며 절차적 민주주의 위에 자리잡은 것이었다. 또 민주 정부 10년의 '민주화 프로젝트'와 그 결과를 전제한 것이며, 그 시기에 실행된 '선진화 프로젝트'의 연장이자 완성으로 봐야 한다. 표면적으로 민주 노조 운동을 부정하는 전략 방침을 갖는 것으로 보이기도 하지만, 그것은 1987년 체제 이후 민주 노조가 만들어 놓은 절차적 민주주의를 거부하지는 않는다. 거꾸로 그 법적 절차를 강조하고 이용하면서 이를 통제 수단으로 적절히 사용하고 있는 것이다.

셋째, 이명박 정부를 예외 국가로 해석하는 편향의 다른 한편

---

34 현대자동차 사내 하청 노동에 대한 대법원의 불법 파견 판결은 법치주의의 이 같은 단면을 잘 보여 준 사례이다(〈레디앙〉 2010/07/28 참고). 이 밖에도 법원은 일방적 정리 해고나 단체협약 해지를 불법으로 판결하는 등 자본의 주장에 반하는 판결을 간헐적으로 내리고 있다.

35 이명박 정부는 비정규법 개악, 복수 노조 및 전임자 개정 외에도 〈직업안정법〉, 〈근로기준법〉, 〈파견법〉(파견근로자 보호 등에 관한 법률) 시행령 등 메가톤급 법 개정을 이어 갈 계획이 있었다(〈매일노동뉴스〉 2010/01/04 참고). 이에 따라 2010년 하반기에는 비정규직 고용을 대폭 늘리는 방식의 고용 창출 대책을 다시 발표했다.

으로 민주 노조 운동 내부에 '법물신주의'적 인식이 일정하게 형성되고 있다. 민주 노조들은 '악법을 어겨서 철폐하는' 전통적인 전략에서 점차 벗어나 법에 호소하고 법적 절차로 권리를 확보하는 전략으로 크게 선회한 것으로 보인다.[36] 법 개정 투쟁의 필요성이 커진 것도 사실이지만 자칫 민주 노조 운동이 자본주의적 정상 국가, 법치주의의 틀 내로 스스로를 가두는 정치적 결과를 가져올 가능성이 크다.

다시 한 번 자본주의사회에서 법은 계급 지배의 도구도 아니지만 그와 무관한 중립적 장치도 아니라는 풀란차스의 주장을 상기할 필요가 있다. 법은 생산으로부터 연원하는 사회적 세력 관계가 물질적으로 응집된 국가 장치이다. 따라서 법 장치 내부에는 세력 관계를 반영하는 계급 편향성, 곧 국가의 '전략적 선택성'이 내장되어 있다. 특히 물질화된 '전략적 선택성'의 한 요소로서 법의 '불완전성'[37]은 국가의 계급 편향적 법치주의를 가능하게 하는 중요한 기제였다. 그러므로 선진화 프로젝트의 법치주의가 강력한 힘을 발휘하고 있는 현재의 지형에서 국가의 계급성과 그 '전략적 선택성'은 어느 때보다 강력해 보인다.[38]

---

36 노동부를 상대로 한 타임오프 제도의 '면제 한도 고시 무효 소송'에서 민주노총이 패소하고 노조 설립 신고 관련 소송에서 공무원노조가 패소한 사례가 있었다(『한겨레』 2010/08/14). 물론 이 변화는 전투적 동원 역량이 약화된 결과이기도 하다.

37 법은 모든 사회적 관계를 충분하고 완전하게 규율하지 못하는 '불완전성'을 갖고 있다. 이는 행정 집행과 해석에서 많은 여지와 논란을 발생시킨다. 구체적인 수준에서 그것은 노동 행정 실행의 자의성과 편향성, 법 해석에서 보수적인 판사들의 성향에 따른 편향성을 야기한다.

앞서 살펴봤듯이 국가 프로젝트의 변동은 바로 이와 같은 계급 세력 관계의 변화, 그리고 그 물질적 지배 양태의 변동을 표현한다. 요컨대 민주화와 선진화 국가 프로젝트는 노동계급을 포함한 범 민주 세력이 주도하던 세력 관계로부터 자본이 주도하는 좀 더 세련된 법치주의 계급 지배로의 체제 변화를 함축한다. 그러므로 부문적으로나마 노동운동이 자본과 국가가 제시하는 법치의 틀 속에 국한되거나 심지어 종속되는 모습이 나타난 것은 노동운동의 발전이라는 측면에서 우려할 만한 일이다. 이는 민주 노조가 처한 구조적 위기의 한 단면을 보여 주는 현상이었다. 법원의 판

---

38 법치주의의 '전략적 선택성'은 법치를 둘러싼 제반 과정에서 강력하게 구조화되어 있다. 먼저 법적 규율이 없는 영역이 있을 경우 그 자체가 노동에 대한 억압이 된다. 과거 비정규 노동 관련 법적 규제가 없었던 경우가 그러하며, 지금도 특수 고용 비정규 노동자들의 사례가 있다. 둘째, 법적 불완전성으로 말미암은 법 해석 문제가 있다. 경찰 등 사법 기구와 법원의 판결 및 법 집행은 항상 계급 편향적으로 작동하는 경향이 있다. 예컨대 쟁의 과정의 '업무방해죄'처럼 쟁의의 주체, 수단과 방법, 목적 등에서 하나만 문제가 되어도 불법이 되는 '꼬투리 잡기' 방식이 그러하다. 여기에는 보수적인 법원은 물론 경찰·검찰·국정원·행정기관으로 이어지는 엄청난 규모의 지적 전문성과 조직적 효율성, 그리고 대규모 자원 동원이 작용한다. 셋째, 업무방해나 손해배상 청구 등 노동법이 아닌 〈형법〉의 적용도 강한 편향성을 만들고 있다. 넷째, 법적 과정은 대개 복잡하고 오랜 시간이 걸리기에 노동 측에 구조적으로 불리하게 작용한다. 노동위원회 2심과 법원의 3심에는 많은 비용과 시간이 든다. 예컨대 현대자동차의 불법 파견 판정에는 2004년 노동부의 불법 파견 판정 이후 무려 6년이 걸렸다. 다섯째, 판결의 결과를 처리하는 과정에서도 편향성은 작동한다. 노동에 대한 국가기구의 처벌이나 행정 집행은 신속한 반면 사용자에 대해서는 그렇지 않다. 마지막으로 법치주의와 연관된 국가의 물리력 행사나 이데올로기 환경도 매우 편향적이다. 쌍용자동차 쟁의에서 나타났듯이 대개 법은 사용자와 국가의 '훨씬 강력한' 불법적 폭력은 처벌하지 않는다. 그리고 보수 언론은 법원의 판정 이전에 판결하는 사실상의 국가 장치로서 작동하고 있다.

정에 의존하는 노동운동은 1987년 체제와는 반대로 '전투에서 승리하고도 전쟁에서 패배하는' 결과를 낳을 수 있다. 나아가 법 체제 자체를 개혁하는 투쟁에서도 새로운 국가 프로젝트 환경의 제약은 한층 크게 작용할 것으로 보인다.[39]

6. 결론

논의를 요약하면 다음과 같다. 먼저 이명박 정부의 노동정책은 이전의 민주 정부들과 연속성과 단절성의 요소들을 동시에 갖고 있었다. 그러나 헤게모니 통제 전략이라는 국가 전략의 관점에서 주목할 것은 그 연속성이었다. 구체적으로 그것은 신자유주의 노동 유연화와 법치주의 노동정책이었다.

둘째, 1990년대 중반 이후 국가의 노동통제 전략은 두 가지 국가 프로젝트의 형성과 경합, 그리고 그 상호 보완과 교체의 과정이었다. 김영삼 정부에서 발원한 민주화 프로젝트와 선진화 프로젝트는 1998년 이후 경제적 축적 체제의 급속한 변동과 사회적

---

39 복수 노조 및 전임자 임금 법제화 이후 다시금 1987년 체제에서와 같은 전면적인 '노동법 개정 투쟁'의 흐름이 형성된 바 있다(민주노총 2010a). 노동법 개정 투쟁의 필요성과 중요성은 분명하지만 우려할 지점도 있다. 새로운 대규모 법 개정 투쟁은 전보다 대규모 조직 동원, 전선의 형성, 시민사회의 지원 등 모든 측면에서 훨씬 어려울 것이다. 그리고 자칫하면 그것은 현재 시급한 민주 노조 운동의 혁신 사업과 다른 핵심 사업들을 방기하는 '운동적 알리바이'로 사용될 수도 있다. 나아가 궁극적으로는 법 개정을 '노동운동'의 전략적 목표로 삼는 법 물신주의를 야기할지도 모른다.

세력 관계의 변화 속에서 역동적으로 변화했다. 민주 정부의 10년 노동 개혁을 거치면서 민주화 프로젝트는 소진되었고 소멸했다. 반면에 이명박 정부에서 선진화 프로젝트는 종속 신자유주의 노동체제를 완성하는 단일한 국가 프로젝트가 되었다.

셋째, 이명박 정부의 선진화 프로젝트에는 이전까지의 민주화 프로젝트의 결과가 물질적 형태로 응집되어 있었으며 그 대표적 사례가 법치주의 문제였다.

1987년 이전, 그리고 1987년 체제에서 일상적이었던 국가 폭력은 정당성의 측면에서 상당히 취약했다. 그러나 1987년 체제의 민주화 과정, 그리고 그 이후 민주화 국가 프로젝트의 진행에 따라 국가의 억압적 노동정책 실행은 그 정치적 정당성이 크게 강화된 것으로 볼 수 있다. 여기서 법치주의를 강하게 제도화한 정부의 조치는 사회관계의 물질적 응축material condensation 현상으로 볼 수 있다. 이명박 정부의 반민주적 권력 행사나 물리적 폭력 행사 이면에는 법적 지배라는 국가 장치가 작동하고 있으며, 이는 일정한 정도의 이데올로기적 정당성, 곧 헤게모니를 확보하고 있다고 봐야 한다.[40]

---

[40] 이와 관련해 이명박 정부에 대한 담론 분석에서 신진욱·이영민(2009)은 효율성과 경쟁을 강조하는 시장 포퓰리즘 담론이 시민의 민주적 권리를 강조하는 민주주의 및 자유주의 담론과 접합되어 있음을 밝혔다. 이들은 대안 헤게모니가 형성되지 않는다면 그 내용적 한계에도 불구하고 시장 포퓰리즘의 생명이 더 길어질 것이라고 봤다. 물론 선진화 프로젝트는 노동자 대중에 대한 억압과 배제를 강화할 것이므로 헤게모니를 잠식하는 반대의 경향도 지녔다고 봐야 한다.

현재 이명박 정부는 비판 세력의 관점에서 볼 때 매우 반민주적인 권력으로 인식되기도 한다. 그러나 많은 논란에도 불구하고 민주주의 정부의 틀을 벗어났다고 보기는 힘들다(최장집 2010). 또 그만큼 노동 영역에서 이명박 정부 시기에 국가와 지배 블록의 계급 지배 능력은 한층 강화되었다고 봐야 한다. 그것은 민주화 프로젝트가 국가 장치에 물질화된 국가의 성격 변화와 긴밀하게 연관되어 있다.

더 나아가 이런 변화에는 '민주화 프로젝트'의 물질적 제도화 과정이 종결되면서 지배 블록 내부의 '자유주의 부르주아' 세력, 곧 '민주화 세력'의 성격이 변화한 것도 커다란 역할을 했다. '민주 정부' 10년을 거치면서 이들은 민주화 세력에서 선진화 국가 프로젝트를 추진한 세력으로 크게 탈바꿈했다. 이들은 민주 정부의 이름으로 종속 신자유주의 체제의 '두 국민 전략'을 완성했고, 독점 재벌 분파를 중심으로 한 지배 블록에 통합되어 신자유주의 대동맹을 형성하는 데 크게 일조했다. 요컨대 민주화 세력의 성격 변화는 종속 신자유주의 축적 전략과 두 국민 전략의 헤게모니 프로젝트, 그리고 선진화 국가 프로젝트로 통일된 역사적 블록을 가능케 한 핵심 요인이었다.[41]

현재 민주 노조 운동은 전면적인 구조적 위기 속에 처해 있다.

---

[41] 이런 전략적·구조적 세력 재편 과정에서 본다면 이른바 '낡은 민주 세력'의 집권이나 여당 내의 정권 교체 같은 문제는 '찻잔 속의 풍파'에 불과하다. 또 2010년 지방선거나 2012년의 두 선거를 앞두고 논의되었던 '민주 대연합론'의 한계도 분명해 보인다.

새로운 신자유주의 대동맹의 위력은 '노동시장 유연화'나 '법과 원칙'의 헤게모니 프로젝트가 노동운동을 강하게 압박하는 데서 잘 나타나고 있다. 그것은 단순히 일회적 정권 교체나 법 개정으로 극복할 만한 성질의 것이 아니다. 그럼에도 1987년 체제의 낡은 운동 전략이나 '민주화 프로젝트'에 대한 때늦은 기대가 여전히 민주 노조 운동 내부를 지배하고 있는 듯하다. 또 비정규 노동 문제를 둘러싸고 구조화된 운동 내부의 균열은 신자유주의 대동맹이라는 역사적 블록을 형성한 지배 세력의 통일성과 크게 대비된다. 이 커다란 세력 관계의 불균형을 직시하지 못한다면, 그리고 거시적인 사회의 전략적·구조적 변동을 파악하지 못한다면, 운동의 미래는 어두울 수밖에 없다. 지배 세력의 헤게모니 프로젝트와 국가 프로젝트에 대응하는 대항 헤게모니가 만들어질 수 없기 때문이다.

4장

박근혜 정부의 노동정책에 관한 비판적 고찰

1. 머리말

2012년 대선 승리로 집권한 박근혜 정부의 노동정책은 언뜻 매우 선명해 보인다. 대자본의 이해관계에 철저히 복무하며 노동 측에 대해서는 1997년 이후 그 어떤 정권보다도 뚜렷한 적대감을 드러냈기 때문이다. 민주화 이후 처음으로 민주노총에 공권력을 투입한 것이 박근혜 정부였다. 또 전교조 법외노조 공작, 진보 정당에 대한 해산명령 등도 상징적인 사례였다. 그러므로 박근혜 정부의 노동 정치가 반노동자 성격을 띠었다는 평가에 이견을 달기는 어렵다.

그렇더라도 박근혜 정부의 성격을 이론적으로 개념화하고 규명하는 일이 그리 간단하지는 않다. 그 '반노동자성'을 단순한 계급 편향성을 보이는 것으로 설명할 수도 있으나, 군부독재의 부활이나 심지어 파시즘의 도래로 해석할 수도 있기 때문이다. 그리고 이 같은 이론적 규정에 따라 노동운동의 실천적 대응이 크게 달라진다는 점도 평가에 어려움을 더한다.

이 장에서는 박근혜 정부 초반기의 노동정책을 정리하고, 이와 더불어 국가의 노동통제 전략 전반의 성격을 비판적으로 검토한다.[1] 구체적으로 세 가지 지점을 살피고자 한다.

---

1 특정 정부의 노동정책과 국가의 노동통제 전략은 개념 범주가 다르다. 정부의 노동정책이 노동 영역에서 국가 행정기관이 특정한 정책적 목표를 갖고 수행하는 제반 활동을 말한다면, 국가의 통제 전략은 행위 주체에 의해 의식되지 않는 제반 구조적·물질적 제약의 효과까지도 모두 포괄하는 개념이다. 물론 이때 노동정책에는 '의도적으로 행동하

먼저 박근혜 정부 1년 반의 노동 정치, 특히 노동정책의 흐름을 분야별로 간략히 정리하고 쟁점을 분석할 것이다(3절). 대선 공약의 이행 여부와 고용률 70퍼센트 달성으로 대표되는 노동시장 정책, 그리고 각종 노사 관계 정책에 대해 주로 정리 및 검토한다.

둘째, 박근혜 정부 노동정책의 성격을 몇 가지 쟁점을 통해 밝히고(4절) 기존 논의를 비판적으로 검토한다(5절). 그것은 파시즘, 군부독재에 유사한 무엇인가? 아니면 절차적 민주주의의 한계 내의 노동통제인가가 주요 쟁점인데 필자는 후자의 입장에서 전자의 입론을 비판할 것이다. 여기에는 신자유주의 법치주의에 대한 분석, 서구 신자유주의 노동통제 전략과의 비교 사회학적 분석, 박근혜 정부 노동정책의 통제 효율성 문제 등의 주제들이 주요 논거로 제시될 것이다.

셋째, 결론에서는 이런 논의의 실천적 함의를 생각해 보고 노동운동의 대응 전략 및 노동체제의 구조적 조건을 감안해 향후 노동 정치 전개를 간략히 전망할 것이다.

지 않는 행위'도 포함된다. 한편 이 장에서는 국가의 노동정책 또는 노동통제 전략에 일차적인 관심을 두지만, 그것이 노동 정치의 구조적 지형 위에서 진행된다는 점을 감안한다. 따라서 노동체제의 지형, 노동운동과 시민사회의 대응 등의 변수들에 대해서도 제한적으로 논의할 것이다.

2. 기존 연구와 분석 틀

박근혜 정부의 노동정책에 대해서는 지금까지 크게 두 가지 입장이 제출되었다. 첫째, 파시즘 또는 파시즘에 접근하는 폭력적·반민주적 억압 전략으로 이해하는 입장이다. 주변부 파시즘 체제인 박정희 군사독재 체제로의 회귀로 이해하는 입장도 여기에 포함할 수 있다. 이런 입장을 취하는 연구로는 김동춘(2014), 박노자(2014), 박영균(2013) 등이 있으나 입장마다 약간씩 강조하는 지점의 차이가 있다.[2]

둘째, 신자유주의 노동통제 유형의 하나로 파악하는 입장이 있다(노중기 2014). 이 견해에서는 박근혜 정부의 노동통제가 본질적으로 절차적·정치적 민주주의 정치체제에 기반한 노동통제라고 본다. 다만 종속적 특수성이 가미되어 있고 몇 가지 점에서 선진 자본주의국가의 신자유주의 노동통제와 구별된다고 본다.[3]

이 장은 두 번째 입장에서 박근혜 정부의 노동정책을 비판적으로 검토한다. 먼저 파시즘론을 박근혜 정부의 노동정책에 적용하기에는 이론적으로 많은 무리가 따른다. 전간기 서구 사회의 역사

---

2 세 연구는 모두 노동정책보다 정치적 지배 형식에 관한 연구이므로 노동정책을 고찰하는 이 연구의 범위를 넘어선다. 그러나 자본주의 계급사회에서 노동정책은 가장 중요한 사회정책이고 이들의 파시즘론은 노동정책에도 적용된다고 판단할 수 있다.

3 비슷하게 윤진호(2014)는 '박정희식 개발독재와 신자유주의 노동통제의 결합'으로 박근혜 정부의 노동정책을 규정한다. 그러나 그는 그것이 '영국 대처리즘의 반노동적 노동정책과 상당히 유사하다'고 보면서 박근혜 정부 노동정책의 특수성을 충분히 제시하지 않는다. 또 '박정희식 개발독재' 규정은 파시즘론의 한계를 동일하게 드러낸다.

적 파시즘과 주변부 파시즘을 관통하는 파시즘의 사회경제적 조건이 현재 한국 사회에는 존재하지 않는다. 그것은 자유주의 또는 자유민주주의 정치 질서의 완전한 실패와 자본주의 축적 체제의 구조적 위기를 말한다. 박근혜 정부의 경우 박노자도 인정하듯이 형식적 자유민주주의를 여전히 유지하고 있으며 한국 자본주의의 위기 정도는 파시즘을 논할 만한 상황은 아니라고 판단된다.

한편 김동춘은 2008년 금융 위기의 배경과 남한 고유의 반공·분단 이데올로기 요소가 결합해 박근혜 정부의 구조적 파시즘이 도래했다고 봤다. 그러므로 구조적 파시즘론은 박노자가 말하는 사회 조직 방식 및 사회문화의 파시즘적 요소와 맞닿아 있다. 박노자는 사회 조직 방식이나 문화의 측면에서는 "그 어떤 본질적 변화도 지난 20여 년 동안 일어나지 않았다"고 단언한다. 김동춘과 마찬가지로 구조화된 파시즘적 요소를 주장하는 것이다. 구조적 파시즘론의 가장 큰 문제점은 과도한 개념 확장이다. "자유민주주의와 양립하는" 파시즘론을 주장하면 파시즘 개념은 형해화될 수밖에 없다.[4]

박근혜 정부의 '반노동' 노동정책은 파시즘이 아닐 뿐만 아니

---

4 결국 2008년 세계 금융 위기 이후 구조적 파시즘에 해당되지 않는 사회는 거의 없으며 한국 사회는 해방 이후 늘 구조적 파시즘의 위협 앞에 놓여 있었다는 과도한 주장으로 나아갔다. 한편 박영균(2013)은 최근의 '일베'(일간베스트저장소) 현상을 비판적으로 검토하면서 최근 한국에서 '파쇼적인 것들이 성장하고 있다'고 주장했다. 그의 개념에서 파시즘은 '자본주의 체제 자체에 내재적인 것'으로 확장되어 개념적 유용성을 상실하고 있는 것으로 보인다.

라 자유민주주의 지배 체제의 정상적인 계급 전략이다. 여기서는 박근혜 정부의 노동정책이 신자유주의 노동체제의 고유한 노동 배제 분할 지배 전략이며, 다만 한국적 특수성을 표현하고 있다는 점, 그리고 노동정책의 구체적인 전개 과정과 그 특징을 특히 신자유주의 법치주의에 대한 논의를 통해 입증하고자 한다. 이 분석에 동원되는 이론적 자원은 노동체제 이론이다.

민주화 시기의 1987년 노동체제는 1998년 이후 결정적으로 해체되었다. 이후 새로운 노동체제는 '종속 신자유주의 노동체제' 또는 '1997년 노동체제' 등으로 일컬어지고 있다.[5] 노동체제의 변동 과정은 급속했으나 단절적이지는 않았다. 10년의 이행 과정을 거쳐 노무현 정부 말기 또는 이명박 정부의 성립 이후에는 새로운 체제가 완전히 제도적으로 자리를 잡은 것으로 보인다.

종속 신자유주의 노동체제는 국가의 지배 전략, 즉 국가 프로젝트의 측면[6]에서는 절차적 민주주의의 관철과 함께 신자유주의적 노동(시장) 유연화와 법치주의 전략의 결합으로 간명히 정리될 수 있다. 노무현 정부 이래 우리 사회에서 그것은 '선진화' 프로젝트로 제시되어 실행된 바 있었다(노중기 2010b; 2012a). 그리고 이 국가 프로젝트는 한층 거시적 계급 지배 전략인 헤게모니 프로젝트, 곧

---

5 '1987년 체제' 개념은 현재 연구자들이 자의적으로 사용해 개념의 내포가 혼란스럽다. 그 개념 범주를 둘러싼 논란은 김종엽 엮음(2009) 참고. 이 장에서는 임영일(2002), 장홍근(1999), 노중기(2012a)의 개념 규정에 따른다.

6 국가 프로젝트는 봅 제숍의 개념으로 국가 내부에 이념적·정치적 통일성을 부여하는 지배 전략을 말한다. 자세한 내용은 손호철(2002), 제숍(Jessop 1990) 참고.

'두 국민 전략'으로 뒷받침되며 노동계급 일부를 포함한 국민 대중에게 일정한 헤게모니 통제 효과를 산출했다. 결국 1998년 이후 20여 년을 거치면서 노동계급은 양극화되어 분할 지배되었고 노동운동도 심각한 구조적 위기에 직면했다.

한국 사회에서 신자유주의 노동체제의 특수성, 곧 '종속성' 규정은 크게 두 가지 역사적·사회구조적 특성에서 연원한다. 첫째, 서구와 달리 '사회민주주의 계급 타협 체제' 또는 '포드주의 복지 국가'의 경험이 없는 신자유주의 체제이다. 둘째, 분단 반공 체제의 역사적 유산으로 말미암아 보수적 이데올로기 및 정치체제가 구조화되어 있고, 그 결과 노동계급의 조직적·정치적 역량이 매우 취약한 사회이다. 결과적으로 한국의 노동 정치가 전개되는 양상은 서구 신자유주의 체제와는 상당히 달랐다. 취약한 노동기본권, 노동쟁의에 대한 가혹한 탄압이 일상화되고 비정규 노동 문제 등 노동계급 내부의 양극화가 더 극심하게 진행된 것은 이런 문제들과 연관해 이해할 수 있다.

그러므로 박근혜 정부 노동정책에 대한 분석은 한국 사회 노동체제의 특성을 경험적 수준에서 고찰하는 의미를 가진다. 이 장에서는 노동시장, 노사 관계 정책의 내용을 정리함으로써 특히 그중에서도 법치주의의 구체적 양상과 노동통제의 효율성 문제를 집중적으로 검토할 것이다.

3. 박근혜 정부 노동정책의 전개

1) 18대 대선 공약과 공약 이행 문제

박근혜 정부의 노동정책이 이전 정부들과 결정적으로 다른 점은 대통령 선거 과정에 약속했던 공약이 당선 직후부터 대폭 수정되었다는 점이다. 김대중·노무현 정부에서 공약은 집권 이후 일정한 시행착오를 거쳐 파기되었고 이명박 정부는 개혁적인 공약을 거의 제시하지 않았다.[7] 그러나 박근혜 정부는 핵심 공약들을 이행할 의지를 거의 보이지 않았는데 이는 노동 관련 공약에서 가장 심각했다(⟨표 4-1⟩ 참고).

대선 기간 '경제민주화와 복지국가'라는 선거 전략에 따라 박근혜 후보는 어느 정도 유의미한 노동 개혁안을 제시했다. 노동 측의 요구에는 모자라지만,[8] 비정규 노동자의 정규직 전환, 노동시간 단축, 불법 파견 시 직접 고용 명령, 최저임금 인상, 정리 해고 요건 완화, 복수 노조 창구 단일화 제도 개선 등의 약속은 매우 개혁적인 것으로 평가받을 수 있었다(윤진호 2014). 그러나 대선 직후 인수위원회가 국정 과제를 선정하면서부터 공약은 크게 후퇴하기 시작했고, 집권 후 국정 과제 발표에서 다시 후퇴했다. 이는 노령

---

7 각 정부 노동정책에 대한 자세한 분석과 비판은 노중기(2008; 2010b) 참고.

8 물론 박근혜 후보는 민주노총이 요구한 대부분의 핵심 개혁 사안에 대해 반대하는 입장을 드러냈다. 자세한 내용은 민주노총(2012) 참고.

연금이나 의료보험 개혁 등에서 문제가 된 복지 공약 후퇴와 궤를 같이했다.

먼저 대부분의 개혁적 공약들이 쉽게 폐기되거나 변질되었다. 예컨대 정부의 의지가 정책 결과로 반영되는 공공 부문 비정규직의 정규직 전환은 원래 약속했던 내용이 축소되고 시한이 삭제되어 이행이 불투명해졌다. 아무런 설명 없이 폐기된 사안만 하더라도 '〈기간제법〉(기간제 및 단시간근로자 보호 등에 관한 법률) 개정', '초과 노동시간 한도 규제', '불법 파견 판정 시 특별근로감독 실시', '특수 고용 표준 계약서 작성 의무화', '최저임금 위반 사업장 징벌적 배상 제도 마련', '정리 해고 요건 강화와 〈근로기준법〉 개정', '대통령과 노사 대표 정기 협의' 등이 있었다.

또 더 많은 공약 내용들이 축소되거나 변질되었는데 '고용률 70퍼센트 달성', '사내 하도급법 제정과 불법 파견 근절' 약속이 대표적이었다. 고용률 70퍼센트는 청장년 및 노년 실업이 심각한 사회적 조건에서 중요한 개혁 조치가 될 수 있었다. 그러나 그것은 곧 여성 시간제 일자리 확대로 내용을 바꾸었고 결국 비정규 노동을 확대하는 노동 유연화 조치로 변질되었다. 또 현대자동차 불법 파견이 사회적 쟁점이 되었던 조건에서 사내 하도급법은 불법 파견을 엄단하는 것이 법안의 전제였다. 그러나 그 조건이 삭제되면서 사내 하도급법은 불법 파견을 합법화하는 반노동정책으로 변질되었다. 그 밖에도 축소 변질된 사안은 공공 부문 정규직 전환, 노동시간 단축,[9] 저임금노동자 사회보험료 지원, 특수 고용 노동자 사회보험 확대 등이 있었다.

셋째, 대선 공약의 주요한 특징 가운데 하나는 노사 관계 정책

표 4-1 박근혜 정부 대선 공약 및 수정 내용 정리

분야	대선 공약(2012년 11월)	인수위 국정 과제(2013년 2월)	정부 국정 과제(2013년 5월)
비정규 노동자	• 상시 지속 업무 정규직 고용 관행 정착 • 2015년 공공 부문 정규직 전환, 대기업 전환 유도 • 〈기간제법〉 개정 • 저임금노동자 100% 사회보험 지원	• 비정규직 차별 해소, 생활보장 • '공공 부문 정규직 전환 시한' 삭제 • '〈기간제법〉 개정' 삭제 • 사회보험 50% 지원 (기존은 1/3~1/2 차등 지원)	• '대기업 상시 지속 업무 비정규직의 정규직 전환 유도' 삭제 • 〈기간제법〉 개정' 삭제 • '50% 지원' 삭제, '확대 추진'으로 후퇴, '지원 수준 대상자' 삭제 ※ 로드맵: 공공 기관 비정규직 무기계약·정규직으로 전환
노동시간 단축	• 초과 노동시간 한도 규제 • 휴일 노동 초과 시간 산입 • 2020년 OECD 평균(1700 시간대)으로 단축	• '초과 노동시간 한도 규제' 삭제 • 탄력 노동시간 제도 확대 • 2020년 OECD 평균 단축	• 개편 시 '노사 간 합의 추진' • '초과 노동시간 한도 규제' 삭제 ※ 6월 로드맵: 2017년 1900시간, 휴일 예외적 연장 노동 확대
사내 하도급	• 사내 하도급법 제정, 동종 유사 업무 차별 처우 금지 • 사업주 교체 시 계약 유지 • 불법 파견 시 직접 고용 명령, 특별근로감독 실시	• 사내 하도급법 제정 추진 • 불합리 차별 금지 • 불법 파견 사업장 특별근로감독 실시 • '사업주 교체 시 계약 유지' 삭제	• 사내 하도급법 제정('사업주 교체 시 계약 유지' 삭제) • 불법 파견 판정 시 특별근로감독 실시('행정명령' 삭제) ※ 로드맵: '특별근로감독' 삭제
특수 고용 노동자	• 특수 고용 현실에 맞게 산재·고용보험 제도 설계 • 표준 계약서 작성 의무화	• '실태 조사, 의견 수렴' 거쳐 보험 확대 방안 마련	• '표준 계약서 작성 의무' 삭제 ※ 로드맵: 전속성·종속성 등 '엄격한 전제조건' 설정
최저임금	• 최저임금 인상 기준 마련 • 근로 감독 강화, 징벌적 배상 제도 마련	• '징벌적 배상 제도' 삭제 • '〈최저임금법〉 개정' 삭제	• '최저임금 기준 단계적 로드맵 마련'으로 후퇴 • '징벌' 대신 '경제적 제재'
정리 해고 요건	• 〈근로기준법〉 개정 통한 정리 해고 요건 강화	• '정리 해고 요건 강화' 삭제 • '〈근로기준법〉 개정' 삭제	좌동
노사 관계	• 정부가 공정한 조정 중재자 • 노사정위 역할·기능 강화 • 대통령과 노사 대표 정기적 대책 논의 • 복수 노조, 노동시간 면제 제도 노사정위 보완 방안 논의, 합의 시 입법 개정	• '법질서 준수'로 기조 변화 • 참여 주체, 의제를 확대하는 사회적 대타협 • '대통령과 노사 대표 정기적 대책 논의' 삭제 • 복수 노조, 노동시간 면제 제도 항목 삭제	• '고용률 70% 위한 일자리 노사정 대타협'으로 변질 • '법질서 준수', '불합리 불법행위 근절 엄정 조치' 포함 • 복수 노조, 노동시간 면제 제도 보완 방안 '상황 평가, 필요 시 삽입 및 노사정 합의 전제'

자료: 국회의원 이종훈 의원실 자료, 윤진호(2014), 고용노동부(2013)에서 수정 및 재정리.

9 노동시간 단축은 공약에서 '2020년 OECD 평균(1700시간대)'에서 '2017년 1900시간'으로 후퇴했다. 현재 2000시간대 초반이고 그조차 단축되는 추세일뿐더러 2010년 노사정위 합의(2020년 1800시간 단축)를 고려하면 개혁적 요소를 거의 상실한 셈이다.

의 내용이 거의 없었다는 점이었다. 그러나 부실 공약으로 은폐되었던 새 정부의 입장은 당선 직후 실제 내용이 곧 드러났다. 그나마 존재했던 몇 가지 빈약한 '참여와 소통' 공약은 삭제되었고 '법질서 준수', '불법행위 엄단'이 이를 대신했다. 그리고 선거 유세 중에 약속했던 공무원노조 합법화, 쌍용자동차 국정조사 실시 등은 당선 이후 곧 무산되었다.[10]

이와 같이 선거에서 표를 얻기 위해 제시되었던 박근혜 정부의 개혁 공약들은 자본의 이해관계 앞에서 쉽게 폐기되거나 변질되었다. 대선에서 약속한 공약은 애초부터 지킬 의사가 없어 보이는 공약空約이었다. 심하게 표현하면 '노골적인 대 국민 사기극'이었던 것이다. 결국 대자본의 이해관계를 거스를 수 없는 정권의 계급적 성격을 보여 준 셈이다. 다만 인수위 국정 과제와 정부 국정 과제, 그리고 노사정 일자리 협약과 로드맵 등 세 차례에 걸쳐 체계적인 수정 과정이 진행되었고, 노사 관계 부문의 강한 노동 배제 정책은 처음부터 은폐되었다는 점 등이 박근혜 정부가 노동정책을 일정하게 고민하고 있음을 '역설적으로' 보여 준다.

---

10 이것은 취임 전부터 나타났던 정부의 태도와 일맥상통했다. 예컨대 당선 후 노동단체 방문에서 민주노총을 제외한 일, 그리고 취임 직전 노동부의 전교조 법외노조 방침 발표 등은 이미 강경한 노동 배제 정책이 실행될 것을 암시했다.

2) 고용률 70퍼센트와 노동시장 정책

노사정 대타협을 통한 임기 내 '70퍼센트 고용률 달성'은 노동 분야뿐만 아니라 박근혜 정부의 대표적 선거 공약이었다. 이명박 정부에서 볼 수 없던 대표적인 노동 개혁 공약으로 선전했고 어떤 면에서는 그 가능성을 담고 있었다. 예컨대 '일자리 늘/지/오' 공약은 긍정적으로 평가받을 요소도 많았던 것으로 보인다.[11] 2013년 상반기에 발표된 '노사정 일자리 협약'과 '고용률 70퍼센트 로드맵'은 그 정책의 개요를 보여 준다(⟨표 4-2⟩ 참고).

먼저 박근혜 정부의 '고용률 70퍼센트'는 애초부터 '일자리 늘/지/오'와 같은 혁신적인 정책이 아니었다.[12] 그것은 노무현 정부의 '사람 입국 일자리위원회'나 이명박 정부의 '7퍼센트 경제성장률로 300만 개 일자리 창출' 정책과 연속선상에 있는 성장주의 고용 확대 정책이었다. 특히 한 달간의 졸속 운영을 통해 합의된 5·30 '노사정 일자리협약'과 6·3 '로드맵'은 노무현 정부의 2004년 '일자리 만들기 사회 협약' 및 '일자리 종합대책'(5년 200만 개)

---

11 '일자리 늘/지/오'는 일자리 늘리기, 지키기, 질 높이기를 표현한다. 그것은 각기 ① 노동시간 단축, 공공 부문 청년 고용 확대, 공무원 증원, ② 정리 해고 요건 강화와 고용 재난 지역 선포, 정년 연장, 교육 훈련 확대, ③ 비정규직 축소와 정규직 전환, 사내 하도급 노동자 보호, 특수 고용 노동자 등 비정규직 사회보장의 확대, 최저임금 인상 등 개혁적 공약 사항들을 포함했다.

12 이 정책을 북유럽의 '유연 안정성'flexicurity, 즉 고용률과 고용 안정성을 높이는 동시에 유연성을 강조하는 정책으로 해석하는 것은 오류이다(김태현 2013). 노동 측이 요구하는 안정성security에 대해 박근혜 정부는 정책 수행 능력도, 관심도 없었기 때문이다.

의 복제품이었다.[13] 그러나 더 심각한 문제는 이런 기획이 현실적 실행 의지에 기반해 수립되지 않았다는 점이다.[14] 앞서 살폈듯이 선거 당시 고용 안정성 약속은 수차례 공약 수정으로 선거용 기만이 되었다.

정부의 전략목표는 고용 유연성 확대였다는 점이 로드맵에서는 좀 더 뚜렷이 나타났다. 〈표 4-2〉에서 보면 가장 중요한 고용 창출 수단은 이른바 '양질의 시간제 일자리 창출'이었다. 현재 최하층 비정규 일자리인 시간제 노동의 구조적 조건이 변화하지 않는 가운데 '양질'은 이명박 정부의 '반듯한'과 마찬가지 결과를 가져올 것임은 틀림없다.[15] 그 밖에 고령 고용을 빌미로 한 파견 노동 확대, 사내 하도급법, 직무 성과급 임금 체계 도입, 예외적 연장 노동 확대 등 노골적인 노동시장 유연화 전략이 망라되어 있다. 그러므로 본질적으로 박근혜 정부의 노동시장 정책은 '고용률 제고를 빌미로 한 유연화 확대 경제성장 전략'에 지나지 않으며(구준모 2013), 김대중 정부 이래 계속된 성장주의 지배 이데올로기의 확대재생산이었다.

---

13 자세한 내용은 〈매일노동뉴스〉(2013/05/30) 및 노중기(2006b) 참고.

14 많은 연구자들과 전문가들은 5년 238만여 개, 1년 47만 6000여 개의 고용 확대 목표 (2012년 고용률 64.2퍼센트에서 2017년 70퍼센트)가 불가능하다며 비판했다. 자세한 내용은 김태현(2013) 참고. 노무현·이명박 정부의 200만 개, 300만 개 일자리 약속이 모두 구두선口頭禪으로 끝난 경험도 이런 판단을 뒷받침한다.

15 '양질의 시간제 일자리' 정책은 이명박 정부의 '반듯한 시간제 일자리'의 답습이었다. 2011년 이명박 정부가 시도했던 '시간제 근로자 고용 촉진법' 법제화 시도는 노동계의 반대로 실패한 바 있었다.

표 4-2 **노사정대표자회의의 일자리 협약과 로드맵 주요 내용**

4대 의제	주요 사업 과제 (4·30)	노사정 일자리 협약 (5·30)	고용률 70% 로드맵 (6·3)
① 청년·장년·여성 일자리 기회 확대	• 공공 부문 청년 일자리 확대 • 단계적 정년 연장 : 2017년부터 임금 피크제 연계, 기업 규모별 시행 • 유연한 일자리 확대 : 반듯한 시간제 일자리, 유연 노동제 확대로 여성 취업률 제고	• 2014~16년 공공 기관 정원 3% 청년 채용 • 임금 피크제 도입 • 국공립 보육 시설 확충 • 시간제 일자리 확산	• 공공 기관 정원 3% 이상 청년 의무 고용제(2014~16년) • 4대 사회 서비스 분야 공공 부문 일자리 2만 개 이상 창출(2017년까지) • 양질 시간제 일자리 창출 • 탄력 노동시간제 확대 • 파견 업종 조정(고령 노동)
② 고용 안정 및 노동자 간 격차 해소	• 정리 해고 요건 강화, 노동시간 저축 계좌 제도 도입 • 사내 하도급법 제정 • 정규직 전환 가이드라인 제정	• 인위적 고용 조정 자제 (현행 〈근로기준법〉 정리 해고 조항 나열) • 고임 임직원 임금 인상 자제분 취약 계층 지원	• 사내 하도급법 제정 • 불법 파견 사업장 근로 감독 강화 • 특수 고용 보호에서 엄격한 전제조건 설정
③ 기업 지원을 통한 일자리 창출 기반 조성	• 동반 성장 생태계 조성 • 2·3차 협력사 대금 지급 모니터링 체계 도입 • 중견 중소기업 성과 공유제 활성화	• 기업 규제 합리화, 조세 지원 제도 개선 • 유망 중소기업 지원 강화 • 중견 기업 진입 중소 기업 지원 단계적 축소	• 창업 활성화, 신산업 발굴·육성 • 혁신형 중소기업 육성 • 서비스 산업 선진화
④ 노동시간·임금 체계 개선과 노사정 협력	• 2020년 노동시간 OECD 평균(1700시간대)으로 단축 • 〈근로기준법〉 개정 : 휴일 노동을 연장 노동 한도에 포함, 탄력 노동시간제 확대 • 법질서 준수, 대타협 : 엄격한 법 집행, 노사정위 지원, 복수 노조 노동시간 면제 제도 필요 시 보완 논의	• 노동시간 단축을 위해 건강한 직장 문화 조성 노력 • 직무 재설계 인력 배치 전환 • 직무 성과 중심 임금 체계 개편 • 고임 임직원 임금 인상 자제분 취약 계층 지원	• 2017년까지 1900시간 이하로 단축 • 휴일 노동을 연장 노동 한도에 포함. 단, 예외적 연장 노동 한도 확대 • 임금 직무 체계 개편 지원 • 고임 임직원 임금 인상 자제분 취약 계층 지원 • 노사정 일자리 협약(5·30)

자료 : 노사정대표자회의(2013), 고용노동부(2013).

　　한편 박근혜 정부 노동시장 정책의 중요한 특징 가운데 하나는 개혁 정책을 노동 유연화 강화 정책으로 교묘하게 변질시킨 점이 었다. 예컨대 통상 임금에 관한 대법 판결은 변형 노동시간제를 확대하고 성과 중시 직무급 임금 체계로 개편하는 데 영향을 미쳤다. 또 연장 노동시간 한도에 휴일 노동을 포함하는 문제는 특별 연장 노동 제도를 확대하려는 시도로 나타났으며, 고용률 제고 방안은 시간제 비정규 노동의 확대 방안, 사내 고용 노동자 보호는 불법 파견 합법화로 왜곡되었다. 그나마 개혁 조치로 법제화된 60세 정년 연장은 임금 피크제와 성과급 임금 체계 개편의 근거로 쓰이고 있는 실정이다. 이런 왜곡과 변질에는 정책 수정과 함께 노동부의 행정 지침이 유력한 수단으로 이용되었다. '통상 임금 노사 지도 지침'의 사례가 대표적인데, 이는 대법 판결의 내용을 의도적으로 왜곡했다고 비판받고 있다.

3) 노사 관계 정책의 흐름

노사 관계 정책의 흐름은 상대적으로 더 선명하게 나타났다. 선거 직후 '노사 자율'과 '불법행위 근절'을 주장하던 박근혜 후보는 집권 이후 법률적 수단은 물론 초법적 수단들까지 총동원해 노동운동을 압박했다. 구체적인 쟁의들에서 개별 자본의 요구를 수용했을 뿐만 아니라 근본적으로 민주 노조 운동을 무력화하기 위한 여러 노력이 진행되었다. 민주 노조 운동 자체에 대한 공세는 박근혜 정부 노사 관계 정책의 중요한 특징이었다. 선거 공약 이행 거부, 노사정 대타협의 실상, 노조에 대한 공세와 정치 공작 등으로 나누어 살펴볼 수 있다.

먼저 대선 과정에서 박근혜 후보는 몇 가지 현안 쟁점들에 대해 긍정적인 답을 내놓았지만 당선 이후 이를 무시했다. 대표적으로 쌍용자동차 정리 해고 사태를 국정조사로 다루겠다는 약속은 선거 이후 여야 6인 협의체 논의로 떠넘김으로써 파기했다. 또 박근혜 후보는 2012년 하반기 공무원노조가 주최한 5만 명 집회에서 합법화를 약속한 바 있었다. 공무원노조 합법화는 집권 이후에도 노동부와의 실무 교섭이 순조롭게 진행되었으나 최종 단계에서 청와대의 반대로 무산되었다.

박근혜 정부는 대선 공약에서는 물론 누차 노사정 대타협으로 노동문제를 처리하겠다고 공언하고 노사정위원회 회의에 참여하기도 했으나 말과 현실의 괴리는 컸다. 집권 이후 노동계가 강하게 반대하는 인물을 노사정위원회 위원장으로 임명한 것은 그 시작이었다. 이후 위원회는 민주노총의 불참을 방치하고, 민주노총에 대한 공권력 침탈 이후 한국노총마저 불참 입장으로 돌아서자 무기력한 조직에서 벗어나지 못했다. 철도 파업 및 민주노총 침탈과 같은 전국적 쟁의 사안은 물론 공무원노조 및 전교조 문제, 손해배상·가압류, 노동시간 단축이나 노동시장 제도 개편 등 제도적 사안에 대해서도 공약은 전혀 영향을 미치지 못했다.[16]

박근혜 정부의 노사 관계 정책은 민주 노조 운동을 공세적으로 탄압하는 국면에서 가장 활발히 진행되었다. 먼저 현대자동차 사내 하청 불법 파견 문제에 대해 비정규 노조와 시민사회가 거세게 비판했음에도 이를 방치했다. 현대자동차 정규직 노조에 대해서도 각종 이데올로기 공세를 펴 사안을 왜곡하기도 했다. 철도노조의 합법적인 민영화 반대 투쟁을 공작 차원의 수순을 밟아 강제

---

16 박근혜 대통령은 수차례 '한국형 노사 협력 모델'과 같은 수사를 사용한 바 있었다. 한편 노사정위원회를 대신하거나 우회한 중앙 협의 정치로는 2013년 5·30 노사정대표자 회의의 일자리 협약 체결, 2014년 초반 국회 환경노동위원회가 주도한 '노사정 소위' 등이 있었다. 이런 정치과정 자체가 노사정위의 무력함을 드러냈다.

진압한 것은 물론 민주노총 사무실을 무단 침탈하기도 했다. 10년 넘게 합법 노조로 활동한 전교조에 대한 법외노조 처분은 정부의 탄압이 정확히 민주 노조 운동 전체를 향하고 있음을 보여 주었다.[17]

전교조 문제와 함께 진보 정당에 대한 정치 공작은 이명박 정부 등 이전 정부 정책과도 구별되었다. 2013년 집권 직후부터 국정원의 대선 개입 문제로 곤경에 처한 박근혜 정부는 정치적 반전 카드로 이석기 사건을 터뜨렸다. 정치 공작의 일환으로 볼 만한 일이지만 이석기 의원 내란 음모 사건과 통합진보당 정당 해산 명령은 민주화 이후 초유의 일이었다. 국정원 선거 부정 사건을 회피하는 정치적 수단으로 동원되기는 했으나, 법률과 이데올로기를 동원한 노동통제의 강도 측면에서는 새로운 점이 있었다. 또 박근혜 정부는 대통령이 나서서 "저항하면 책임을 묻겠다"며,[18] 공공 부문 노동조합을 전면적으로 공격하기에 이르렀다.

한편 정부의 노골적인 노동 배제 전략은 몇 가지 장벽에 부딪히기도 했다. 우선 민주 노조 운동의 강력한 저항 외에도 사법기

---

17 이 모든 노동 탄압은 청와대가 기획하고 국정원·검찰 등 국가 내 수구 공안 세력이 진행한 것으로 보인다. 2013년 8월 초 김기춘 비서실장 선임은 그 전환점이었다. 7월까지 공무원노조 합법화 실무 접촉이 실제로 활발히 진행되었던 것과 달리 8월 이후 정부의 노동정책은 강공 일변도로 바뀌었다.

18 2014년 2월 10일 국무회의에서 확인된 발언이다. 정부는 개별 사업장의 단체협약 사례를 들어 공공 부문 노동자가 '철밥통'을 찬 이기주의 노조라고 끊임없이 홍보·선전했다. 철도, 가스 및 의료 민영화를 포함해 공공 부문 민영화와 구조 조정은 노무현 정부 이래 지배 자본의 가장 강력한 요구 사안이었다.

관의 판결이나 국제 기준 등에 따른 제약 및 여론 악화 등에 의해 제한받았다. 전자에 해당하는 경우로는 현대자동차 등의 불법 파견 문제, 진보 정당 탄압, 전교조 법외노조 공작, 통상 임금 문제 등이 대표적이다. 이 같은 노동기본권 억압은 민주주의 체제라는 정치 질서와 정면으로 배치되고 국제 기준에도 부합하지 않으므로, 통제 효과의 한계 또한 뚜렷하다. 그리고 후자의 경우는 철도 노조 파업 및 민주노총을 탄압한 사례가 대표적이다. 노무현·이명박 정부 시기 철도 파업 진압에서와 달리 여론은 결코 정부에 우호적이지 않았던 것이다. 민주노총 침탈 이후 정부는 서둘러 후퇴해야 했다.

요컨대 노사 관계 정책의 큰 흐름은 매우 단순했다. 박근혜 정부는 이명박 정부 이상으로 일관되게 노동 배제 전략을 실행했다. 특히 전교조 법외노조 공작, 민주노총 침탈 등 노동기본권에 대한 노골적인 공격이 민주 노조 운동 자체를 향하고 있음이 드러났다. 이는 1987년 체제와 민주화 이행 자체를 부정하는 행동으로, 곧 자유민주주의 정치 질서를 넘어서려는 시도로 이해될 수도 있다.

4. 법치주의와 박근혜 정부

1) 법치주의 노동 정치의 확장 : 노사 관계의 사법화

박근혜 정부의 노동정책에서 가장 두드러진 현상은 '법치주의'의 강화였다. 1990년대 중반 이후 정부들의 노동정책에서 빠지지 않는 구호였던 '법과 원칙'에 의한 노동 행정의 집행을 말한다. 좀 더 구체적으로 말한다면 노사 간의 자율적 교섭이나 정치적 타협을 통해 진행되던 노사 관계를 국가의 법적 규율로 엄격하게 통제했다. 1980년대 영국 대처 정부의 신자유주의 노동통제에서 핵심적인 장치였고 한국에서는 대체로 1990년대 중반 이후 급격히 확대된 통제 방식이었다.[19]

법치주의의 중요한 특성은 권력의 통제나 억압이 '법의 외관 속에서 은폐, 엄폐'되면서 '법의 집행자, 곧 권력이 스스로 입법자가 되는 현상'을 동반한다는 점이다.[20] 법적 쟁송의 실체가 정치나 노사 관계에 있음에도 국가는 의도적으로 문제의 핵심을 법리 논쟁으로 축소하며 왜곡한다. 그리고 더 나아가 법적 내용을 사법부가 판단하기 이전에 행정 권력을 동원해 미리 선점해 규정하고, 이를 통해 노동의 선택지를 제한하거나 이를 위반하는 노동을 법의 이름으로 제재하는 일이 일상화된다.

이런 법치주의의 확대로 말미암아 과거에는 법적 규율 밖의 정치적·사회적 과정으로 해결되었던 사건들이 법적 다툼으로 해결

---

19 1980년대 내내 대처 정부는 노동법 개정과 제정을 통해 강한 통제 장치를 구축했다. 노조 불인정, 노조 면책특권 제한, 불법 파업 시 노조 기금 압수, 파업 시 비밀투표 의무화, 노조 업무 재정에 대한 정부 통제, 노조 불법행위에 대한 사용자 권한 강화, 해고 규제 완화 등 그 내용이 매우 방대했다. 이 가운데 상당수가 1990년대 중반 이후 신자유주의 한국 사회에 수입되었다. 영국 법치주의에 대한 자세한 내용은 마시(Marsh 1992) 참고. 한국 법치주의 도입 과정에 대한 논의는 노중기(2010b) 참고.

20 한상희(2014)는 이를 '법의 지배'rule of law로부터 '법에 의한 지배'rule by law로의 전환, 또는 '정치의 사법화' 현상이라고 불렀다.

되는 일이 늘어난다. 예컨대 갈등하는 노사관계는 많은 경우 제도적 교섭이나 정치적 거래와 약속, 그리고 쟁의나 폭력적 억압으로 해결되어 왔다. 그러던 것이 모두 법적 절차 속에서 법원의 판결로 해소되는 일이 늘어나는 것이다. 이는 '노사 관계의 사법화'라고 할 만하다.[21]

한국 사회에서 법치주의가 상징적으로 드러난 중요한 사례 중 하나는 손해배상 청구 소송과 가압류 문제였다. 이미 김대중 정부 시기에 심각한 사회적 문제로 부각되었던 손해배상 및 가압류는 수구 정부를 거치면서 가장 중요한 통제 장치로 확산되었다. 예컨대 2013년 말 민영화 반대 파업을 벌인 철도노조는 152억 원이라는 천문학적 손해배상 소송을 당했다. 특히 이명박 정부 이후 수구 정부에서 두드러지는 점은 국가가 기업으로 하여금 손해배상 소송 청구를 종용하고 경찰 등 행정기관이 직접 손해배상을 청구하는 일이 제도화되었다는 점이다. 또 과거 노동조합이나 조합 간부에게 제기되었던 소송이 이제는 노동자 개인에게도 일상적으로 제기되고 있다.[22]

---

21 신은종(2014)은 한국 노동 정치에서 진행되는 '노사 관계의 사법화' 문제가 입법부와 사법부에 대한 대기업의 영향력으로 말미암은 불평등, 노사 자치 역량 위축, 민법 원리에 입각한 시장주의 확대로 나타난다고 지적했다. 현상적으로 타당한 지적이지만 '노사 관계의 사법화'는 좀 더 근본적인 신자유주의 지배 전략과 연관되어 있음을 간과하는 듯하다.

22 김대중 정부 말기 이래 손해배상 소송은 많은 노동자들의 자살 원인이 되었다. 예컨대 2003년 배달호·김주익을 희생시킨 한진중공업은 2013년에는 최강서를 죽음으로 몰아넣었다. 민주노총이 자체적으로 집계한 손해배상 청구 소송 금액 총계는 1251억 원이

또 전교조와 공무원노조에 대한 법외노조 공작도 법적 수단을 매개로 했다. '해고자의 조합원 자격'을 문제 삼아 진행된 전교조와 공무원노조에 대한 기본권 억압은 법원의 보수성에 의해 뒷받침되었다. 공무원노조와 전교조의 불법화는 1987년 이후 역사적 과제였던 노동 민주화와 노동기본권 회복이 역전된 것으로 그 의미가 적지 않다. 그리고 비슷하게 통합진보당에 대한 공안 기구의 정당 해산 공작도 법적·제도적 정당성에 기반해 진행되었다. '진보 정당' 탄압 또한 노동계급 및 일반 시민의 정치적 기본권을 본질적으로 제약한다는 점에서 박근혜 정부의 노동 억압 강도를 잘 보여 주는 사례였다. 2013년 하반기에 본격화된 공공 부문에 대한 전 방위적 압박도 〈공공기관운영법〉(공공기관의 운영에 관한 법률) 등 법적 통제 장치를 매개로 한 것이었다.

한편 정부 기관의 행정 지침 남발은 법치주의의 확장을 보여 주는 또 다른 사례가 된다. 박근혜 정부는 법적 근거가 없는 행정 지침을 자의적으로 생산·공표하고 법률적 효력을 갖는 것처럼 운용했다. 고용노동부가 발표한 「통상임금 산정 지침」(2014/01/23), 「임금 체계 개편 매뉴얼」(2014/03/19) 등이 대표적이다. 전자는 대법 판결을 자의적으로 해석해 왜곡했고, 후자는 자본이 요구하는 성과급 임금 체계 전환을 정책적으로 뒷받침해 추진했다. 둘 다 독점 대자본의 경제적 이해와 밀접히 연관된 사안으로, '법적 모

며 가압류 총계는 179억 원에 달한다. 조직별로는 주로 금속노조, 공공노조, 언론노조와 총연맹에서 발생했다. 민주노총(2014a) 참고.

호성과 불확정성'과 '법 해석의 여지'를 정확하게 공략하는 법치주의 노동통제의 효율성을 여실히 드러냈다.[23]

1980년대 이후 영국과 1990년대 중반 이후 한국 사회에서 진행된 법치주의는 파시즘이나 군부독재의 초법적·탈법적 폭력과는 크게 대비되는 지배 양식이다. 법치주의는 그것이 아무리 형식적일지라도 국민 다수의 동의 과정, 곧 의회의 법적·정치적 절차를 거쳐 형성된 법으로 제한된다. 법적 결과의 실행 과정도 법률에 따라 규정되어 제한된다. 따라서 지배계급과 국민 다수의 절차적 동의와 무관하게 법을 초월해 폭압적 권력을 일상적으로 행사하는 파시즘 군부독재와는 뚜렷이 구분될 수 있다. 법치주의의 이 같은 특성은 곧 '법치주의의 한계'라는 고유한 특징을 산출한다.

2) 법치주의 노동 정치의 한계와 노동 유연화

자본주의사회에서 법적 지배는 상당한 효율성을 발휘하나 여전히 불완전하며 그런 만큼 계급 세력들 간 다툼의 장을 구성한다(풀란차스 1994: 노중기 2010b). 여기서 법치주의가 노동과 국가-자본 모두에게 적용되는 '양날의 칼'이라는 점이 가장 중요하다.

법은 일차적으로 노동계급을 규율하는 계급 편향적인 지배 장

---

23 「통상 임금 산정 지침」의 법률적·현실적 문제점에 관해서는 민주노총(2014b: 2014d) 참고. 「임금 체계 개편 매뉴얼」에 관한 비판은 〈매일노동뉴스〉(2014/03/21) 참고. 법적 모호성과 불확실성, 해석 여지에 대해서는 풀란차스(1994) 참고.

치이다.[24] 그렇지만 법적 정당성은 지배하는 국가나 지배 세력의 행동 또한 법 규정의 한계 내로 일정하게 제약한다. 또 노동운동의 입장에서 법은 권리를 보장하나 이것은 법의 테두리 내에서만 그러하며 이를 벗어난 행동은 국가권력의 정당한 권력 행사에 의해 제재된다. 그러므로 법치주의는 노동운동에 강한 통제력을 발휘할 수 있지만, 동시에 일정한 한계를 내장한다.

앞 절에서 살폈듯이 박근혜 정부는 법을 앞세운 노동 행정의 영역을 크게 확장했다. '노사 관계의 사법화'가 확대되면서 법적 조치의 중요성은 더욱 커졌고 범위도 크게 확장되었다. 공무원·교원의 단결 금지 조치는 기본권 억압이 아니라 법적 질서와 원칙을 바로잡는 일이 되었다. 또 경영상 정리 해고와 천문학적 액수의 손해배상·가압류는 합법적으로 노동자의 생존권을 박탈하는 수단이 되었다. 비정규 노동자 관련 법은 비정규 노동자들의 권한을 최소한으로 제한하는 합법적인 장치였으며, 특수 고용 노동자 등 특정 비정규 노동자 집단의 노동기본권을 합법적으로 억압했

---

24 이 계급 편향성은 법치주의의 '전략적 선택성'으로 불릴 수 있으며 구체적으로는 다음과 같다. 첫째, 특수 고용과 같이 법적 규제가 없을 경우 시장주의 원칙이 작용해 자본에 유리하다. 둘째, 법 해석에 동원되는 권력 자원이 노동에 매우 불리하다. 예컨대 자본주의사회에서 법원·검찰·경찰·행정기관은 모두 자본 친화적이며 국가는 엄청난 인력과 자원을 전문적 기관에 투입해 자본 편향적 법 해석을 생산한다. 셋째, 법 집행에서도 법적 과정의 복잡성으로 말미암아 자본에 유리하다. 예컨대 노동위원회 2심과 법원 3심에는 많은 시간과 자원이 투입되어야 하므로 노동 측은 구조적으로 불리하다. 마지막으로 법을 둘러싼 사회적 조건도 대개 노동 측에 불리하다. 여기에는 사회 여론과 이데올로기, 언론기관과 연구 기관 등의 역할이 중요한데 일반적으로 노동 측에 결코 유리하지 않다.

다. 특히 노동법이 허용하고 있는 단체행동권은 〈형법〉의 업무방해죄와 〈민법〉의 손해배상·가압류로 봉쇄되었으며, 복수 노조 창구 단일화는 기초적인 단결권마저 크게 제약하고 있다. 마지막으로 통합진보당 정당 해산명령에서 나타나듯이 법은 이제 1987년 민주화 운동의 중요한 성과 가운데 하나인 노동자의 정치 활동마저 옥죄는 수단으로 이용되었다.

그러나 박근혜 정부 노동정책의 특성을 이해하기 위해서는 법이 가지고 있는 또 하나의 얼굴을 고찰하는 것이 더 중요하다. 법은 노동운동뿐만 아니라 국가와 자본의 행동 또한 제재한다. 사실 박근혜 정부 시기에 들어와서 법치주의의 한계는 더욱더 선명해졌다.

법을 앞세운 노동 행정의 한계를 구체적으로 세 가지 유형으로 나누어 볼 수 있다. 첫째, 법원의 판결에 따른 한계이다. 대표적으로 2010년 현대자동차 불법 파견 판결, 2012년 통상 임금 확대 판결과 삼성전자 백혈병 산업재해 판결, 2013년 쌍용자동차 정리해고 불법 판결 등이 있었다. 또 휴일 노동의 연장 노동시간 포함 문제도 있다. 대법원의 최종 판결로 효력이 확정되거나 될 예정인 이 판결들은 자본의 이해를 관철하고 시장주의를 전면화하고자 했던 국가의 노동통제 전략에 상당한 걸림돌로 작용하고 있는 것으로 보인다.

박근혜 정부 노동정책의 특징은 법을 앞세운 노동 행정이 야기한 이 같은 한계에 대해 정부가 대응한 방식이었다. 정부는 자본에 막대한 경제적 비용을 불러일으킬 만한 법원 판결에 대해 다양한 방식의 역공을 시도했는데 대개 그것은 신자유주의 노동시장 유연화의 확대로 나타났다. 예컨대 정기 상여금을 통상 임금에 포함하라는 판결에 대해 정부는 임금 체계를 성과 직무급으로 개편함으로써 대응하고 있다.[25] 수세 국면을 공세적 역공으로 타개하려는 전략이었다. 또 휴일 노동의 연장 노동 포함에 대해서는 변형 노동시간제 확대, 연장 노동시간을 확대하는 특별 노동시간제, 특례 업종 재조정, 노동시간 계좌 저축제 등의 노동 유연화 확대로 맞대응했다. 그리고 현대차 불법 파견 판결에 대해서는 '사내 하청노동자 보호법'이라는 이름하에 일정 조건 위에서 사내 하청 불법 파견 노동을 합법화하려는 시도를 이어갔다.

둘째, 과도한 법치주의 행사가 시민사회와 국내외 여론의 반발에 부딪히는 경우도 많았다. SJM 등 용역 폭력 사태와 국가의 비호, 업무방해죄를 적용한 철도노조 파업 파괴와 손해배상 소송, 민주노총 무단 침탈, 전교조 법외노조 탄압 등이 대표적인 사례이다. 주로 노동조합을 억압하는 과정에서 행사된 법치주의 행정이었으나 상식을 벗어난 법 집행이 상당한 비판과 비난을 불러왔다.

셋째, 법치주의가 딜레마 상황에 빠진 경우도 있다. 파견 노동자 제도, 특수 고용 노동문제 등 비정규 노동 일반이 이런 상황인 듯하다. 현실과 법적 규정이 충돌하거나 현실에 대응하기 위한 법적 장치가 불충분한 상태에 있는 경우가 이 같은 딜레마 상황이

---

25 재계는 통상 임금 판결에 따라 발생하는 비용이 38조 원에 이른다고 과장하며 반격했다. 대통령은 GM대우자동차 회장의 건의를 받아들이는 방식으로 이 문제를 '해결하겠다'고 공언했으며 고용노동부는 2012년 12월 대법 판결이 나오자 한 달도 지나지 않아 판결 내용을 의도적으로 왜곡하는 행정 지침을 배포했다(민주노총 2013b; 2014a; 2014b 참고).

다. 법치주의는 현실과 무관할 수 없다. 시장주의 노동 정치에서 희생되고 있는 비정규 노동은 적극적으로 비非국민으로 규정되지만, 그럼에도 국가는 이들을 보호하라는 시민사회 여론의 지속적 압력을 받고 있다. 또 총자본의 장기적 이해를 고민해야 하는 국가의 객관적 기능과도 연관된다. 신자유주의 법치주의는 그런 의미에서 형용모순적인 상황에 빠져 있다. 특수 고용 노동자에 대한 사회보험 확대, 공공 부문을 포함한 비정규 노동의 정규직 전환과 처우 개선, 삼성전자 하청 노동자 등 비정규 노동자의 단결권 보장, 정리 해고 요건 강화와 노동시간 축소 등의 문제들은 모두 이 딜레마 상황의 산물이다. 현재 국가는 다양한 쟁점들에서 현행법을 고수할지, 또는 개정 및 제정할지의 딜레마 속에서 복잡한 정치적·경제적 계산을 수행하고 있다.

요컨대 신자유주의 법치주의는 일방적인 것이 아니다. 그것은 그 정도와 내용은 다를 수 있으나 노동과 자본 모두에게 위기이자 기회라는 이중적 측면을 띤다. 법치주의 그 자체는 노동계급에게 일방적으로 불리한 것은 아닐지도 모른다. 법치주의는 법적 도전을 허용하는 지배 방식이기 때문이다. 법치주의의 손익계산은 특정한 정치적 지형과 주체들의 전략 선택과 연관되어 있다. 박근혜 정부는 이런 도전을 신자유주의 노동시장 유연화로의 왜곡(또는 물 타기), 법적 원칙 고수, 또는 정치적 기회 구조에 대한 복잡한 계산과 선택으로 대응하고 있는 것으로 보인다.

5. 종속 신자유주의 지배 전략의 통제 효율성
: '파시즘론' 비판

박근혜 정부의 노동통제 전략이 신자유주의의 '법치주의'에 의존하고 있다는 사실은 이를 '파시즘'이나 '파시즘적인 그 무엇'으로 설명할 수 없는 가장 중요한 이유가 된다. 파시즘의 경우 "자본주의적 지배 중심이 노동과정 및 법 체제의 영역으로부터 벗어나 독재적 권력 내부로 이전되었음을 의미"하기 때문이다. 구체적으로 역사적 파시즘은 노동조합과 노동 정당을 사회 내 독립적 존재로서 인정하지 않을 뿐만 아니라 이를 적극적으로 폐기하려 했다.[26]

그러므로 세밀한 법적 검토를 거친 노동통제가 일상화되고 법적 장치에 의존해 이루어지는 노동 정치를 파시즘으로 규정할 수는 없다. 또 법치주의의 한계에서 살폈듯이 법적 규율을 둘러싼 노사정 간의 치열한 줄다리기는 그 자체가 노동을 포섭하는 통제 효과까지도 갖고 있다.[27] 따라서 파시즘이나 군부독재의 부활이라는 평가는 현실과 부합하지 않는다. 적어도 노동정책에서는 박근

---

26 자세한 내용은 티모시 메이슨(2000, 2장) 참고. 그는 독일 나치즘 사례를 통해 파시즘 도래의 사회경제적 배경, 아래로부터의 대중운동, 노동조합과 정당의 폐절 등의 과정을 자세하게 정리했다. 이것과 대비하면 한국의 노동 정치에서 파시즘 논의는 너무 이른 것으로 보인다.

27 노동 주체가 운동이 아니라 법원에서 문제를 해결하려는 경향이 늘어난다. 이는 노동 운동의 관점에서 보면 체제 포섭의 결과로 이해될 수 있다.

혜 정부의 지배 전략을 '구조적 파시즘'(김동춘 2014), '사회적 파시즘과 정치적 자유민주주의'(박노자 2014), '파쇼적인 것'(박영균 2013)으로 규정할 수는 없다.[28]

그런데 기존의 '파시즘'론들은 박근혜 정부가 꼭 파시즘이라고 규정하지는 않았다. 뭔가 다르거나 부족하다는 인식이었다. 그리하여 '파시즘 체제'와 구별되는 '구조적 파시즘과 파시즘적인 현상', '박근혜표 파시즘', '파쇼적인 것' 등 제한적 규정이 동원되었다. 이런 제한이 표현하려는 바는 박노자(2014)의 경우처럼 '정치적 자유민주주의 제도가 여전히 작동하고 있다'는 점을 부정하기 힘든 조건에서 반민주적 억압을 설명해야 했기 때문이었다.

4절에서 살폈듯이 이런 문제는 기존 논의들이 자유민주주의, 정치적·절차적 민주주의 또는 법치 질서라는 개념 범주의 폭을 너무 협소하게 잡고 있기 때문에 발생했다. 법치주의는 말 그대로의 '법과 원칙'의 세계가 아니다. 세련된 법정의 논리적 세계이기도 하지만, 법을 둘러싼 정치 공작과 협잡, 기만과 선동, 그리고 폭력이 난무하는 세계이기도 한 것이다.

그럼에도 박근혜 정부의 노동정책이 파시즘이나 그와 유사하게 느껴지는 데는 나름의 이유가 있을 것이다. 예를 들면 자의적인 법 해석과 일상적인 노동기본권 유린이 진행되고 있지만, 이에

---

28 정부의 정치적 성격을 규정하기 위해서는 노동통제 전략 외에도 다양한 정책 부문에 대한 평가, 특히 정치적 지배 양식에 대한 논의가 종합되어야 한다. 따라서 이 장의 논의는 노동 부문에 국한되는 제한적인 의미만을 갖는다.

대한 저항은 흔히 무기력했고 그마저도 손쉽게 진압되었다. 또 가혹한 법치주의의 실행에도 불구하고 시민사회는 물론 노동운동 내부에서도 저항의 동력은 점차 소실되고 있다는 것도 하나의 이유이다. 우리 사회에서 법치에 기초한 억압적 노동 행정은 집권 세력에 거의 정치적 부담이 되지 않고 있으며, 그 반대의 효과마저 발생하는 것으로 보인다. 요컨대 정부 정책의 통제 효율성이 매우 높게 나타난다는 점이다.[29]

이 문제와 관련해 두 가지를 검토할 필요가 있다. 첫째는 신자유주의 사회 일반에서 나타나는 법치주의 노동통제 전략의 통제 효율성 문제이며, 둘째는 '종속 신자유주의' 사회로서 한국 사회가 보여 주는 특수한 성격에 대한 검토이다.

먼저 김동춘(2014)이 지적했듯이 현재 전 세계적으로 나타나는 정치적 우경화 현상 및 노동운동의 구조적 퇴락 현상은 신자유주의의 모순과 긴밀히 연관되어 있다. 그것은 노동 유연화에 저항하는 노동계급에 대한 한층 강화된 배제와 억압으로 나타났으며 파시즘과는 엄밀히 구분되어야 한다.[30] 즉 형식적 자유민주주의 정치 질서의 기반 위에서 진행되는 노동통제였던 것이다. 법치주의

---

29 주지하듯이 2013년 하반기 전교조 법외노조 공작과 통합진보당 정당 해산명령은 국정원 선거 부정 사건을 희석하려는 정치 공작의 일환이었다.

30 영국 대처주의 논쟁에서 홀은 이를 '권위주의적 포퓰리즘'authoritarian populism으로, 제솝은 '두 국민 헤게모니 전략'으로 규정한 바 있다. 그러나 둘 다 두 체제를 초법적 폭력 체제인 파시즘과는 무관한 것으로 파악했다. 그리고 일찍이 풀란차스는 서구 자본주의 국가의 이런 성격 변화를 '권위주의적 국가주의'authoritarian statism로 규정했다.

의 통제가 서구와 한국 모두에서 매우 효율적이었던 것은 신자유주의 체제 전략의 소산이었다.

그 지배 기제는 제솝(Jessop 1990)의 '두 국민 전략' 개념으로 좀 더 구체적으로 설명할 수 있다. '두 국민 전략'은 사회민주주의 체제의 노동 포섭 전략, 곧 '한 국민 전략'과 구별되는 새로운 지배 전략이었다. 그것은 국민을 둘로 나누어 시장 경쟁의 '정당한' 승리자와 패배자로 만드는 지배계급의 '헤게모니'가 관철되는 지배 체제이므로 파시즘의 노골적인 폭력 체제와는 거리가 멀었다.[31]

노동시장 유연화 조치와 법치주의를 뒷받침했던 것은 신자유주의 지배 이데올로기였다. 시장 경쟁과 거래의 자유, 규제 완화, 효율성과 생산성, 소유권 중시, 경제성장과 국가 경쟁력 이념 등 시장주의 이데올로기가 가혹한 '법치'의 전제조건이었다. 영국에서 1970년대 경제 위기에 대한 이념 논쟁에서 신자유주의자들이 승리한 것이 결정적이었다면 한국에서는 초국적 자본의 이념이 선진화 이데올로기로 현상해 전 사회를 지배했던 1997년 외환 위기가 전환점이었다.

또 법치주의는 시장주의 유연화 전략에 따라 패배한 사회집단을 적극적으로 분할 지배하는 사회적 통제 기제로 작용했다. 영국

---

31 서구 신자유주의의 조절 양식 중 가장 중요한 것이 '법치주의'임에 유의해야 한다. 대처 정부에서 나타났듯이 서구 신자유주의에서 노동 배제는 법적 정당성 확보를 전제했고 이는 한국의 신자유주의와 법치주의에서도 그대로 되풀이되었다. 또 법치주의는 노동시장 유연화에 따라 필연적으로 발생하는 패배자의 문제 제기나 저항 세력을 제압하는 이데올로기적·물질적 기제였으므로 신자유주의 체제를 구성하는 핵심 요소이다.

에서는 정리 해고 노동자, 복지 수혜자, 여성 노동자, 비정규 노동자, 이주 노동자가 차별의 대상이었다면 한국에서는 비정규 노동자, 여성 노동자, 중소·영세 노동자, 소규모 자영업자가 해당되었다. 이 '2등 국민'들의 패배는 시장 원리에 따른 정당한 결과이므로 이 결과에 저항하는 것은 다시금 '법과 원칙'으로 엄격히 규율되어야만 했다. 요컨대 법치주의는 전체 국민 대중의 신자유주의 이념에 대한 수용과 동의를 전제로 작동한 지배 양식이었다.[32]

예컨대 박근혜 정부의 대표적 노동 이데올로기는 '일자리 이데올로기'였다.[33] 이는 노무현 정부 이래 핵심 통제 수단이었지만 박근혜 정부에 와서 '고용률 70퍼센트', '일자리 늘/지/오', '양질의 시간제 일자리' 등으로 크게 확대되었다. '일자리'는 구직난에 허덕이는 청년과 중장년 노동자들에게 절박한 문제였고 박정희 시대의 경제성장, 고용 확대 기억과 접합되어 그 효력을 배가했다. 그것은 신자유주의 모순을 은폐할 뿐만 아니라 나아가 적극적으로 '2등 국민'의 지지를 동원하는 기제로 작동하고 있다. 이런 조

---

32 그러므로 박근혜 정부가 말하는 '비정상의 정상화', '국가 개조'는 신자유주의 이데올로기에 동의하지 않는 잔여 사회 세력에 대한 전면적 억압과 배제를 뜻한다. 이 밖에도 국가는 전통적인 반공(반북) 이데올로기와 제한적 온정주의(기초연금 등 제한적 복지 확대, 비정규 노동자 보호, 노령·청년·여성 노동자 보호) 이데올로기를 동원하고 있다. 그것은 시장주의·법치주의 이데올로기와 접합되었고 그 한계를 보완하는 보조 통제 장치로 작동했다.

33 일자리 이데올로기는 신자유주의 시장 이념의 하위 이데올로기이다. 시장주의 성장 이데올로기 그 자체이기도 하지만, 다른 한편으로 신자유주의의 분할 지배와 양극화, 고용 위기를 은폐하고 무마하는 중요한 통제 기제이기 때문이다.

건에서 일탈하는 '2등 국민'에 대한 '법치주의' 통제는 기본권 억압이기보다는 '정상 사회'를 만드는 국가의 정당한 행정 집행이 된다.

다음으로 통제 효율성과 관련해 고찰해야 하는 두 번째 주제는 한국 사회의 특수성 문제이다.[34] 주지하듯이 서구의 신자유주의는 한 국민 전략에서 두 국민 전략으로의 이행이었다. 이것은 포드주의 체제로부터 신자유주의 체제로 축적 체제가 이행한 데 조응했다. 또 전후 30년에 걸친 한 국민 전략 속에서 지배 세력이 노동계급에게 양보했던 정치권력과 경제적 자원을 회수하는 과정으로 볼 수 있을 것이다. 토머스 험프리 마셜의 개념으로 보면 확장된 사회권을 제한하고 그 일부를 회수하는 시민권의 축소 과정이었을 뿐 시민권 자체를 부정한 것은 아니었다. 따라서 1980년대 이래 서구 노동계급이 상당한 법적 권리와 물적 자원을 상실했으나 오늘날 우리가 보는 바와 같이 사민주의 체제의 유산은 여전히 유럽의 노동 정치에서 중요한 설명 요인이 되고 있다.

반면에 한국에서 신자유주의 체제로의 이행은 군부 파시즘 체제의 무권리와 노동 배제로부터 두 국민 전략으로의 이행이었다는 점에서 차이가 크다. 1987년 체제 10년의 과도기와 민주 정부 10년의 기간이 있었으나 이를 한 국민 전략으로 이행했다고 볼 수 없다는 점이 지적되어야 한다.[35]

---

34 뒤이은 서술에 관한 더 자세한 논의는 노중기(2010b, 18~27) 참고.
35 민주 정부 10년을 '한 국민 전략'으로 해석한 연구로는 손호철(2010) 참고.

민주 정부 10년은 신자유주의 체제로의 이행기였다. 이명박 정부에서 완성된 신자유주의 노동체제에서 두 개의 기둥은 노동 유연화와 법치주의였고 이는 본질적으로 서구의 신자유주의와 다르지 않았다. 다만 한 국민 전략과 노동계급 포섭의 역사적 경험이 없다는 조건 탓에 그 본질이 구체적으로 드러나는 형태가 상당히 달랐을 뿐이다. 그러므로 한국의 신자유주의는 두 국민 전략의 노동 배제가 여전히 해체되지 못한 군부독재 및 분단 체제의 유산과 중첩되어 발현된 데 중요한 특수성이 있다. 곧 군부 파시즘 체제에서 연원하고 민주화 이후에도 완전히 청산되지 못한 탈법적·초법적 노동 탄압의 제도 및 관행이 민주화 이후의 신자유주의 법치주의로 다시금 활성화되는 측면이 있었던 것이다. 이것이야말로 심각한 노동기본권 탄압이 가능했던 역사적·사회적 배경이다.

　결국 상당한 정도의 반민주성과 억압성에도 불구하고 박근혜 정부의 노동통제 전략은 절차적·정치적 민주주의 체제의 한계 내에 있다. 파시즘과 신자유주의의 법치주의는 양립할 수 없다. 과거 군부 파시즘 체제에서 횡행했던 통제 수단이 되살아나고 있고 억압의 강도도 높으나 그것은 여전히 법적 한계 내에서 법적 정당성에 기초해 진행되었다. 특히 신자유주의 체제의 이데올로기와 양극화된 사회구조 자체가 가혹한 법치를 뒷받침했음을 확인할 수 있었다.

6. 결론

이 장에서는 박근혜 정부 노동정책의 주요 내용을 정리하고 그 성격을 규명하고자 했다. 신자유주의 노동 유연화와 법치주의에 기초한 박근혜 정권의 노동통제는 이전 정부들과 연속적이지만 그 강도는 매우 강했다. 특히 국정원 등 공안 기관의 행태와 전교조 법외노조 공작, 진보 정당에 대한 탄압 공작을 보면 과거 군부 독재의 파시즘적 억압을 연상하게 된다.

그러나 적어도 노동 정치에 관해서는 박근혜 정부를 파시즘으로 규정하는 것은 타당하지 않다. 박근혜 정부의 노동 억압은 신자유주의 법치주의에 기초했고, 그것은 변형되었으나 근본적으로 민주주의 정치 질서에 기반한 것이었다. 또 서구 신자유주의와 마찬가지로 시장주의 이데올로기를 매개로 국민들로부터 상당한 수준의 동의를 이끌어 내는 방식의 통제 장치였기 때문이었다. 다만 한국 사회의 특수성은 사민주의 경험이 없는 신자유주의 억압, 여전히 잔존하는 분단 체제의 민족 모순이 낳은 효과 때문에 발생했다고 해석할 수 있었다.

지난 20여 년간 지속된 신자유주의 지배는 지금 최대의 통제 효율성을 발휘하고 있는 듯하다. 비록 내적인 모순으로부터 자유롭지는 않을지라도 모순의 구체적인 궤적까지 미리 논의하기는 매우 어렵다. 다만 이 장에서의 논의로부터 약간의 정책적 함의를 도출할 수는 있다.

먼저 '노사 관계의 사법화' 문제이다. 지금 노동운동에서는 수세 국면에서 국가와 자본이 강요하는 법치주의를 따르는 양상이 부분적이나마 나타나고 있다(한상희 2014; 도재형 2014). 교섭과 정치적 세력 관계로 해결해야 할 노사 관계 의제들을 법원에서 쟁송으로 해결하려 하는 것이다. 한층 치열한 법적·정책적 대응이 필요하지만, 대응 전략의 기조는 언제나 법적 대응을 넘어서는 운동의 차원에서 기획될 필요가 있다.

둘째, '파시즘'론이 과도하다면 파시즘에 대응한 '민주 대연합' 전략도 오류라는 점을 분명하게 인식해야 한다. 지금 문제가 되는 것은 '파시즘'이 아니라 '신자유주의'이기 때문이다. 박근혜 정부가 상대적으로 수구적인 반민주 세력인 것은 분명하다 할지라도 그것이 '민주 대연합' 전략을 정당화할 수는 없다. 과거 자유주의 세력이었던 보수 야당은 체제 변동에 따라 신자유주의 지배 블록의 일원이 되었음을 부인하기 힘들며, 박근혜 정권과의 차이는 크지 않다. 이를 과장해 '박근혜 정부'를 파시즘으로 구별해 대응하면 진보 세력은 앞으로도 형상되기 어려울지 모른다.

5장

한국 국가의 '노동 개혁'과 노동통제 전략

1. 문제 제기

박근혜 정부의 '노동 개혁' 정책은 강렬했고 직선적이었다. 좌고우면하지 않는 것처럼 보였고 정책의 외곽선이 비할 데 없이 뚜렷했다. 박근혜 정부는 노동 개혁을 어떤 국정 과제보다 우위에 두었고 타협 없이 실행했다. 이런 모습은 민주화 이후 30년 역사 속에서 다른 정부의 노동정책에서는 보지 못한 특징이었다. 정책의 추진 강도, 정책 의제의 범위와 내용 등 모든 면에서 그러했다.

박근혜 정부는 임기의 첫 3년간 거의 모든 대통령 발언에서 중요한 국정 현안으로 노동 개혁을 거듭 강조했다. 이에 따라 노동 개혁은 노동부는 물론 기획재정부, 총리실 등 핵심 정부 기관들의 일차적 정책 의제가 되었으며, 이는 청와대나 여당에서도 마찬가지였다. 정부가 노동 개혁의 핵심 당사자인 진보 정당, 민주노총은 물론 한국노총과 보수 야당을 강하게 압박하는 태도에서도 이 같은 모습이 잘 나타났다.

또 노동 개혁의 정책 의제들은 일찍이 볼 수 없을 만큼 광범했다. 비정규직 문제, 노동시간과 임금제도, 정규직 해고 제도, 산업 재해와 고용보험 등 거의 모든 노동정책 영역이 망라되었다. 또 좁은 의미의 노동 개혁과 함께 같은 기간에 실행된 진보 정당 해산과 전교조 법외노조 판정, 민주노총과 민주 노조에 대한 거센 공안 탄압 등을 포함한다면 정부의 '개혁'은 노동체제의 지형을 흔드는 구조 변동 시도였다.

구체적으로 보면 개별 정책들 모두가 기존 노동 정치의 틀을 바꿀 만했다. 예컨대 비정규직의 전면적 확대나 '일반 해고'의 제도화, 취업규칙 불이익 변경 인정 등은 1953년 이후의 노동법 체제를 해체할 수 있는 사안들이었다. 또 연공급을 직무 성과급 임금 체제로 전환하려는 시도는 적어도 표면적으로는 노동시장 구조의 근본적 재편을 기획하는 것처럼 보였다. 전교조, 공무원노조에 대한 법외노조 판정이나 진보 정당 해산은 1987년 노동체제로의 회귀를 의미한다. 이런 세부 정책들을 결합하면 이 같은 흐름은 국가가 주도하는 노동체제의 역사적 전환 시도라 할 법했다.

2016년 4·13 총선에서 여당이 패배함으로써 '노동 개혁'은 일단 실패하는 듯했다. 대통령과 정부·여당은 여전히 '노동 개혁'을 강하게 주문했지만, 이는 총선 패배의 정치적 의미를 애써 부인하는 태도였을 뿐이다. 그렇더라도 박근혜 정부의 '노동 개혁' 시도는 여전히 학술적 설명이 필요한 중요 사안이다. 왜 이런 일이 벌어졌는지를 설명하지 않고서는 이론적·정책적 대응을 할 수 없기 때문이다.

이 장에서는 네 가지 구체적인 물음을 던지고 이에 시론적인 답을 제시하려 한다. 먼저 박근혜 정부 노동 개혁 정책의 전개 과정과 내용을 정리해 특징적인 면모를 추출한다(3절). 그리고 그것의 구조적·전략적 배경 요인을 검토하고 분석한다. 왜, 누가 요구해서 이런 정책이 나왔는지, 그 구조적·전략적 인과 과정은 어떤 것인지를 고찰한다(4절). 다음으로는 박근혜 정부의 '노동 개혁'이 보여 주는 노동체제론상의 함의 및 그 가능성과 한계를 고찰한다(5절). 마지막으로 결국 실패한 '노동 개혁' 정치가 노동운동에 제기하는 실천적 함의를 간략히 살핀다(6절, 결론).

2. 기존 연구와 분석 틀

박근혜 정부 노동정책을 다룬 기존 연구가 많지는 않다. 정부 초기의 노동정책 실행을 연구한 논의들은 그 성격을 대체로 군부 독재로의 회귀나 파시즘의 노동정책으로 이해하는 것이 일반적이었다(김태현 2013; 윤진호 2014). 좀 더 본격적으로 정부의 성격을 고찰한 정치사회학적 연구들도 (제한적) 파시즘, 구조적 파시즘 등의 개념으로 규정해 그 예외적 성격을 강조했다(김동춘 2014; 박노자 2014; 이남주 2016; 오동석 2016; 정태인 2015).

기존 논의들은 선거에 의해 선출된 '민주 정부'인 박근혜 정부가 기본적인 노동권과 시민권을 제한하고 국가 폭력을 빈번하게 행사한다는 사실에 주목했다. 동시에 이 연구들은 반공·분단 이데올로기나 사회문화적·조직적 요소, 헌법적 원칙의 훼손 등에 구조적 파시즘이나 파시즘적 요소가 포함되어 있다고 봤다. 즉 형식적·정치적 민주주의 제도의 틀을 유지하면서도 여러 가지 파시즘적 특징이 공존하는 양상을 띤다는 주장이었다.

그러나 이처럼 군부독재나 구조적 파시즘이라고 규정하는 데는 상당한 무리가 따른다. 무엇보다 이렇게 볼 경우 파시즘 개념이 과도하게 확장된다(노중기 2014, 57; 메이슨 2000). '자유민주주의와 양립하는 파시즘 개념'에서는 파시즘의 개념적 유용성이 소실되기 때문이다.

이 장에서는 박근혜 정부의 노동정책을 후기 풀란차스(Poulantzas 1979)가 말하는 '권위주의적 국가주의'authoritarian statism로 파악하는 것이 더 적절하다고 본다.[1] 즉 이에 따르면, 예외 국가인 파시즘하에서의 노동정책이라기보다 자본주의 체제하 정상 국가의 또 다른 계급 지배 양식이라고 본다. 국가 폭력의 양과 폭이 늘어나고 기본권 침해가 늘더라도 형식적·절차적 민주주의국가를 넘어서지 않는다고 이해한다.

또 기존 연구의 파시즘 규정에서 결정적인 문제 가운데 하나는 법과 폭력을 대립적 개념으로 인식하는 것이다. 박근혜 정부 시기에 여러 형태의 국가 폭력이 확대되고 국가가 노동기본권을 앞장서 부인하는 일이 빈번해졌다. 또 많은 경우에 국가의 법 집행은 매우 계급 편향적이었다. 이를 근거로 박근혜 정부는 '제대로 된 법치주의'보다는 기본권을 파괴하고 국가 폭력에 의존하는 노동정책을 시행했다는 점에서 파시즘적이라는 것이었다.

이런 인식에서는 법과 폭력이 대립하고 있다.[2] 그러나 자본주의사회에서 법을 포함한 국가의 본질은 '폭력의 합법적이고 정당한 독점'일 뿐이다. 법이 곧 폭력인 것은 아니지만 법의 핵심적 성격 가운데 하나가 바로 폭력이므로 그것과 대립하지 않는 것이다. 법치주의의 핵심은 폭력을 사용하지 않는 데 있는 것이 아니라 그것에 기반해, 그것과 함께 동의를 생산해 계급 지배를 정당화하는

---

1 풀란차스의 '권위주의적 국가주의' 개념은 1980년대 중반 대처 정부의 국가 성격에 관한 논쟁으로 발전한다. 즉 홀(Hall 1988)은 이를 '권위주의적 포퓰리즘'으로 규정한 데 반해 제숍(Jessop et al. 1988)은 '두 국민 헤게모니 전략'으로 봤다. 결국 신자유주의적 자본주의 체제의 국가 성격을 정치사회학적으로 규명하는 데 따른 논쟁이었다.

2 여기에는 법치주의에 대한 긍정적 가치판단도 들어 있다. 필자는 법치주의가 긍정·부정을 넘어선 자본주의 특유의 지배 양식임을 강조할 것이다. 예외 국가가 아닌 정상 국가인 경우에도 법치주의적 자본주의국가의 본질은 계급적 국가 폭력에 있다.

방식에 있다. 이때 지배를 정당화하는 법치의 물질적 전제는 그 안에 포함되어 있는 국가 폭력이다(풀란차스 1994, 97~118). 요컨대 국가의 법질서 파괴나 기본권 침해, 폭력 행사 자체가 파시즘 규정을 정당화하는 것은 아니다.

나아가 기존 연구들은 박근혜 정부 노동정책의 변동을 야기한 구조적·전략적 원인을 분석하지 않는 한계가 있다. 이를 2008년 이후의 경제 위기라는 외적·상황적 요인이나 집권 세력의 성격, 대통령의 통치 스타일 등으로 설명해서는 부족하다. 왜 갑자기 전면적인 노동 개혁이 국가의 핵심 정책 의제가 되어야 했으며 그 함의는 무엇인지를 좀 더 정치하게 설명할 필요가 있기 때문이다. 특히 2016년 총선 이후 노동 개혁의 실패까지 감안하면 노동체제론적 함의에 대한 규명도 중요하다. 예컨대 그것이 군부독재 시기의 억압적 배제 체제나 1987년 노동체제와 어떤 연관이 있는지, 또는 1998년 이후의 종속 신자유주의 노동체제와 단절하려는 시도인지 등의 물음에 답해야 한다.

이 장에서는 후기 풀란차스의 관점을 따라 박근혜 정부의 노동 개혁 시도가 계급 세력 관계의 불균형 확대를 반영하는 국가의 법·제도적 변화 시도라고 파악하고자 한다. 주지하듯이 풀란차스는 국가를 '계급 세력 관계의 물질적 응축'이라고 봤다. 한국 사회에서 2000년대 이후 심화된 노자 계급 세력 관계의 불균형이 노동 개혁의 근본적 원인이라는 이론적 시각을 도입하고자 한다.

다음으로 제숍의 전략 관계 국가 이론에서 말하는 헤게모니 프로젝트 이론hegemonic projects theory의 관점에서 박근혜 정부의 개혁을 계급 전략의 일환으로 설명하고자 한다. 여기서는 그것이 신자유주의 사회의 '두 국민 전략'의 틀을 벗어나는 전략적 시도인지를 따져보는 것이 중요하다. 노동 개혁의 실패는 신자유주의 사회의 원리와 연관된 전략적 실패일 개연성이 크기 때문이다.

또 더 나아가 노동 개혁의 원인 및 함의를 노동체제 이론을 통해 검토할 것이다. 한편에서 '종속 신자유주의 노동체제'는 법치주의 및 절차적·정치적 민주주의를 전제한 노동체제이다(노중기 2010b). 박근혜 정부의 노동 개혁은 이 법치주의 또는 절차적 민주주의 문제와 깊이 연관되어 있기 때문이다. 또 다른 한편에서 박근혜 정부의 개혁은 '1987년 노동체제'와도 관련되어 있다. 그것은 1987년 체제와 유사하게 노동기본권에 대한 제약을 법으로 제도화하려는 시도이기 때문이다.

3. 박근혜 정부 노동 개혁 정책의 전개 과정과 특징

1) 전개 과정과 주요 내용

박근혜 정부 노동정책의 중요한 특징 가운데 하나는 선거 공약과 실제 실행한 정책의 내용이 전혀 달랐다는 점이다(노중기 2014, 59~67). 따라서 노동 개혁이 전개된 과정을 이해하려면 적어도 2012년 4월 총선 이후의 정세와 대통령 선거 정책 공약에서부터 고찰할 필요가 있다. 그 전개 과정은 대선까지의 1기, 대선 이후 2014년 7월까지 2기, 2016년 4·13 총선까지의 3기, 총선 이후의 4기로 나뉜다.

1기에서 먼저 살펴볼 것은 2012년의 노동 정세이다. 4·11 총선 이후 새로 구성된 환경노동위원회를 주도한 야당 세력은 몇 가지 핵심 의제를 추진할 의사를 밝힌 바 있다. 민주 정부 이래 늘어난 비정규직 문제와 사회적 양극화에 대한 대응이 큰 흐름이었다면 이명박 정부 시기 법원의 중요한 판결을 법·제도적으로 수렴하는 것이 또 하나의 과제로 제기되었다. 총선 과정에서부터 야당은 이를 정치적 쟁점으로 만들었고 파장은 대선으로 확대되는 양상을 보였다.[3]

전자에는 특수 고용과 파견 노동 등 비정규 노동자 보호 강화, 복수 노조 창구 단일화 관련 노동쟁의 탄압에 대한 대응, 〈최저임금법〉 및 〈근로기준법〉 개선 등이 포함되었다. 또 후자와 관련해서는 자동차 업체 사내 하청의 불법 파견 판결, 정기 상여금의 통상 임금 포함 판결 등이 있었고, 휴일 노동의 법정 노동시간 포함 여부가 중요한 쟁점으로 부각되어 있었다. 2009년 이명박 정부의 노동법 개정과 2010년 대법원의 사내 하청 불법 파견 판결 이후, 특히 2012년 상반기 용역 폭력 노조 파괴 공작 사태로 말미암아 노동 개혁의 정세가 뚜렷이 조성되었던 것이다.[4]

---

3 물론 자본과 지배 블록은 이런 변화에 강한 거부 반응을 드러냈다. 자본의 문제 제기와 우려는 2012년을 거쳐 2013년 초반까지 계속되었다. 자세한 내용은 이 장의 끝에 실은 〈부표 5-1〉 참고.

4 2012년 총선 직후 SJM, 유성기업 등 자동차 산업의 노동조합에서 심각한 노동쟁의가 발생했다. 총자본과 원청회사의 요구에 따라 이 기업 사용자들은 용역 폭력배를 동원해 노조원을 폭행하면서 노조를 파괴하는 불법행위를 저질렀다. '창조컨설팅'이라는 노무 법인이 주도한 노조 파괴 공작의 제도적 기초는 2009년 도입된 작업장 단위 복수 노조

대선 기간 총자본의 심각한 문제 제기에도 불구하고 박근혜 정부가 경제민주화와 노동 개혁을 공약으로 제시한 것은 이런 정세 때문이었다.[5] 사실 공약에서 나타난 박근혜 정부의 노동정책은 이전 민주 정부들에 비해 손색이 없을 정도로 상당히 개혁적이었다(윤진호 2014).

대선 이후 인수위로부터 시작된 2기는 대선 공약이 폐기되고 새로운 노동 '개혁'안이 수면 아래서 기획되었던 시기였다. 경제민주화와 노동기본권 강화로 요약되는 개혁 공약은 대선 직후부터 폐기되기 시작했다. 당시 쟁점이었던 쌍용자동차 정리 해고 국회 청문회 개최나 공무원노조 합법화 약속은 즉각 폐기되었다. 앞 장의 〈표 4-1〉에서 보듯이 공약은 대부분 인수위 국정 과제나 집권 직후 노동부 보고 및 정부 국정 과제 선정에서 크게 굴절되거나 폐기되었다. 애초에 지킬 수 있는 약속이 아니었으며 그럴 의지도 거의 없었음을 보여 준다.

집권 초반 1년여의 기간은 대선 공약을 대신해 노동 개혁의 기본 골격이 만들어진 시기였다. 한편에서 기존 공약이 희석화되는

창구 단일화였는데 야당은 여론의 지원 속에서 관련 법 개정을 추진하고 있었다. 한편 자동차 업체 불법 파견은 2010년 대법 판결 이후 재벌과 노동이 대립하는 핵심적인 정치적 쟁점으로 부각되어 있었고, 2012년 말 통상 임금 대법원 전원 합의체 판결은 자본에 상당한 경제적 비용을 야기할 만한 쟁점이었다.

[5] 대선 기간인 2012년 새누리당은 개혁적 노동법 개정안을 제출하기도 했다. 당시 이한구 의원이 발의한 여당 개정안은 사내 하청, 기간제, 청년 고용 문제를 개선하는 내용이었다. 한편 대선 시기를 전후로 전경련·대한상의·경총 등 경제 단체들은 다양한 방식으로 후보들의 선거 공약과 정부의 노동정책에 영향을 미치려고 노력했다(〈부표 5-1〉 참고).

것과 더불어 집권 첫해 정부는 철도노조에 대한 파업 진압과 전교조 법외노조 통보 등 민주 노조에 대한 억압 정책을 강행했다. 또 2013년 8월 이후에는 갑자기 통합진보당에 대한 정치적 억압을 시작했다. 민주노총뿐만 아니라 합법 제도 정당에까지 미친 노사 관계 정책의 초강경 전환은 수면 아래서 준비 중인 노동 개혁의 내용을 간접적으로 보여 주는 것이었다.

집권 초반 국정원의 대선 부정 문제, 각종 인사 파동 등의 정치적 혼란 속에서도 자본의 의견을 수렴하고 국가기구 내부의 이견을 조율해 구체적인 정책안들을 만드는 작업이 꾸준히 이루어졌다고 추론할 수 있다. 국가 주도 노동 개혁의 구도가 3기의 시작과 함께 온전히 드러났기에 가능한 추론이었다.

경제·노동 부처 장관의 교체로 2014년 7월 시작된 3기에 박근혜 정부는 미리 준비된 정책안을 강하게 실행·관철하려는 정책 의지를 드러냈다.[6] 대통령의 공개적 정책 지시로 시작된 노동 개혁은 실세 장관의 배치와 연이은 관련 정책 방향 발표, 한국노총과의 정책 협의 및 노사정위원회 재가동, 각종 홍보·선전의 확대 등 7월 이후 급박하게 진전되었다.

---

6 결과적으로 새로운 진용을 꾸려 좀 더 본격적·공개적으로 노동 개혁이 추진된 시점이 7월이었다. 대통령의 최측근인 최경환 당시 새누리당 의원이 기재부 장관으로 취임해 전체 과정을 지휘했고 추진력이 부족한 학자 출신 노동부 장관은 행정 관료 출신인 이기권 장관으로 교체되었다. 7월 말에는 재정 부처 출신 관료가 노동부 차관에 임명되었는데 이는 경제 부처 주도성을 보여 준다. 또 2015년 초에는 노동운동 출신 인물이 청와대 핵심 실무진으로 보강되기도 했다.

기재부 장관은 취임 일주일 만인 7월 24일 새 경제팀의 '경제 정책 방향'을 발표했는데 여기에 파견 노동과 시간제 노동 등 비정규 노동 확대라는 '개혁'의 기본 방향이 드러났다. 이후 연말까지 10월 〈근로기준법〉 개정안 발의(새누리당 권성동 의원 대표 발의)와 대통령의 국회 시정연설, 12월 기재부 장관의 노동·공공·금융·교육 등 4대 개혁 과제 및 '2015 경제정책 방향' 발표, '비정규직 종합대책' 발표 등으로 노동 개혁의 전체 윤곽이 뚜렷이 드러났다. 그것은 임금제도와 고용 구조, 노동시간을 포함하는 노동시장 구조의 전면적 개편을 목표로 하는 것이었다.

정부의 노동 개혁안은 다섯 개 법률 개정안과 두 개 행정 지침으로 요약된다(〈표 5-1〉 참고). 그 내용은 크게 임금·노동시간 등 자본의 경제적 이익을 직접 보호하는 사안, 그리고 기간제·파견제 비정규 노동의 확대, 일반 해고 도입 등 노동 보호 제도의 무력화 등 세 가지로 나눌 수 있다. 이런 의제들은 노동시장 제도와 직결되어 있으나 간접적으로는 노동조합 통제를 목적으로 하는 노사관계 관련 의제들이기도 했다. 일반 해고나 취업규칙의 불이익 변경이 허용될 경우 노동조합이 설 자리는 거의 사라질 것이기 때문이다.

또 4대 개혁 가운데 공공 개혁이나 금융 개혁의 내용은 실상 노동조합에 대한 공세이자 공공 부문에 대한 노동 유연화 공세였다. 그 핵심인 '성과 연봉제'는 기존의 기관별 경영 평가를 확대·심화하는 의미 외에 노동조합에 대한 직접적 통제 장치로 기능할 것이기 때문이다. 성과 경쟁에 의한 노동자의 '개별화', 그리고 그에 따른 작업장 노조 조직의 무력화를 야기할 것이다.[7]

표 5-1 **박근혜 정부의 노동 개혁안(입법사항과 행정 지침) 개요**

법령	주요 의제		새누리당 및 정부(법)안	주요 문제점
〈근로 기준법〉	통상 임금 정의		• 정기성·일률성·고정성 명기 • 제외 금품 시행령 위임	• 통상 임금 산입 범위 축소, 임금 감소
	노동 시간	휴일 연장 노동	• 휴일 노동, 연장 노동에 포함 • 합의 시 1주 8시간 특별 연장 노동 허용	• 주 52시간 넘는 위법적 장시간 노동 합법화
		중복 할증 임금	• 휴일 노동 가산 수당 8시간 이내는 50%, 8시간 초과 시 100% 명시	• 초과 수당 감소 • 장시간 노동 확산
		탄력 노동 시간제	• 단위 기간 확대 : 취업규칙은 2주 → 1개월, 노사 합의는 3개월 → 6개월	• 초과 수당 임금 감소 • 장시간 초과 노동 유인
		노동시간 특례	• 현행 규정 수정하되 제도 유지	• 장시간 노동 조장
		노동시간 저축 휴가제 도입	• 기존 임금 보상 축소	• 임금 저하, 유연화 확대
〈고용 보험법〉	실업 급여 보장성 강화		• 구직 급여 지급 수준 및 기간 확대	–
	급여 제도 운영 효율화		• 기여(납부) 요건 강화 : 180일 → 270일 • 구직 급여 하한액 삭감 등 제재 확대	• 저임금 단기 고용 노동자 실업 급여 삭감, 생색내기
산재	출퇴근 재해 보상 제도		• 통상적 출퇴근 재해 보상 • 자동차 재해, 자동차보험 우선 적용	• 통상 아닌 직종 배제 • 자동차 재해 적용 제외
기간제	반복 갱신 계약 횟수 제한		• 2년 3회 갱신 허용, 위반 시 과태료	• 2년, 3회 해고 합법 보장
	사용 기간 예외적 연장		• 35세 이상 노동자 신청 시 허용 • 연장 기간 만료, 이직 수당 추가 지급	• 입법 취지 전면 부정 • 수당으로 비정규직 확대
〈파견법〉	파견 허용 업무 확대		• 고령자, 전문직 고소득자, 뿌리 산업 종사자 파견 허용	• 제조업 파견 허용으로 파견 노동 전면 확대
	파견·도급 기준 명확화		• 원청 배려 사항(안전, 직업훈련, 고충 처리) 파견 지표에서 제외	• 불법 파견 합법화
행정 지침	저성과자 일반 해고		• 저성과자, 평가 교육 후 해고 가능	• 〈근로기준법〉 해고 규제 무력화
	취업규칙 불이익 변경		• 사회 통념에 따른 불이익 변경 인정	• 〈근로기준법〉 노동조건 보호 포기

자료 : 경제사회발전노사정위원회(2015), 민주노총(2015), 김형탁(2015) 참고.

7 정부는 2013년 12월과 2015년 1월 두 차례에 걸쳐 공공기관 정상화 대책을 발표했다.
구체적으로 1차 대책에서는 복지 축소, 자산 매각, 기관 통폐합이 발표되었고, 2차에서
는 성과 연봉제, 임금 피크제가 중심이었다. 또 노동 개혁 법안과 함께 추진된 〈기업활
력법〉(기업 활력 제고를 위한 특별법)이나 '기업 구조 조정 촉진법의 일몰 연장', '서비스
산업 발전 기본법'도 크게 보면 노동 개혁의 한 축을 이루었다. 기업 간 인수·합병이나
구조 조정 때 인력을 상시적으로 감축하거나 경영권 조정을 용이하게 하는 법안들이기
때문이다(이창근 2016; 노광표 2014).

그러나 정부의 노동 개혁 정책이 손쉽게 진전되지는 않았다. 전면적인 노동조건의 후퇴가 예상되는 '개악'안에 대해 민주노총은 물론 한국노총조차도 강하게 저항했던 것이다.[8] 노사정위 내 노동시장구조개선특위의 형태로 진행되던 노사정 합의는 2015년 4월 초 최종 결렬되었다. 이에 대해 정부는 7월 한국노총 출신 인사를 청와대 정무수석으로 임명해 한국노총을 강하게 압박했고, 결국 9월 15일 노사정 합의를 도출하는 데 성공했다. 그러나 한국노총은 합의 이후 새누리당의 5대 입법 과제 발표와 정부의 양대 지침[9] 발표에 반발해 2016년 초 다시 합의 파기를 선언했다. 노동 측의 저항, 야당의 반발과 '국회 선진화법'에 막혀 진전이 없던 법제화는 대통령이 〈기간제법〉 개정을 포기하겠다고 조처하고 민주 노조들을 강하게 탄압했음에도 성과를 낼 수 없었다. 그것은 결국 4·13 총선 패배로 나타났다.

2) 노동 개혁과 노동통제

한편 박근혜 정부의 '노동 개혁'은 법·제도적 측면이나 노동시

---

[8] 민주노총이 2015년 11월 14일 민중 총궐기 투쟁 등 장외 파업 투쟁 방식의 전면 저항을 펼쳤다면 한국노총은 정부의 압박에 끊임없이 동요하면서도 저항하는 양상을 보여주었다. 한국노총의 간헐적 저항은 정부 노동 개혁안이 얼마나 과도했는지를 드러낸다.

[9] 구체적으로 2016년 1월 고용노동부가 발표한 '공정 인사 지침'과 '취업규칙 해석 및 운영에 관한 지침'을 말한다. 저성과자에 대한 해고를 정당화하고 형사처벌 사안인 취업규칙의 불이익한 변경을 정당화하는 초법적 조치였다.

장 정책에 국한되지 않았다. 노사 관계 정책의 전개, 또는 구체적인 노동통제 방식들의 양상 역시 노동 개혁의 흐름을 이해하는 중요한 요소가 된다. 예컨대 박근혜 정부는 '노동 개혁'과 더불어 〈국가보안법〉을 동원한 통합진보당 해산과 활동가 탄압, 전교조와 공무원노조 법외노조 공작, 철도노조 파업 파괴 공작과 건설노조에 대한 공안 탄압, 용역 폭력을 동원한 민주 노조 파괴 공작 방조, 민주노총 및 활동가에 대한 인신 구속 등 법적·물리적 통제를 임기 내내 지속했다. 이는 넓은 의미의 '노동 개혁'이 법·제도 변경 시도와 함께 노사 관계 정책에서도 꾸준히 진행되었음을 말한다. 물론 그 전략적 목표는 조직 노동운동의 약화, 특히 민주 노조 운동의 해체였다.[10]

박근혜 정부의 노동 개혁은 정권의 모든 권력 자원, 각종 통제 수단을 총동원해 노동운동을 억압하는 노동통제 전략과 결합되어 있었다. 먼저 범정부적 차원의 전략이 기획되었고 일사불란하게 추진되었다. 여기에는 청와대와 여당, 기획재정부와 노동부 및 기타 정부 부처, 국정원·검찰·경찰, 그리고 노사정위원회와 노동연구원, 한국개발연구원 등 거의 대부분의 정부 부처 및 기관이 동원되었다. 전체를 주도한 핵심 기구는 청와대와 기재부였으며 이

---

[10] 2013년 철도노조 파업 진압 과정에서 벌어진 민주노총 사무실 불법 수색, 2015년 민중 궐기 투쟁 이후의 민주노총 압수 수색과 간부 활동가들에 대한 대규모 수사와 기소 등에서 그 일면이 드러났다. 자체 집계(2016년 1월 17일 기준)에 따르면 민중 총궐기 이후 경찰 수사를 받은 민주노총 조합원은 470명이며 구속자는 위원장을 포함해 16명이었다. 수사 대상 1000명 가운데 노조 활동가가 절반을 차지했다.

들이 국정원·검찰·경찰 등과 더불어 전체 상황을 기획 및 통제한 것으로 보인다.[11]

둘째, 인신 구속 등 가혹한 물리적 국가 폭력이 지속적으로 가해졌다. 합법 파업을 불법으로 조작해 대량 구속과 징계, 대규모 손해배상을 강제한 철도노조 파업 진압 사례가 대표적이었다(민주노총 2014d). 국가 폭력은 민주노총 난입과 압수 수색, 위원장 등 지도부 인신 구속 사태나 통합진보당에 대한 정치 공작으로도 나타났다. 또 플랜트건설노조의 정당한 노조 활동을 불법 파렴치범으로 몰아 탄압한 사례(민주노총 건설노조탄압대책위원회 2016), 국가권력의 방조 하에 용역의 불법적 폭력 행위가 난무한 유성기업과 갑을오토텍 사례도 마찬가지였다.

셋째, 이 모든 과정의 중심에는 법적 제재가 자리하고 있었는데 중요한 변화는 민주화 이래 점차 축소되고 있었던 〈국가보안법〉과 〈형법〉을 동원한 통제가 늘어난 점이었다. 국가는 전통적인 〈국가보안법〉은 물론 〈형법〉상의 내란 음모나 소요죄 등을 노동운동에 적용해 상당한 성과를 도출했다. 또 업무방해 및 손해배상 청구 소송을 노조 활동 통제나 파업 파괴의 핵심 수단으로 발전시켰고 〈도로교통법〉도 동원했다. 철도노조나 전교조 등 전략적 목표 조직에 대해서는 노조 파괴를 위한 모든 법적 조치들이

---

11 이전 정부들에서도 노동통제는 범정부적이었다. 그러나 박근혜 정부에서는 그것이 최우선적 정치 기획이었던 만큼 남다른 중앙 집중성과 포괄성이 특징이었다. 그것은 연구기관인 노동연구원을 직접 동원하고 고용노동혁신포럼(2014년 8월) 등 민간 연구자 및 전문가를 조직하는 데까지 나아갔다.

이용되었다. 특히 일반 해고와 취업규칙 불이익 변경의 양대 지침 등 각종 행정 지침은 법적 제약을 우회해 노동을 통제하는 강력한 수단으로 기획·실행되었다. 또 작업장 단위 복수 노조와 창구 단일화는 용역 폭력 동원과 결합해 민주 노조를 파괴하는 제도적 장치로 이용되기도 했다.

넷째, 또 하나의 중요 통제 수단이 '노동 개혁' 담론 자체로 대표되는 각종 이데올로기였다. '노동 개혁' 이데올로기는 불법에 대한 법과 원칙의 적용을 의미하는 법치주의 이데올로기와 '노동 시장 선진화' 이데올로기를 포괄했다. 법치주의는 반공 이데올로기, 불법 파업 이데올로기 등을 포괄했다. 노동시장 개혁을 통한 경제 위기 탈출 이데올로기는 이전의 귀족 노조 비난, 노동 유연화를 통한 선진화 논리를 넘어 청년·노령 노동자의 고용 문제 해결이나 임금 체계 개혁을 통한 양극화 극복이라는 세부 정당화 기제로 확대되었다. 한편 실질적 노동 개악을 노동 개혁이라고 강변할 수밖에 없는 조건에서 노사정위원회 합의주의 이데올로기가 동원되었으며, 노동부를 비롯한 정부 부처들은 각종 제도 언론을 이용해 대규모 예산이 투입되는 홍보·선전 사업을 실시했다.[12]

마지막으로 정부는 전경련, 경총, 대한상의 등 경제 단체들과의 긴밀한 협조 체제를 구축했다. 이들은 여론을 동원하고 각종

----

12 한정애 국회 환경노동위원회 위원은 2015년 8월 정부 부처 중 노동부에서만 5억 원의 홍보 비용을 지출한 실태를 폭로했다. 문제는 국가 예산을 동원해 언론의 보도와 논설을 통제하고 여론을 왜곡하려 한 홍보 방식이었다.

정책 자료를 생산·유포하는 것은 물론 노조를 억압하는 과정에서도 중요한 역할을 담당했다. 또 노동 조직과 관련해 정부는 노사정위원회 참가를 매개로 한국노총을 적극적으로 이용했다. 재정 지원 중단이라는 채찍과 각종 유인 수단들이 한국노총 조직을 통제하는 데 사용되었다고 볼 수 있다.

3) 소결 : 노동 개혁 정책의 특징

전체적으로 박근혜 정부의 노동 개혁 정치는 이전 정부들과 본질적인 측면에서 다르지 않았다. 노동시장 유연화라는 명분으로 비정규직을 제도화하거나 확대하고, 법과 원칙을 내세운 법치주의로 노동을 제압하는 전통적인 신자유주의 노동정책의 범주를 벗어나지 않는 것이었다. 시장에서 패배한 열패자들의 저항과 불만을 법치주의 국가 폭력으로 억압하는 그 흐름은 전혀 낯설지 않았다.[13] 그럼에도 몇 가지 유의미한 차이가 발생한 것도 분명하다.

먼저 박근혜 정부의 노동 개혁은 다른 정부의 노동정책보다 훨씬 더 중요한 핵심적 국가 정책 의제였다.[14] 이것은 전략 기획의

---

13 김영삼 정부 이래 모든 정부들은 노동 개혁이라는 이름을 내걸고 신자유주의 정책을 강하게 실행한 바 있었다. 예컨대 박근혜 정부의 노동 개혁은 2006년 노무현 정부의 노사 관계 개혁 방안(로드맵), 〈기간제법〉 제정과 〈파견법〉 개정, 2009년 이명박 정부의 '100만 고용 대란설' 및 비정규직 확대 정책 등과 동일한 흐름 위에 있었다. 또 개혁적 선거 공약을 제시하고 당선 뒤에 이를 번복한 것도 정도의 차이가 있으나 이전 정부들과 다르지 않았다. 특히 노무현 정부의 '사회 통합적 노사 관계'가 그러했다.

14 박근혜 정부 노동 개혁의 핵심을 현대자동차 불법 파견 문제 해결로 파악하는 관점은

집중성, 의제의 포괄성, 추진 강도 등에서 확인된다. 전략 기획의 집중성은 임기 초 민주노총과 진보 정당 등 저항 세력에 대한 강한 억압, 노사정위 등 합의 기구 재건, 중량급 실무 추진 인사 배치, 각종 이데올로기의 효과적 유포 등 제반 정치과정에서 충분히 드러났다. 의제의 포괄성 측면에서도 비정규직 확대, 정규직 일반 해고 취업규칙 변경의 제도화, 노동 기준의 제도적 완화 등 매우 광범한 시장 유연화 조치와 함께 전교조와 민주 노조 해체 공작, 진보 정치 세력에 대한 체계적 탄압 등 노사 관계 정책들을 동시에 진행하는 모습을 보여 주었다. 특히 이는 4대 개혁 중 노동 개혁이 핵심인 데서도 두드러진다. 추진 강도는 2014년 이후 대통령 발언에서 노동 개혁이 빠지지 않는 양상에서 잘 나타났다.

둘째, 법치주의 노동 개혁의 성격이 더욱 뚜렷이 나타났다. 박근혜 정부의 노동 개혁은 합법적 법 개정을 목표로 했다. 법치주의의 외양을 띠는 동시에 그 한계와 문제점을 또다시 법치주의로 극복하려는 시도였다는 점이 특징적이었다. 법원의 예기치 못한 판결들로 법치주의가 자본에 부담이 되자 법 자체를 고치려 시도한 '개혁'이었다. 따라서 법치주의의 한계와 가능성, 그 의미를 잘 드러낸 사례였다.

셋째, 이와 관련해 2016년에 이르러 정부의 노동 개혁은 결국

협소하다(〈프레시안〉 2015/09/15; 〈매일노동뉴스〉 2016/01/27 참고). 예컨대 임금 체계 개편안은 2013년 시작해 2015년 1차 결과가 발표된 국가직무능력표준NCS 개발 사업과 연관되어 있었는데 이는 노동 개혁이 정부 초기부터 준비된 거시 프로젝트임을 보여 준다.

실패했다. 이전 정부들이 모두 정부가 원했던 노동법 개정이라는 정치적 성과를 얻은 데 반해, 박근혜 정부는 그런 시도가 실패로 끝났다는 점은 중요한 차이이다.[15] 이 문제는 지난 20년 동안 지속된 이른바 '신자유주의 노동 개혁'의 한계와 그 함의에 대해 고찰할 필요성을 제기한다.

4. 노동 개혁의 전략·구조 지형 분석

1) 전략적 추동 요인

박근혜 정부는 왜 '노동 개혁'에 모든 것을 걸었을까? 앞 절에서 살폈듯이 노동 개혁 정책에는 많은 무리가 따른다. 그것은 경제민주화, 비정규 노동 축소라는 대선 공약을 역행했으며, 필연적으로 정치적 부담을 불러왔다. 양극화와 빈곤화가 심화된 조건 위에서 노동조건의 악화와 착취 강화를 불러오는 '개혁'에 대해 노동운동은 물론 시민사회도 강하게 저항할 것이 분명했기 때문이었다. 특히 구조적으로 약화된 노동운동 상황을 감안하면 자칫 '긁어부스럼'이 될 법한 사안이기도 했다. 그러므로 정부가 노동 개혁을 강력하게 실행한 이유를 좀 더 자세히 논의할 필요가 있다.

---

15 김대중 정부의 1998년 2월 노동법 개정, 2003~06년 노무현 정부의 세 차례 법 개정을 포함한 노동 개혁, 이명박 정부의 2009년 노동법 개정 등이 대표적 사례이다.

쉽게 추론할 수 있지만, 가장 상식적이고 중요한 이유는 재벌 독점자본의 요구였다(〈미디어오늘〉 2015/09/15; 〈매일노동뉴스〉 2015/09/22, 〈부표 5-1〉 참고). 지배 블록의 헤게모니 분파인 재벌 대자본은 김대중 정부 이래 시장주의 '노동 개혁'을 국가에 요구하고 관철한 핵심 세력이었다. 경제적 수준에서 그들은 전통적인 포드주의 축적 체제를 대신할 새로운 축적 방식을 찾고 있었고 경쟁력, 선진화 담론을 매개로 신자유주의 축적 체제를 강하게 추진했다. 또 그들에게 법치주의 개혁은 정치적 수준에서 지배계급 일반의 장기적인 전략목표로서 노동계급 조직을 해체하기 위한 장기적 이해를 표현하는 것이었다. 물론 재벌 대사업장에서 민주 노조를 몰아내는 것은 직접적인 경제적 요구를 따른 것이기도 했다.

이런 요구들은 노무현 정부가 제시한 '노사 관계 개혁 로드맵'의 '사용자 대항권'이나 이명박 정부의 '노사 관계 선진화', '100만 고용 대란설'과 같은 노동정책으로 나타난 바 있었다. 실제로 2012년 대선 이전부터 경제 단체들은 〈표 5-1〉에 소개한 노동 개혁 의제들의 대부분을 강하게 주장했다. 대선 쟁점으로 부각될 수 없었던 이 의제들은 박근혜 후보의 인수위원회 시기부터 구체적인 정책안으로 입안되었다. 수면 아래 진행된, 새 정부와 재벌 간의 정책적 협의가 충분히 드러나지는 않았지만 이미 집권 첫해에 노동 개혁 기본 틀이 형성된 것은 분명해 보인다. 그것은 1996년 노사관계개혁위원회의 노동 개혁 방안 이래 자본의 최대 요구를 전폭적·전면적으로 수용한 것이었다.[16]

재벌 대자본의 요구가 공통적인 요소라고 한다면 박근혜 정부의 노동정책을 설명하기 위해서는 추가적인 설명 요인이 더 필요하다. 박근혜 정부의 정치적 성격, 국가 담당자로서 정부의 정치적 요구, 법치주의 문제, 그리고 경제적 위기 등 네 가지 변수를 생각해 볼 수 있다.

먼저 박근혜 정부를 구성한 정치 세력은 지배 블록 내에서 가장 수구적인 분파로 평가된다. 상층 대독점자본의 이해에 순응하면서 친미 반공과 반북, 반노동, 반환경, 경제성장 제일주의 정치노선, 곧 1970년대 개발독재 또는 장시간·저임금 노동체제를 지향하는 세력이었다. 이들에게 노동은 경제성장을 위한 물적 자원으로 자본의 요구에 철저히 순응해야 하는 존재에 불과했다. 다만 시장 만능주의를 따르는 신자유주의적 사회경제 체제와 결합되어 있다는 점에서 과거의 개발독재 체제와는 차별성이 있다.[17] 이런 정치적 지향 아래 박근혜 정부는 집권 여당 내의 온건파나 이전 민주 정부들과 자신을 구별했는데 노동정책은 그 차이를 드러낼 수 있는 중요한 정책적 장을 이루었다.

둘째, 국가 운영 집단으로서 노동정책에서 정치적 성과를 만들

---

16 1996년 이후 민주 정부들은 이른바 민주화 의제와 노동 개혁 의제들을 교환하고자 했고 이명박 정부는 정치적 계산속에 따라 이를 제한적으로 실행했다. 예컨대 이명박 정부는 2009년 중반 '100만 고용 대란설'로 시작된 '비정규 확대 법안'이 불리한 여론 지형 및 노동계의 저항에 직면하자 이를 포기했다. 독점자본의 최대 요구에 비추어 보면 재벌 입장에서 이전 정부들은 모두 만족스럽지 못했다. 최고 경영자들은 4대 개혁 중 노동 개혁(61.8퍼센트)을 압도적으로 중시했으며 정부와 정치권에 대한 불만(67.1퍼센트)을 공공연히 드러냈다(《매일노동뉴스》 2015/12/14).

17 이런 성격에 박근혜 정부의 근본적 한계 또는 모순이 담겼다(윤진호 2014). 신자유주의와 개발독재는 모순일 수밖에 없다. 신자유주의 조절 양식은 정치적·절차적 민주주의, 예외 국가가 아니라 정상 국가의 법치를 기본적 구성 요소로 삼기 때문이다.

어야 했던 정치적 조건이다. 박근혜 정부를 둘러싼 정치경제적 지형은 그다지 우호적이지 못했다. 미·중 간의 패권 갈등이 펼쳐지는 가운데 북한 핵 문제나 사드, 일본군 위안부 문제 등은 정치적 성과를 내기 힘든 난제였다. 또 2008년 미국발 금융 위기 이후 세계적 공황이 지속되어 대외 의존적 축적 양식을 갖는 한국 경제의 전망도 매우 어두웠다. 이는 이명박 정부의 '747'을 '474'로 바꾸거나, 경제 운용에서 국가 개발주의를 강화해 해결할 만한 성질의 것이 아니었다. 특히 집권 이후 국정원 대선 부정 사건 및 후속 처리, 인사 파동, 세월호 사건, 여당 내부 계파 갈등 등으로 연이어 발생한 정치 위기도 새로운 돌파구를 요구하고 있었다. 노동 개혁 및 4대 개혁이 단지 이런 정세의 산물만은 아니었지만, 2014년 이후 그 비중과 위상, 급박성을 제고한 요인 중 하나이기는 했다.

셋째, 재벌의 노동 개혁 요구의 급박성이 이전과 달랐던 점도 중요하다. 외환 위기 이후 강화된 법치주의의 모순적 효과라 할 만한 이 문제는 법원이 노동 측에 유리한 판결을 연이어 내놓으면서 발생했다. 대표적으로 현대자동차 사내 하청의 불법 파견 판결, 정기 상여금의 통상 임금 포함 판결, 휴일 노동시간의 연장 노동 포함 판결 등이 있었다. 이 판결들에 따라 자본은 당장 엄청난 경제적 부담을 질 수밖에 없었고 노동조합의 강한 이행 요구에 직면했다. 특히 불법 파견 판결은 비용 부담뿐만 아니라 사업장 노무관리와 전체 노동운동 통제에도 심각한 문제를 야기했다. 자본 단체들은 한편에서 상급심 판결의 내용에 영향을 미치기 위해 노력하면서도, 그 한계를 직시하지 않을 수 없었다.[18] 이에 따라 자본이 법 자체의 조속한 개정을 정부에 강하게 요구하면서 결과적으로 노동 개혁이 더 급진적으로 급박하게 진행되었다.

마지막 변수는 경제 불황의 심화였다. 2008년 미국발 금융 공황에도 불구하고 상대적으로 양호한 실적을 내던 한국 경제는 2013년 이후 급속히 내리막길을 걸었다. 특히 경제를 뒷받침하던 수출 부문이 약화되면서 고용 불안 심화, 내수 경기 악화가 야기되었고 조선·철강·해운 산업은 산업 구조 조정 국면에 급속히 진입했다. 결과적으로 소수를 제외한 대부분 기업의 경영 실적은 크게 악화되었다.

요컨대 박근혜 정부의 노동 개혁은 자본의 전반적 축적 위기에 대응하는 전략적 대응이라는 성격이 컸다.[19] 자본은 경제민주화가 아니라 더욱 심화된 노동시장 유연화, 비정규 노동 확대와 비용 절감, 구조 조정과 인력 감축으로 대응했고, 그 요구가 국가정책에 직접 반영되었던 것이다. 그것은 신자유주의 축적 체제가 야기한 모순을 더욱 신자유주의적인 방식으로 해결하려는 전략이었다. 또 신자유주의 일반의 모순인 양극화와 빈곤화, 고용 불안 심화, 내수 부족에 따른 성장 기반 소진 등의 문제를 한층 더 심화하는 대자본 편향의 전략이었다.

---

[18] 2012년 말 대법원의 통상 임금 전원 합의체 판결을 앞두고 경제 단체들은 각종 토론회, 기자회견, 연구 보고서 등으로 판결에 영향을 미치려 노력했다. 결국 이 노력은 대법원에 의해 상당 부분 수용되었고 직접적 비용을 경감하는 결과를 가져왔다. 한편 휴일 노동시간 문제에 대해 대법원은 최종 판결을 계속 미루었다. 그러나 이 문제는 법 해석상 너무나 명백해 자본이 기대할 만한 것은 거의 없었다. 자세한 내용은 〈부표 5-1〉 참고.

[19] 이런 관점의 거시 경제 분석은 김공회(2016), 정태인(2015) 참고.

2) 구조적 추동 요인

노동 개혁을 둘러싼 전략적 지형의 이면에는 좀 더 구조적인 요인이 자리하고 있었다. 전략적·상황적 요인 가운데 경제 불황 심화는 사실 축적 구조의 거시 구조적 한계가 현상한 것이었기 때문이다. 여기서는 종속 신자유주의 축적 구조 자체의 한계를 논하기보다 그것이 야기한 노동 정치 지형, 즉 노동체제의 정치 구조와 노동 개혁의 관계를 논의할 필요가 있다.

박근혜 정부의 노동 개혁은 3절에서 살폈듯이 그 포괄성과 중요성, 추진 강도와 비타협적 태도, 반노동자적 성격 등 모든 측면에서 전례가 없었다. 조직 노동운동의 예상되는 저항을 감안할 때 계급 역량의 압도적 우위를 전제하지 않으면 쉽게 실행할 수 없는 내용이 담겨 있었다.[20]

그런데 어떻게 이런 노동 개혁이 시도되었을까? 필자는 가설적으로 축적 구조의 변동이 장기간에 걸쳐 계급 세력 관계의 불균형을 불러온 것이 노동 개혁 시도의 원인이었다고 본다. 즉 1990년대 말 이후 종속 신자유주의 축적 구조, 곧 시장 만능주의가 확

---

20 주지하듯이 민주화 이후 30년 동안 노동 개혁 또는 노동법 개정 문제는 모든 정부에 뜨거운 감자였다. 김영삼 정부의 노동 개혁 시도는 1997년 겨울 총파업으로 번져 정권에 심각한 정치적 타격을 안겼다. 또 민주 정부 시기 노동 개혁은 항상 조직 노동을 비롯한 시민사회의 전면적 저항을 넘어야 하는 난제 중 난제였다. 그래서 대부분의 시장주의 노동 개혁은 노동 민주화 조치와 함께 교환하는 형식으로 이루어졌고, 제한적이나마 실질적인 양보 조치가 따랐다.

산되어 노동계급 내부가 정규·비정규 노동자로 크게 균열했다. 결과적으로 계급 세력 관계에서 자본, 특히 대자본의 힘이 크게 증가했다. 즉 현실의 계급 관계에서 심각한 힘의 불균형이 먼저 구조적으로 발생해 있었으며 그 불균형을 법·제도적으로 물질화하는 작업이 '노동 개혁'으로 나타났던 것이다.

계급 세력 관계의 구조적 불균형은 크게 지배계급의 헤게모니 역량 강화와 노동계급 역량의 약화라는 서로 맞물린 두 가지 장기 과정의 결과였다. 먼저 지배 블록 내부에서 헤게모니 분파인 재벌 대자본의 계급 역량이 크게 확대되었다. 이들은 외환 위기 이후 20년 동안의 장기 축적 과정에서 큰 위기 없이 확대재생산을 이루어 냈다. 적어도 2008년까지 재벌 독점자본은 중국 시장을 중심으로 한 해외시장의 확대, 내수 지배력 강화라는 이중적 과정을 거쳐 고도 축적을 달성했고, 이는 곧 이 분파의 경제적·정치적 권력의 확장으로 귀결했다.[21]

한편 지배 블록은 민주화를 포함한 선진화 담론, 신자유주의 이데올로기를 매개로 시민사회에 대한 지배력을 크게 신장했다. 심각한 고용 위기, 사회적 양극화가 지속되는 가운데 시장주의 경쟁 담론이 위세를 떨친 결과였다. 또 기존의 북핵 문제 외에 천안

---

[21] 노무현 정부 시기 이른바 지배 블록 내 민주화 세력이 이들의 헤게모니에 포섭되었는데 그것은 한미 FTA 추진, 동북아 금융 허브와 2만 달러 시대, 기간제 등 비정규 노동 제도화 그리고 삼성 공화국으로 현상했다. 또 이 시기에 원·하청 구조를 통한 재벌 대기업의 시장 지배, 중소 자본 착취 구조는 더욱더 공고화했다. 재벌 기업의 엄청난 사내 유보금 논란은 이런 변화의 일단을 보여 준다.

함, 연평도 포격 사건, 3대 세습 등 남북 관계를 지속적으로 악화시킨 사건들은 반공을 앞세운 종편(종합편성채널) 보수 언론의 여론 장악력을 높였고, 결과적으로 중간계급의 정치적 보수화를 가속화했다. 노무현 정부 후반기 이래 박근혜 정부 중반까지 이어진 지배 블록의 역량 강화는 수구·보수 정치 세력의 안정적 재집권으로 나타났다.[22]

다음으로 이 과정은 노동계급의 역량 축소 과정과 결합되어 있었다. 외환 위기 시기의 구조 조정 국면과 시장주의 경제 고용정책의 확대를 거치며 노동시장의 분절은 크게 심화되었다. 정규·비정규 노동의 균열 이외에도 조직 노동과 미조직 노동, 대사업장과 중소·영세 사업장, 청년·노령 노동자와 중장년 노동자, 성별 간의 격차는 지속적으로 확대되었다. 문제는 이것이 곧바로 조직 노동운동 내부에서 심각한 구조적 균열들을 발생시켜 운동 역량을 잠식했다는 점이다. 또 보수 언론과 정부가 주도한 노동계급에 대한 분할 지배 여론 공작은 상황을 더 악화시켰다.

한편 계급 내부의 구조적 균열에 대한 노동조합운동의 전략적 대응도 그다지 유효하지 않았다. 2000년대 중반 이후 노선 혁신 및 조직 혁신 운동의 실패, 산별노조 운동의 정체, 비정규·미조직 노동 포함 전략 조직화의 한계 등으로 노조의 조직력은 점차 약화

---

22 2006년 지방선거 이래 2014년 지방선거까지 한나라-새누리당은 거의 모든 선거에서 승리한 반면 보수 야당과 진보 정당은 분열·패배했고 크게 약화되었다. 특히 2016년 총선 직전까지 박근혜 대통령과 새누리당의 정치적 지지는 매우 안정적이고 견고했다.

되었던 것이다. 노선 측면에서도 민주 노조 운동은 합의주의나 합법주의와 전투적 조합주의 사이에서 끊임없이 동요했다. 또 노동 계급의 역량을 높일 가능성을 한때나마 드러냈던 진보 정당 운동은 2007년 이후 분열과 갈등을 거듭하며 잠재력을 거의 소진하는 모습을 보였다.[23]

요컨대 박근혜 정부의 노동 개혁 배후에는 이와 같은 계급 세력 관계의 현저한 변동이 구조적으로 작동하고 있었다고 추론할 수 있다. 1997년 겨울 총파업 당시나 노무현 정부 시기의 그것과 비교해 현저하게 달라진 계급 세력 관계 속에서 지배 블록이 그 변화를 물질적으로 제도화하려고 시도했던 것이다. 물론 이 과정에는 앞서 살펴본 경제 불황 심화에 따른 대자본의 축적 위기, 법원 판결이 야기한 경제적 비용 문제 등이 주요한 상황적 매개 요인으로 작동한 것으로 보인다.

5. 노동 개혁과 노동체제의 변동 : 가능성과 한계

박근혜 정부 노동 개혁의 목표는 결국 '정규직(노동조합)을 보호하지 않는 노사 관계', '민주 노조 없는 작업장', '경제 불황 비

---

23 진보 정당 운동은 2008년과 2012년 두 차례 조직 분열과 통합진보당 사태로 심각한 타격을 받았다. 이 균열의 근원에는 북한·미국 문제를 둘러싼 운동 노선의 오류, 노동운동 정치 노선의 부재 등의 문제가 자리했다. 자세한 내용은 노중기(2010b: 2012b) 참고.

표 5-2 **시기별 노동체제와 국가 프로젝트 변동** (1961~2013년)

	1961~87년	1987~97년	1997~2013년(2016년)
노동체제	억압적 배제(저임금·장시간)	1987년 노동체제	종속 신자유주의 체제
국가 프로젝트	선 성장, 후 분배	노동 없는 민주화	선진화(민주화)
축적 체제	유혈적 테일러주의-포디즘	주변부 포디즘	종속 신자유주의
정치체제	군부 파시즘	절차적 민주주의	절차적 민주주의

자료 : 노중기(2010b)에서 수정 및 보완.

용을 노동자에게 전가하는 노동시장 체제의 수립'이었다. 매우 포
괄적이고 근본적인 '노동 개혁'이 국가의 지배 전략 전반, 곧 국가
프로젝트에서 어떤 위상을 차지하는가? 이 절에서는 노동 개혁으
로 현상한 지배 블록의 전략적 목표를 노동체제 변동 및 그 가능
성이라는 측면에서 검토하고자 한다.

1987년 노동체제에서 지배 블록은 '노동'을 배제한 채 진행되
는 '민주화'를 기획했는데, 이는 10년 만에 참담한 실패로 끝났다.
그리고 그 실패 과정에서 선진화·민주화 국가 프로젝트가 새로이
도입되었는데, 이는 민주 노조에 최소한의 노동기본권을 제공한
채 헤게모니를 창출하는 것이 핵심이었다. 이후 일정한 노동 개혁
과 더불어 민주화 프로젝트는 소멸했고, 2000년대 후반 이명박
정부에서 국가의 전략 기획은 선진화 프로젝트로 통일되었다(노중
기 2010b).

선진화 국가 프로젝트의 핵심적 내용은 노동시장의 유연성을
최대한 확대하는 것과 함께, 시장 열패자들의 저항과 노동조합을
법치주의로 통제하는 것이었다. 예컨대 이명박 정부는 비정규직
확대 법제화 시도 등을 비롯해 일관되게 노동시장 유연화를 추구

했고, 2009년 말 작업장 단위 복수 노조를 허용하고 전임자 임금 지급을 금지하는 노동법 개혁을 관철했다. 또 쌍용차 쟁의와 철도 노조 파업 진압, 공무원노조 탄압 등 이른바 법치주의 노동 행정을 강경하게 실행하기도 했다. 2012년 상반기 사회 여론의 비난을 불러온 용역 폭력 사태에 대한 직간접적 지원도 조직 노동의 저항을 통제하는 법치주의 전략의 일환이었다.

이렇게 보면 박근혜 정부의 노동 개혁은 크게 보아 김대중 정부 이래의 '선진화 국가 프로젝트'와 연속선상에 있었다. 노동시장 유연화와 법치주의를 중심으로 한 정책 구도가 크게 다르지 않았기 때문이다. 특히 국회에서 합법적 법 개정 방식으로 진행된 '개혁'은 이전 정부들과 동일한 법치주의 행정의 틀 내에서 전개된 정책 실행이었다.

그렇지만 중요한 차이점도 존재한다. 이는 앞 절에서 살폈듯이 바로 강도와 포괄성이었다. 강도의 측면에서 국가는 민주 노조들의 총 연합 단체인 민주노총을 여러 차례 직접 공격했으며, 〈형법〉상의 내란 음모죄나 소요죄 등 그동안 볼 수 없던 강경한 법적 수단을 동원했다. 또 정리 해고 요건 완화나 비정규 업종의 제한적 확대 등에 국한되었던 과거와 달리, 일반 해고 제도 도입, 취업 규칙 불이익 변경 허용, 파견 노동의 전면적 확대, 직무 성과급 임금제도의 강제 등 매우 급진적인 제도 변경을 시도한 점이 두드러졌다. 전보 정당 해체로 귀결된, 노동자 정치 운동에 대한 직접적인 공작과 탄압도 새로운 현상이었다.

또 포괄성의 측면에서 보면 형식적 단결권을 제외한 거의 모든 기본권에 대한 제한이 시도되었고 자본이 요구한 노동 유연화 조치가 모두 정책안으로 수용되었다는 점이 두드러진다. 즉 1987년 노동자 대투쟁 이후 민주 노조의 성과들 대부분이 정책적 공격 대상이 되었다는 점이 매우 특이했다. 예컨대 노동시간 연장 기도는 민주화 이후에는 전혀 볼 수 없었던 정책적 시도 가운데 하나였다. 또 노동조합은 물론 진보 정당 및 활동가 개인들에 대한 중층적인 노동통제가 기획·실행된 것도 새로운 일이었다. 기존의 정책 기조를 유지하면서도 이를 극한까지 강경하게 밀어붙인 점이 매우 특징적이었다.[24]

요약하자면 박근혜 정부의 전략적 기획은 특수성이 두드러지지만 기존의 '종속 신자유주의 노동체제'의 '선진화 국가 프로젝트'를 벗어나지 않았다. 더 정확히 서술하자면 '조직 노동 없는 신자유주의 노동체제' 또는 '노동 없는 선진화 국가 프로젝트'로 규정할 만한 성질의 것이었다. 객관적으로는 기존의 선진화 국가 프로젝트 틀 내에 머무르면서도 주관적으로는 1987년 노동체제로 퇴행하려는 전략 기획이라 할 수 있다. 그 핵심은 민주 노조 운동의 제거와 노동시장 유연화 조치의 극대화였다. 또 이런 전략 기획을 가능하게 한 것은 앞 절에서 살폈듯이 박근혜 정부 시기에 구성된 독특한 구조적·전략적 지형 때문이었다.

---

[24] 박근혜 정부 노동정책이 파시즘 또는 이와 유사한 형태, 그리고 군부독재의 노동 배제와 유사하다는 관찰은 이런 특징적 면모 때문이었다. 그러나 이를 '점진적 쿠데타', '수구의 영구 또는 장기 집권 헤게모니 추구', '예외 상태의 일상화'로 해석해 '87년 체제 이전으로의 회귀'(이남주 2016)로 해석할 수는 없다. 그것은 결국 변형된 파시즘론, 군부독재로의 회귀 주장과 다름없기 때문이다.

한편 매우 우호적인 구조적·전략적 지형 위에서 헤게모니 분파와 국가가 강력한 추진 의지를 내비쳤음에도 박근혜 정부 노동 개혁이 실패하고 있는 현실은 또 다른 설명을 요구한다. 그것은 한편에서 종속 신자유주의 노동체제 자체의 한계와 특성에 기인하며 다른 한편에서는 국가 전략의 한계 속에서 배태되었다.

먼저 지배 블록 내부 온건파의 반발이 있었다. 직접적으로 그것은 국회에서의 제도적 한계와 관련되며 국회 선진화법과 환경노동위원회 야당 의원의 반발로 나타났다. 이는 박근혜 정부 노동 개혁의 과도함과 연관되어 있으며, 2009년 이명박 정부 노동법 개정에서 야당이 '어느 정도' 협력한 것과 좋은 대조를 이룬다.[25] 집권 여당과 정부는 스스로 만든 국회 선진화법을 개정하는 방안, 국회 환경노동위원회 구성을 변경하는 방안을 찾았으나 모두 실패했다. 법적 절차와 야당 세력의 반대 등은 하나같이 신자유주의 노동체제의 절차적 민주주의와 관련된 제약, 곧 국가의 전략적 선택성이 야기한 한계로 해석할 수 있다.

둘째, 노동운동에 대한 통제 실패로 한층 격렬한 저항에 부딪힌 것도 한계였다. 민주 노조 운동 및 그 역사를 완전히 부정하는 노동 개혁안에 대해 민주노총이 전 조직력을 동원해 강하게 반발한 것은 충분히 예견된 일이었다. 2015년 11월 민중 총궐기 집회

---

[25] 당시 야당은 환경노동위원회에서 다수를 점했으나 야당 위원장(추미애)은 야당 의원의 출입을 막은 채 작업장 단위 복수 노조 허용(교섭 창구 단일화) 법 개정안을 여당과 함께 통과시켰다. 진보 정당 및 노동계, 시민사회의 강한 반발 속에 이루어진 법 개정은 야당의 협력, 곧 지배 블록 내부의 합의나 거래가 없었다면 설명하기 힘들다(민주노총 2010a).

에서 대규모 조직 동원에 성공하고 여론의 상당한 반향을 불러일으킨 노동의 저항을 충분히 대비하거나 통제할 수 없었던 것이다. 이는 전술적으로 잘못된 판단에 기인하지만 더 근본적으로는 노동 개혁의 급진성에 그 원인이 있었다.

셋째, 노동 개혁의 급진성, 구체적으로 그 포괄성과 일방성도 중요한 실패 원인이었다. 정부는 의도적으로 세대 간 갈등을 유발하고 민주노총을 탄압하는 등 분할 지배를 위한 전술적 기획을 마련했으나 충분하지 못했다.[26] 정부 '개혁안'의 성격으로 말미암아 청년 노동자와 중장년 노동자, 비정규 노동자와 정규 노동자, 여성 노동자와 남성 노동자 간에는 균열보다 연대의 기운이 지배했던 것이다. 또 이런 연대 전선은 공공 부문과 민간 부문 노동자, 한국노총과 민주노총 간에도 발생했고 단기적이나마 전체 노동운동의 역량을 크게 강화했다.

또 정책 실행의 일방성도 동일한 효과를 낳았다.[27] 박근혜 정부의 노동 개혁은 과거의 여러 사례들과 달리 '교환 구도'를 배제하고 있었다. 즉 노동계급에 대한 최소한의 물질적 반대급부나 '개

---

26 정년 연장과 결합한 임금 피크제 및 취업규칙 불이익 변경 강제가 대표적이었다(기획재정부 2015). 정부는 청년과 노령 노동자를 의도적으로 대립시키는 정책 발표를 되풀이했다. 이와 관련해 세대 갈등에 대한 자세한 논의는 조현연·김정석(2016), 윤지영(2015) 참고.

27 2016년 1월 박근혜 대통령은 갑자기 '〈기간제법〉 개정을 포기하니 여타 노동 개혁안을 수용하라'고 야당에 요구했다. 심지어 노동부조차 몰랐다던 이 발표는 노동 정치 실행 과정의 미숙성과 함께 그 일방성을 잘 보여 준 사례였다. 또 2015년 9월 노사정 합의 직후 대통령이 발의한 청년희망펀드도 가식적인 일회성 행사이자 여론 조작에 불과해 오히려 부정적 효과를 초래했다.

혁'에 부합하는 이데올로기적 은폐 장치 없이 진행된 데 특징이 있었다. 특히 노사정위를 매개로 한국노총을 견인하려 했던 애초 기획은 작동하지 않았다. 그 결과 한국노총 상층부의 협력에도 불구하고 하부 조직의 반발이 거세졌다. 공공 부문과 공무원 조직을 중심으로 한국노총과 민주노총의 하층 연대가 확대되었다. 그리고 노총 지도부는 하부 조직의 반발을 무마할 수 없었다.

넷째, 법치주의와 노동 개혁의 내적 모순도 요인이었다. 노동 개혁의 주요한 동인 가운데 하나는 법원의 불리한 판결에 대한 지배 블록의 불복종이었다.[28] 법치주의가 자본주의 정상 국가의 가장 큰 특징이며, 그 내용은 노자 계급 세력 관계의 반영이자 물질적 응축이라는 점에서 이는 과도했다. 즉 재벌과 국가 담당자의 이런 태도는 사실상 법치주의를 거부하는 행태였고 그만큼 정책의 정당성을 훼손하는 일이었다. 현대자동차 불법 파견 사례처럼 노동 측에 유리하면 대법원의 최종 판결조차도 큰 의미가 없거나 실행되지 않는 현실은 지배 블록의 헤게모니를 크게 잠식했다.[29] 나아가 국가가 스스로 강조한 신자유주의의 법치주의와 조응할

---

28 물론 대부분의 법원 판결은 상대적으로 자본에 유리한 편향적 판결이다. 박근혜 정부 시기 최고법원의 대표적인 친자본 판결로는 발레오만도노조의 산별노조 집단 탈퇴 허용 판결, KTX 여승무원과 쌍용자동차 정리 해고 판결, 작업장 단위 복수 노조 창구 단일화 합법 판결 등이 있었다.

29 또 법리나 저항 때문에 입법하기가 어려워 보이는 일반 해고 및 취업규칙 불이익 변경을 행정 지침으로 처리하려 한 것도 마찬가지였다. 노동부는 두 지침에서 대법원 판례를 원용한다는 논리를 제시했는데 이는 법치주의의 이름으로 법치주의를 파괴하는 태도에 불과하다(한상희 2014).

수 없는 전략적 태도이기도 했다.

마지막으로 박근혜 정부의 노동 개혁은 노동체제의 구조적 틀과 모순되는 문제를 안고 있었다. 신자유주의에서 정치적 헤게모니는 절차적 민주주의에 기반한 분할 지배 체제, 곧 '두 국민 전략'에서 발생한다. 그것은 예외 국가의 전면적 노동 배제 전략과 다르게 최소한의 노동기본권을 법적으로 보장하는 체제이다. 다만 시장 경쟁을 매개로 승자와 패자를 분리함으로써 지배의 정당성을 확보하는 구조였다.

요컨대 자주적 노동조합의 존재 자체를 부인하고 노동기본권을 상당 정도 훼손하는 경향을 띤 박근혜 정부의 '노동 개혁'은 노동체제의 기본 구조와 부합하지 않았다. 그것은 노동 부문에 대한 민주화 이행의 효과를 무산시키는 시도이자 '변형된 1987년 노동체제'로의 퇴보를 뜻한다. 또 지배 블록 내 헤게모니 분파인 독점 대재벌이 협소한 계급적 이해를 추구한 데 대해 자유주의 분파-야당, 중소 자본-국내 자본 분파 등 여타 분파들이 동의하기는 쉽지 않아 상당 수준에서 헤게모니 잠식을 불러왔다.[30]

그리고 다른 한편에서 '노동 개혁'은 종속 신자유주의 노동체

----

30 민주화 결과는 국가 장치에 물질화되어 있으며 이는 국가 전략의 가능성과 한계를 규정한다('전략적 선택성'). 이를 무시한 채 전교조 불법화, 민주 노조 파괴, 진보 정당 해체, 비정규직 전면 확대, 일반 해고 제도화 등을 급진적으로 추진했기 때문에 노동 개혁은 과도했고 스스로 헤게모니를 잠식한 측면이 컸다. 2016년 4·13 총선에서 노동 개혁이 오히려 여당의 표를 크게 잠식했다는 선거 여론조사의 결과는 이를 실증적으로 입증하고 있다. 자세한 내용은 전국언론노동조합(2016) 참고.

제 20년의 구조적 모순을 더욱 심화할 전략 기획이었다. 이미 사회적 양극화와 빈곤화, 상시적 고용 위기에 대한 대중적 저항이 빈발하는 조건에서 그것은 모순을 더욱 증폭하고 대규모의 사회적 저항을 불러올 것이 분명했다. 앞서 살폈듯이 민주 노조를 비롯한 노동운동과 시민사회의 광범한 저항은 이런 구조적 제약의 산물이기도 했다.

6. 결론

먼저 박근혜 정부의 노동 개혁은 1998년 이후 진행되어 온 종속 신자유주의 노동체제 선진화 국가 프로젝트와 다르지 않았다. 그 핵심 내용은 민주 노조(노총) 해체를 포함한 노조에 대한 공세, 노동시장 유연성 극대화를 매개로 한 축적 위기 탈출이었다. 재벌 독점자본의 계급적 요구를 수용해 주어진 정세에 지배 블록이 전략적으로 대응한 결과였다. 특히 법치주의의 소산인 법원 판결에 대한 지배계급과 국가의 즉자적 대응이 주요한 추동력이었다.

둘째, 노동 개혁은 파시즘, 군부독재로의 회귀로 볼 수 없다. 그것은 법치주의와 신자유주의의 절차적 민주주의 틀 내에서의 전략 기획이었다. 즉 시민적 동의와 법적 절차 및 국회 통과 과정을 전제한 정상 국가의 전략 실행이었다.

셋째, 그렇지만 내용과 방식 모두에서 노동 개혁의 전략 실행은 과도했고 내부에 심각한 모순을 탑재하고 있었다. 가장 중요한 한계는 종속 신자유주의 노동체제 자체와 충돌하는 요소가 있었다는 점이다. 또 한편에서 유리한 계급 세력 관계의 반영이기도 했으나 그것을 넘어 1987년 노동체제로 퇴행하려는 전략적 과도함이 여러 양상으로 드러났다.

결국 2016년 4·13 총선 패배로 박근혜 정권의 노동 개혁은 결정적으로 실패했다. 그러나 앞서 살폈듯이 그 내적 동력은 노동체제와 계급 세력 관계로부터 연원했다. 따라서 지배 블록 내 헤게모니 분파의 요구는 선진화 국가 프로젝트의 일부로서 상당 기간 지속될 것으로 보인다.

마지막으로 거시적인 수준에서 박근혜 정부 노동 개혁 시도에서 찾을 수 있는 이론적·실천적 함의를 간략히 정리하면 다음과 같다. 먼저 재벌 독점자본과 국가의 과도한 계급적 요구는 의도하지 않은 결과를 낳을 가능성이 크다. 즉 전체 노동계급이 구조적 분절을 넘어 연대할 수 있는 계기로 작용할 가능성이다. 그리고 이는 장기적으로 1997년 이후의 노자 계급 세력 관계 구도의 역전 가능성이라는 문제를 제기하고 있다.

둘째, 신자유주의 법치주의의 의미와 그 내적 한계를 보여 주었다. 법원 판결의 정치적 중요성이 커지는 신자유주의 환경을 확인한 동시에 그것이 노동은 물론 자본가계급도 규율한다는 사실이 밝혀졌다. 즉 어느 정도 양날의 칼인 셈이다. 이는 노동운동의 법·제도적 대응은 물론, 정치적 대응의 필요성도 커지고 있음을 암시한다. 또 동시에 노동운동 내부에 존재하는 법 물신주의적인 운동 전략의 한계도 더 천착할 필요성이 있음을 보여 주었다.

셋째, 이와 관련해 노동운동의 두 가지 편향성 문제를 제기할 수 있다. 먼저 '파시즘', '군부독재' 담론은 '민주 대연합' 정치 노선과 연관되어 있으므로 실천적 편향의 가능성이 크다. 또 반대로 '현장 투쟁'만을 강조하는 투쟁 지상주의나 생디칼리슴 운동 노선의 한계도 본격적으로 검토해야 할 주제임을 보여 준다.[31]

마지막으로 가장 중요한 함의는 노동운동의 입장에서 볼 때 단순히 노동 개악 저지를 넘어서는 장기 전략의 필요성이다. 앞서 살폈듯이 박근혜 정부 노동 개혁은 한편에서 종속 신자유주의 노동체제의 모순이 발현되는 과정이었으며, 다른 한편에서 이에 대응하는 지배 블록의 전략적 기획이기도 했다. 노동체제 변동을 매개하는 핵심적인 전략 변수가 노자 계급 세력 관계라는 점을 감안하면 더욱 장기적이고 전략적인 대응이 무엇보다 중요하다.

따라서 노동 개혁은 개악 저지의 방어 투쟁, 노동법 개혁 투쟁을 넘어 노동운동 내부의 계급적 역량을 장기적으로 신장할 수 있는 전략적 계기로 재설정될 필요가 있다. 말하자면 1997년 이후 역전된 계급 세력 관계를 재조정할 기회가 될 수도 있다. 물론 장기 전략의 방향은 산별노조의 실질적 재조직과 민주노총 혁신, 비정규 노동자 연대 및 전략 조직화, 그리고 제2의 노동자 정치 세력화 운동이어야 할 것이다.

---

31 전자가 법적 과정에 호소하고 기존 법을 방어하며 나아가 노동법 개정에 모든 역량을 투여하는 합법주의·개량주의 경향이라면 후자는 그 반대이다. 즉 1987년 체제의 전투적 조합주의가 변형되어 생디칼리슴 실천의 한계가 지속되는 현상을 말한다. 그것은 '노동 개악 및 민주 노조 공격'에 대한 전투적 방어, 즉자적 '법 개악 저지 및 철폐 투쟁' 위주의 대응, 정치보다 현장을 강조하는 태도 등으로 나타난다.

부표 5-1 경제 단체의 '노동 개혁 정치' 주요 활동 일지 (2012년~2016년 4월)

2012년

3월 15일 : 이희범 경총 회장 기자 간담회(복지 및 세금 증가 반대, 노동법 개정 반대, 파견 확대 요구)

3월 23일 : 경제 5단체, 정치권에 불만 표현(복지 확대, 재벌 개혁, 노동법 개정 반대)

4월 12일 : 대한상의, 기업조사보고 발표(증세 복지 확대보다 노동 공약이 더 부담)

5월 25일 : 대한상의 노동 입법 기업 여론조사(휴일 연장 노동, 비정규 노동 최임금, 정년 연장 부담)

7월 12일 : 경총, 새누리당 대표 면담(국회 환경노동위원회 재구성 요구)

7월 18일 : 경총, 30대 기업 인사·노무 담당 임원회의(국회 환경노동위원회 재구성 요구)

7월 24일 : 경제 5단체, 국회 환경노동위원회 및 노동계 투쟁 관련 긴급회의

8월 19일 : 전경련, 경제 전문가 43명 설문 조사 발표(하반기 경제 전망 부정적)

8월 23일 : 대한상의, 대선 경제·노동 정책 28개 과제 발표(대체 노동, 비정규 노동 확대 등)

8월 28일 : 경제 5단체, 정부에 97개 정책 과제 건의

10월 25일 : 대한상의(71개 상공회의소 회장) 성명 발표(경제민주화, 복지 확대, 노동법 개정 반대)

11월 1일 : 대한상의, 60개 고용노동법 관련 의견서 국회 전달

2013년

1월 31일 : 대한상의, 국회 계류 15개 주요 노동 법안에 대한 경제계 의견 제출

2월 27일 : 경총 총회(한국노총과 대타협 추진 의사 표명)

4월 16일 : 경제 단체장, 경제부총리 및 노동부 장관 면담(노동법 개정 등 경제민주화 수정 폐기 요구)

4월 26일 : 경제계, 대체 휴일 및 정년 연장법 반대 의사 표명

5월 8일 : 대한상의, 고용률 높이기 위한 노동시간 유연화 및 유연 근무제 주장

5월 22일 : 대한상의 전국회장단, 통상 임금 규정 명확화 위한 법 개정 요구

6월 16일 : 대한상의 설문조사(휴일 노동의 연장 노동 포함이 가장 큰 부담)

7월 9일 : 전경련, 30대 기업 설문조사(경제민주화가 가장 큰 부담)

9월 2일 : 경제 5단체, 정부와 국회에 의견서 제출(통상 임금, 휴일 연장 노동, 노동시간 단축 문제 건의)

10월 10일 : 경총 보고서(고용률 70% 위해서는 시간제 임시직 확대 필요 주장)

11월 11일 : 대한상의, 휴일 노동의 연장 노동 포함 문제에 대한 조사 결과 발표

11월 15일 : 경제 5단체장, 새누리당·민주당 대표 면담(노동시간 단축 법안 반대 의견 전달)

12월 2일 : 대한상의, 통상 임금 대법 판결 앞두고 판결을 압박하는 보고서 발표

12월 25일 : 경총, 민주노총 정치 파업 대응 지침 발표

2014년

1월 12일 : 경총, 노사 관계 전망 조사 발표(통상 임금이 불안 요인)

2월 17일 : 경총 및 중소기업중앙회, 대법원 탄원서 제출(휴일 노동의 연장 노동 포함 반대)

6월 19일 : 대한상의, 3대 현안(통상 임금, 정년 연장, 노동시간 단축)에 대한 임단협 가이드라인 발표

7월 10일 : 전경련, 2014년 규제 개혁 종합 건의(628개 사항)

10월 7일 : 대한상의 토론회(통상 임금, 정년 연장의 대안으로 임금 체계 개편 주장)

11월 8일 : 전경련, 규제 개혁 기요틴 과제 제출(153개 사항)

12월 28일 : 규제 개혁 기요틴 과제 민관 합동 회의

2015년

2월 26일 : 경총 신임 회장(3대 현안 해결, 저성과자 고용 조정, 고용 유연성, 임금 체계 개편 등 현안 해결 주장)

4월 14일 : 경총, 민주노총 총파업 엄정 대처 성명 발표

9월 9일 : 전경련 산하 한국경제연구원 세미나(일반 해고, 취업규칙 유연화 주장)

9월 19일 : 경제 5단체, 입법 청원안 발표(취업규칙 불이익 변경, 일반 해고 허용 요구)

10월 23일 : 경총포럼, '제3차 저출산·고령화 대책'에 의견 제시, 정년 연장 반대 임금 체계 개편 요구

12월 7일 : 뿌리 산업 사용자들, 새누리당 지도부 방문(파견법) 개정 요구)

12월 13일 : 경총, 최고경영자 경제 전망 조사(4대 개혁 중 노동 개혁 가장 중요 61.8%)

12월 21일 : 경제 5단체 대표 기자회견(노동 5법 국회 통과 촉구)

2016년

1월 18일 : 전경련 산하 한국경제연구원 보고서(파업 시 대체 노동 허용 요구)

2월 2일 : 경총, 임금 조정 권고안 발표(임금 동결 원칙 및 삭감, 임금 체계 개편 추진)

2월 22일 : 경제 5단체, 경제 활성화법 노동 개혁 입법 촉구 서명 명부(133만 명) 정치권 전달

2월 27일 : 경제 7단체, 경제 활성화법 노동 개혁 입법 요구

3월 9일 : 경제 5단체, 임금 체계 개편 실천 결의

3월 16일 : 전경련 보고서 발표(위기의 한국 경제, 마이너스 지표 증가)

4월 17일 : 경총, 양대 지침 경영계 가이드라인 발표(취업규칙 변경 사유 파업은 불법 규정)

6장

2016년 촛불 혁명과 노동체제 전환의 가능성

1. 서론

2016년 하반기 '이게 나라냐'라고 외친 수천만 촛불 시민들의 목소리는 놀라웠다. 다만 그것은 이미 수년 전부터 청년들이 제기한 '헬 조선!' 외침과 정확히 일치한다는 점에서 새로운 목소리는 아니었다. 한겨울 장기간에 걸쳐 진행된 2000만 촛불 항쟁의 바탕에는 수구 정부의 적폐와 함께 더 구조적인 사회경제적 요인이 작용했다고 볼 수 있다. 이렇게 촛불 혁명을 달리 바라볼 때 우리는 단순한 정치 민주화를 넘어 더욱더 근본적인 개혁 과제 앞에 서게 된다.

여러 사회경제적 요인 가운데서도 노동 상황은 외환 위기 이후 지난 20년간 더 나빠질 수 없을 정도로 악화되어 왔다.[1] 이를 몇 가지 지표를 통해 생각해 보자. 먼저 비정규 노동자 비율과 상태는 OECD 최고이자 최악이라는 점은 잘 알려져 있다. 거의 절반에 가까운 비정규 노동자의 규모도 문제이거니와 이들의 노동조건과 생활 상태는 선진국에서는 전혀 찾아볼 수 없는 수준이다.

다음으로 노동기본권의 축소·후퇴도 심각하다. 1998년 이후 노동 민주화가 일정하게 진행되었음에도 우리 사회에서는 실질적으로 노동 3권이 보장되지 못하고 있다. 그 결과가 조직률 10퍼

● 이 글은 교수연구자비상시국회의(2017)의 노동 부문 자료 중 일부를 수정 및 보완했다.

[1] 이는 1987년부터 1997년까지의 '1987년 노동체제'에서 대부분의 사회경제적 지표가 대체로 개선되었던 것과 뚜렷한 대조를 이룬다. 이는 노동체제 전환의 경험적 증거로 볼 수 있다.

센트를 밑도는 무노조 사회, 전교조와 공무원노조의 단결권 박탈, 특수 고용 노동자의 무권리 상태 등이다. 노동조합은 '귀족'이나 '이기주의' 집단이며, '파업은 불법'이라는 '상식'이 통하는 이상한 나라인 것이다.

셋째, 임금격차와 노동시장 양극화도 OECD에서 가장 높은 수준이다. 임금격차는 정규직과 비정규직, 남성과 여성, 대규모 사업장과 중소·영세 사업장, 중장년과 청년·노령 노동자 등 여러 차원에서 복합적으로 발생하고 있다. 그러므로 예컨대 중소·영세 사업장에서 일하는 노령·여성·비정규 노동자의 삶은 이루 말할 수 없이 궁핍하다. 지난 20년간 이 격차는 크게 확대되었고 지금은 공고하게 양극화된 노동시장 구조를 형성하고 있다.

넷째, 장시간 노동과 산업재해도 마찬가지이다. 급속한 자동화, 기술 발전에도 불구하고 연간 2100시간에 이르는 장시간 노동 상황은 크게 바뀌지 않았다. 이는 선진국 평균과 비교하면 무려 400시간이나 더 일하는 것을 의미한다. 또 우리나라는 매년 2000명에 가까운 사망자를 발생시키는 산재 공화국이다. 매년 세월호 6~7척이 가라앉는 셈이다. 흔히 은폐되거나 공상公傷으로 처리되는 재해들을 포함하면 사태는 더욱 열악하리라는 추측도 충분히 가능하다.

다섯째, 정리 해고와 비정규 노동으로 대표되는 고용 불안정이 일상화되어 있다. 2009년 2600명의 정리 해고 이후 30명이 사망한 쌍용자동차의 비극에도 불구하고 우리 사회는 여전히 이런 고통을 방치한다. 최근에도 조선업에서 수십만 노동자들이 해고되고 있지만 실질적인 대책은 거의 없는 상황이다. 외환 위기 직후 사회 안전망의 제도와 형식은 도입되었으나 실질적 대책은 여전히 매우 부족하다. 한국에서 노동자들은 경쟁에서 도태되면 곧바로 죽음이라는 공포 속에서 살아가야 한다.

여섯째, 사회경제적 이유에 따른 자살, 결혼과 출산 기피 등이 만연해 있다. 지금까지 10년 넘도록 한국 사회의 자살률은 압도적으로 세계 최고였다. 특히 노인 자살률은 선진국의 4~5배 수준에 이른다. 젊은이들이 경제적 이유로 결혼과 출산을 기피하는 세태가 자리 잡은 지도 오래다. 이런 세대 간, 세대 내 불평등은 남녀 간 혐오 문화 등 각종 사회적 갈등의 토대로 작용하고 있기도 하다.

마지막으로 지적할 중요한 점은 다중 양극화多重 兩極化 현상이다. 노동자들의 삶이 전반적으로 악화되고 있는 가운데서도 비정규 노동자, 청년과 노령 노동자, 여성 노동자, 이주 노동자, 실업 노동자, 중소·영세 사업장 노동자 등 하층 집단의 상황은 특히 심각하다. 촛불 혁명 이후 빈발하는 매우 복합적이고 격렬한 사회정치적 대립 속에는 다중 양극화 문제가 깔려 있다.

이와 같은 우리의 노동 현실을 봤을 때, 새로운 공화국을 건설하는 과제는 박근혜 정부의 적폐 해소에 국한되어서는 안 된다. 탄핵과 범법 행위에 대한 단죄나 국정 농단 처벌, 나아가 정권 교체나 헌법 개정 등의 작업만으로는 촛불 시민들의 요구를 모두 담을 수 없으며, 새로운 나라를 만들 수도 없다. 따라서 사법적·정치적 단죄나 정치적 제도 개혁에서 그치지 말고 문제의 핵심으로 한 걸음 더 나아가야 한다.

이런 문제 인식은 노동 개혁에도 적용되어야 한다. 즉 과거 정부들에서 누적되어 온 각종 신자유주의 노동 억압이나 시장 만능주의 정책들을 폐기하는 것으로 충분하지 않다. 예컨대 정부가 노동쟁의를 불법으로 규정하고 기업의 손해배상 청구 소송을 유도하는 일 따위를 중단하는 데 머무를 수 없다. 물론 이명박·박근혜 정부와 그 이전 민주 정부들에서 만들어진 적폐들을 해소하는 것은 모든 일의 전제조건이다. 그러나 '1987년 노동체제'의 묵은 과제를 넘어 1997년 외환 위기 이후 지난 20년 넘게 누적된 구조적 문제들, 곧 '종속 신자유주의 노동체제'의 여러 모순들을 극복할 수 없다면 '사람이 살 만한 나라'는 불가능하다. 더욱 적극적인 개혁 조치들로 체제 전환을 이룰 수 있는 전망이 필요한 이유가 여기에 있다.

2. 노동체제 전환의 의미와 범위

노동체제의 전환은 단순한 정책 변경 또는 정권 교체나 법 개정으로 이루어질 수 있는 문제가 아니다.[2] 노동체제는 크게 노동시장 구조, 노동운동의 구조와 전략, 그리고 지배 블록의 구조와 전략으로 구성된다. 그리고 그것은 다른 층위의 국가 정치, 경제구조, 사회구조 등과도 밀접하게 연관되어 형성 및 재구조화된다. 따라서 체제 전환의 출발은 정책 전환과 노동법 개정일 수 있으나

---

[2] 노동체제의 개념과 이론에 대해서는 노중기(2008) 참고.

그것으로 그칠 수 없다. 경제정책 및 정치적 변화와 함께 이루어져야 하며 전환 과정이 지속적으로 이어져 장기적인 구조 변동을 야기할 수 있어야 한다.

노동 개혁의 정책 변화만 하더라도 만만한 일이 아니다. 즉 새로운 제도의 도입과 안착은 물론 관련 국가기구 자체의 개편, 노동운동 조직과 운동 양식의 전환, 경제민주화 및 기업 지배 구조의 전환 등을 포함하는 광범한 전환이 요구된다. 물론 국가 정치 지형에서 안정적인 정치 환경과 더불어 노동에 대한 사회적 인식 및 이데올로기 지형의 전환 등도 이루어져야 한다. 따라서 노동체제 전환은 '장기 전략적 과제'이다.

좀 더 분석적으로 본다면, 이 체제 전환 과제에는 서로 연관된 세 가지 차원의 문제들이 포함되어 있다. 먼저 해방 이후 70년 동안 구조화된 각종 반노동 이데올로기와 관련 제도를 해체하는 문제가 있다. 예컨대 노동문제를 냉전 이데올로기의 색안경으로 바라보거나 치안 문제로 이해하는 대중적 인식과 관행, 제도를 폐기하는 과제이다. 지금도 노동문제는 경찰과 검찰 등 억압적 국가기구의 일상적 감시 대상이 되어 있다. 노동문제와 노동조합에 대한 시민들의 낮은 인식 수준과 막연한 공포감도 좀 더 근본적으로 개선해야 한다. 1987년 이후 노동 민주화 과정에서 상당 부분이 해체·해소되는 변화가 있었으나, 여전히 남은 과제들이 많다.

둘째, 1997년 외환 위기 이후 도입되어 강하게 구조화된 신자유주의 이념, 제도와 시장 만능주의 구조도 해체되어야 한다. 주지하듯이 한국의 신자유주의 노동체제는 1997년 외환 위기를 계기로 단기간에 급속히 도입된 특수성을 갖는다. 국가 부도 사태의 위협 앞에서 전성기의 미국 자본과 초국적 금융자본이 요구한 제도들이 그대로 도입된 것이다. 김대중·노무현 두 민주 정부는 시장 개방, 금융 자유화, 민영화 등 시장 자유화 조치를 신속하고 광범하게 추진했고 노동 영역에서는 정리 해고와 파견 노동 제도를 필두로 각종 노동 유연화 조치를 속속 도입했다. 특히 서구와 달리 그 폐해를 막을 사회적 안전망도 없는 상태에서, 그리고 최소한의 노동기본권이 사회적으로 안착되지 못한 상태에서 강한 시장 경쟁 체제가 도입되었다. 그 결과 사회 양극화와 노동기본권 제약이 그 어떤 신자유주의 체제보다 더 높은 수준으로 제도화되었다.

셋째, 이명박·박근혜 정부가 10년간 쌓아 놓은 각종 적폐들도 처리되어야 한다. 노동 영역에서 이 정부들은 기존의 선진화 국가 프로젝트를 확대하려 노력하는 동시에 노동 민주화를 후퇴·역진시키기 위해 각종 노동 탄압을 실행했다. 예컨대 이명박 정부는 공무원노조와 전교조의 단결권을 빼앗고, 복수 노조 교섭 창구 단일화를 강제함으로써 산별노조의 활동과 교섭권을 박탈하는 노동 억압을 실행했다. 박근혜 정부는 민주노총 조직을 침탈한 데다가 진보 정당을 해체하는 정치 공작에 몰두했다. 또 두 정부 모두 비정규직을 확대하는 수량적 유연화 정책과 민주 노조 파괴 정책을 일관되게 추진했지만, 민주 노조의 강력한 저항으로 충분한 성과를 얻지 못했다는 공통점도 있었다.

이상과 같은 세 가지 차원의 체제 전환 과제들은 서로 중첩되어 있고 서로를 강화하는 구조로 작동하고 있다. 또 그것은 짧게는 10년, 20년에 걸쳐 형성되었지만 길게는 해방 이후 근대국가 형성과 자본주의적 성장 과정 전체와 연관되어 있다. 그러므로 체제 해체 작업은 수구 정부 시기의 행정적 조치를 폐기하는 데서 신자유주의의 법·제도 장치를 해체하는 일로 나아가야 한다. 그리고 장기적인 과제로 경제 전략 재구성과 국가 정치 구조 개혁 및 이데올로기 지형 변화까지 다차원적인 과업으로 설계될 필요가 있다.

현재 한국의 종속 신자유주의 노동체제에는 두 가지 핵심 요소가 있다고 평가된다. 바로 노동시장 유연화, 국가와 자본 주도의 법치주의이다. 노동시장 유연화, 곧 시장주의 확대에 따라 경쟁에서 패배한 열패자들에 대한 사회적 규율 및 통제 과정이 법치주의이다. 그러므로 두 요소는 동전의 양면처럼 신자유주의 노동체제의 핵심적 특징으로 나타나는데 이는 서구와 우리나라에서 모두 동일했다. 지난 20년간 우리 사회에서 크게 늘어난 비정규 노동자와 그들의 극한적 투쟁들을 바로 이런 체제의 구조 효과로 볼 수 있다.

다만 우리의 경우는 한국 사회에 고유한 특수성, 곧 종속성을 지녔다는 특징이 있다. 즉 한국 사회는 서구와 달리 사회민주주의라는 노동 포섭 체제, 곧 복지국가를 경험하지 못했고 신자유주의가 각종 전근대적 이념과 제도, 곧 반공주의 이데올로기와 억압적 국가 장치와 결합되었다. 이 특수성은 서두에서 살폈듯이 촛불 혁명을 야기한 사회구조적 모순의 깊이와 폭을 규정한다고 이해할 수 있을 것이다.

3. 종속 신자유주의 노동체제의 적폐 청산

1) 박근혜 정부 '노동 개혁'의 해소

2014년 말부터 추진된 박근혜 정부의 이른바 '노동 개혁'은 개혁이 아니었다. 그것은 '노동 개악'이었으며 최악의 재벌 청부 입법이라 할 만했다. 현재 시점에서 보면 2016년 총선과 촛불 혁명에 의해 박근혜 정부의 '개혁안' 자체는 대체로 폐기되었다. 그러나 여전히 남아 있는 정책 사안들이 존재한다. 따라서 이와 관련된 적폐들은 즉시 폐기되어야 한다.

또 '노동 개혁'의 추진 과정과 관련된 정책적 오류와 문제점도 더 밝혀질 필요가 있다. 2015년 9월 노사정위에서 진행된 이른바 '사회적 대타협'은 전혀 사회적 대화가 아니었다는 점도 확인되어야 한다. 특히 중요한 것은 박근혜 정부의 노동정책이 정치 공작으로 강행되었고, 여기에 관련된 세력과 그 책임 소재에 대해 명료한 사회적 규명은 아직 진행되지 못했다는 사실이다. 한편 '노동 개혁' 문제 외에도 청산해야 할 다수의 사안이 존재하고 있으며, 이런 문제들에 대한 논의와 적폐 청산, 그리고 그 사회적 규명이 반드시 필요하다.

노동체제 전환의 전제인 박근혜 정부 적폐 청산의 내용은 크게 열 가지로 추릴 수 있다. 먼저 '일반 해고'의 합법화, 취업규칙 불이익 변경 허용 등 부당한 노동부 지침을 폐기해야 한다. 이른바 '양대 지침'으로 불리는 이 행정 지침들은 법 개정에 따른 정치적 부담을 회피하기 위해 정부가 불법적 수단을 동원한 것이었다.

둘째, 비정규 노동 확대 관련 법률 개정안과 관련 정책안을 폐기해야 한다. 기간제 및 파견 노동의 확대를 꾀한 노동 개혁안을 비롯해 '반듯한 시간제 일자리 정책' 등 비정규 중심의 일자리 정책 전반이 폐기될 필요가 있다.

셋째, 박근혜 정부는 법정 노동시간을 확대하는 노동법 개정안을 제출한 바 있다. 이는 과거 법정 노동시간의 단축에도 불구하고 주 68시간 노동을 허용한 기존의 행정 해석이 법원 판결로 폐기될 것에 대비한 일이었다. 최장 노동시간 국가를 더 유지하려는 자본 청부 입법이므로 즉각 폐기되어야 한다.

넷째, 정기 상여금 등을 포함하도록 되어 있는 통상 임금 범위를 축소하려는 시도도 폐기되어야 한다. 오히려 2013년 대법 판결에서 동원된 신의칙(신의 성실의 원칙) 논리의 문제점을 바로잡는 개혁 조치가 필요하다.[3] 마땅히 지불해야 할 초과 노동 수당을 지급하지 않아 온 과거 적폐를 청산하는 작업이다.

다섯째, 공무원노조와 전교조에 대한 단결 금지 방침 폐기 문제이다. 두 노조의 단결권은 1960년대 이후 노동 억압을 보여 주는 상징적인 쟁점이었다. 민주화 과정에서 단결권이 주어졌으나 수구 정부들이 무리하게 이를 박탈했던 만큼 즉시 폐지하는 것이 옳다.

---

3 2018년 대법원과 청와대가 공모한 재판 거래가 이 시기에 있었다는 사실이 사법 개혁 적폐 청산 수사 과정에서 밝혀졌다. 2013년 갑을오토텍 통상 임금 소송에서 대법원은 '신의칙'이라는 논거를 도입해 과거 미지급 임금에 대한 책임을 상당 부분 노동조합에 돌리고 기업에는 면죄부를 주는 판결을 내렸다.

여섯째, 공공 부문 성과 연봉제 강행 방침 폐기 및 노조 탄압 중단이 필요하다. 노무현 정부 이래 공공 부문은 민간 부문 노동을 통제하는 수단으로 이용되어 왔다. 이명박·박근혜 정부가 강행한 성과 연봉제는 전면적으로 폐기하고 공공 기관 평가 제도도 전면 개혁하는 것이 바람직하다.

일곱째, 2009년과 2013년 철도 민영화에 반대한 철도 노동자들의 합법적 파업을 정부는 불법으로 몰아 탄압했다. 수백 명에 대한 사법 처리와 수천 명에 이르는 징계처분, 그리고 수백억 원의 손해배상 청구 소송은 전 방위적 노동기본권 탄압일 따름이었다. 따라서 즉시 소송을 취하하고 원상회복 조치가 필요하다.

여덟째, '노동 개혁' 관련 노동정책 행정과 담당자에 대한 조사 및 엄중 문책이 필요하다. 고용노동부는 불법적 행정 지침 남용과 편파적 판정 등 수많은 범법 행위의 당사자이다. 또 청와대, 기획재정부, 행정안전부, 법무부 등 거의 대부분의 정부 부처가 노동기본권 침해, 노동 인권 억압 등에 직간접적으로 관여했다. 따라서 사태의 재발을 막기 위해서라도 관련 부서 및 관련자에 대한 엄중한 조사와 책임 추궁이 반드시 요구된다.[4]

아홉째, 2014년 통합진보당 해산 결정에 이르기까지 진행된 정치 공작 진상을 조사하고 관련자를 처벌해야 한다. 당원 교육

---

4 2018년 고용노동부는 진상 조사와 제도 개선을 위해 특별조사위원회를 꾸리고 그 결과를 발표했다. 그러나 노동부 장관이 경질되고 정부의 노동 개혁 정책이 후퇴함에 따라 대부분의 사안들은 책임자 추궁이나 개선 조치 없이 방치되었다.

내용에 대한 내란 음모 조항 적용, 청와대와 법무부의 정당 위헌 제청 등은 정치 공작이었을 가능성이 매우 크다. 두 수구 정부 시기에 이루어진 진보 정당에 대한 공작과 탄압은 적폐 청산 차원에서 다루어져야 한다.

마지막으로 노동 탄압 사건에 관련된 다수의 관련자를 수사해 처벌할 필요가 있다. 특히 전국경제인연합회와 한국경영자총협회 등 자본 단체와 정부 부처 사이의 정경 유착을 철저히 수사해야 한다. 2009년 쌍용자동차, 2012년 SJM, 유성기업, 만도 등에서 발생한 용역 폭력 사태에 대해서는 더욱 철저한 재조사와 수사가 이루어져야 한다.

촛불 혁명으로 대통령 탄핵, 정권 교체가 진행된 만큼 최소한의 인권적 요구라 할 수 있는 이상의 과제는 큰 어려움 없이 해결될 수 있을 것이며 이미 부분적으로 실행되었다. 그러나 여전히 충분하지 않다. 이 과제들 가운데 상당수는 조사와 처벌로 완전히 해결될 수 없는 성질을 띠며, 관련 노동법과 제도의 개혁이 수반되어야 하기 때문이다.

2) 신자유주의 20년의 적폐 청산 과제

수구적 보수 정부의 노동 적폐를 해소하는 과제는 그것을 포함한 20년 신자유주의 정권의 노동 적폐와 연결되어 있다. 외환 위기 이후 확대된 노동 유연화와 법치주의는 현재 노동 사회에 강하게 제도화되어 있는 실정이다. 따라서 이 문제를 건드리지 않고 수구 정부의 문제를 해소할 수는 없다.

구체적으로 1994년 말 김영삼 정부의 세계화 선언 이후 누적된 신자유주의 노동 유연화, 노동통제 장치들을 청산할 필요가 있다. 세계화와 국가 경쟁력 확보, 외환 위기 극복, 선진국 진입, 노동 개혁 등 각종 이데올로기 공세와 함께 도입된 광범한 신자유주의 정책들이 포함된다. 따라서 사회·경제 정책의 전환이 노동정책 전환과 결합되지 않고서는 문제를 해결하기가 쉽지 않다.

　사회·경제 정책 전환을 전제로 20년 신자유주의 노동정책에서 청산해야 할 적폐들을 열 가지로 정리할 수 있다. 먼저 무엇보다 비정규 노동 관련 기존 법률의 개폐와 제도 개선이 시급하다. 과다하게 늘어난 비정규 노동자 수와 엄청난 차별의 정도를 크게 개선하지 않고서 새로운 노동체제는 불가능하다. 이때 가장 중요한 원칙은 '상시 지속적 업무에 대한 정규직 고용 원칙'이다. 외환 위기 이후 도입되고 기간제 노동의 법제화 이후 크게 확대된 파견 노동 제도는 원칙적으로 '철폐'하는 것이 맞다. 또 사용 사유 제한 제도를 도입해 기간제 및 단시간 노동 사용을 줄이고, 동일노동 동일임금 원칙을 제도화하는 등 그 보호 장치를 강화해야 한다. 또 최근 크게 늘어난 특수 고용 노동자에 대해서는 노동기본권을 인정해 스스로 임금 및 노동조건을 보호할 수 있어야 한다.

　둘째, 경영상 이유에 의한 해고, 곧 정리 해고 적용 요건을 법적으로 더 강화할 필요가 있다. 1998년 정리 해고 법 조항이 도입된 이후 법률로 규정된 네 가지 요건, 곧 긴박한 경영상의 필요, 해고 회피 노력, 해고 대상 선정 기준의 합리성과 선별의 공정성, 노동자 대표와의 사전 협의 등이 적용되어 왔다. 그러나 이 절차적 요건의 실체적 내용에 대해서는 법원에서 그 판단을 점차 느슨하게 해왔고 재취업, 보상, 사회보장 등이 미비한 우리 조건에서 노동자 보호 기능을 제대로 수행하지 못했다. 2009년 쌍용자동차 정리 해고에 따른 비극적 사례에서 보듯이, 좀 더 엄격한 법 집행이 가능하도록 요건을 엄격히 정할 필요가 있다.

셋째, 노동쟁의에 대한 손해배상 청구 소송 및 가압류를 엄격히 제한하는 법제화가 필요하다. 2003년 10여 명의 비정규 노동자들이 이 문제로 말미암아 목숨을 끊는 비극이 벌어진 뒤 당시 노무현 정부는 이를 법 개정으로 개선하겠다고 밝힌 바 있었다. 그러나 참여정부에서 법제화가 이루어지지 않은 결과, 이후에도 15년 넘도록 숱한 쟁의들에서 사용자는 손해배상 소송을 제기했고 노동자의 쟁의권은 심각하게 침해받았다. 수구 정부들에서는 국가가 사용자에게 손배소 소송을 적극적으로 요구하기에 이르기도 했다.

넷째, 오랫동안 관행처럼 되풀이되었던, 행정 당국에 의한 파업권 제한도 엄격히 금지할 필요가 있다. 대규모 쟁의가 벌어지면 정부는 흔히 관계 부처(장관) 대책 회의라는 명칭의 회의에서 이를 불법으로 규정하고 형사처벌을 지시하곤 했다. 이때 동원된 것이 〈형법〉상 업무방해죄였다. 법원은 보수적인 판결에 기대어 대부분의 쟁의를 업무방해로 만들어 온 국가의 폭력적 개입을 차단해야 한다. 또 노동쟁의에 〈국가보안법〉을 쉽사리 적용하지 못하도록 제도적 장치를 마련하는 것도 필요하다.

다섯째, 노동 행정 기구에 의한 자의적 행정 지침 및 행정 명령 발표를 엄격히 제한하는 법 개정이 필요하다. 오랫동안 노동부 또는 고용노동부는 법률적 통제가 어려울 경우 자의적으로 행정 지침을 만들거나 명령을 남발해 왔다. 많은 경우 이런 지침들은 법률에 위배될 가능성이 높은 초법적인 노동통제 장치였다. 앞서 살폈듯이 박근혜 정부가 만든 '양대 지침'이 대표 사례였다.

여섯째, 이명박 정부가 도입한 복수 노조 창구 단일화를 폐지해 단체교섭권을 회복하는 조치가 긴요하다. 창구 단일화의 강제 자체가 소수 노조의 교섭권을 제약한다는 점에서 위헌 논란이 있었다. 게다가 초기업 단위 노조의 교섭을 막고 기업별 노조 체제를 유지하는 지렛대로 사용되는 한편 노조 탄압의 핵심 장치로 이용되기도 했다. 이명박·박근혜 정부에서 빈발했던 용역 폭력 사태들은 모두 사측이 어용 노조를 만들고 창구 단일화 제도에 기대어 노조를 탄압하는 과정에서 발생했다.

일곱째, 노동조합 전임자 임금 지급 금지와 타임오프time-off 제도를 폐기하고 노사 자율 결정 원칙을 회복해야 한다. 전임자에게 임금을 지급하는 행위를 처벌하는 것은 국가권력의 과도한 개입이자 노동 억압이다. 이는 복수 노조 금지를 철폐하고 민주화하는 과정에서 사용자에게 반대급부로 주어진 것이므로 폐지해야 마땅하다. 또 기업별 노조의 취약한 조직 구조에서 전임자 임금 지급을 금지한다면 노동조합 조직률을 극단적으로 낮추는 결과를 야기할 것이다.

여덟째, 단결권조차 부당하게 제약해 놓은 공무원과 교원(교수)의 노동기본권을 온전히 회복해야 한다. 김대중·노무현 정부가 교원과 공무원의 노동기본권을 보장한다는 명목으로 만든 두 특별법은 ILO가 한국 정부에 수차례 개정을 요구한 대표적 악법들이었다.[5] 이 법에 기초해 이명박·박근혜 정부는 두 노조를 법외노조로 만들어 갈등을 야기했고 기본권을 억압했다. 마땅히 일반법 체제에 포함하고 이들의 노동 3권을 온전히 보장하는 개혁적 조치가 뒤따라야 한다.

아홉째, 정부의 공공 부문 노사 관계 개입을 엄격히 금지하는 법제화가 필요하다. 과거 정부가 노동정책이라는 이름으로 강행했던 공공 부문의 성과 연봉제를 폐지해야 한다. 또 '공공 기관 경영 평가'를 매개로 진행된 경쟁 체제 도입, 노조 탄압 및 기관 불이익 처분을 근본적으로 재검토해야 한다.

마지막으로 노사정위원회나 지역별 노사민정협의회 등 각종 사회적 합의 기구의 위상을 재검토할 필요가 있다. 사회적 합의 기구 일반의 필요성이 인정된다 하더라도 오랫동안 노동통제 수단으로 악용되어 온 관행을 감안하면 일단 기존 기구를 폐지하는 것이 바람직하다.

한편 지난 20년간 누적된 적폐들 가운데 상당수는 과거 '민주 정부' 시기(1998~2008년)에 도입되었다는 특징이 있다. 따라서 정부가 교체되더라도 수구 정부 시기의 적폐와 달리 상당한 정치적 갈등의 요소가 담겨 있고 논란이 발생할 수 있다. 나아가 새 집권 세력은 이 과제들 중 상당 부분에 대해 부정적 입장을 취할 가능성조차 있다. 따라서 성공적 적폐 청산을 위해서는 그 내용에 대해 시민사회와 노동운동이 일정 수준의 합의를 도출하고 이를 단

---

5 두 특별법의 정식 명칭은 〈공무원의 노동조합 설립 및 운영 등에 관한 법률〉(2006), 〈교원의 노동조합 설립 및 운영에 관한 법률〉(1999)이다.

일한 개혁 요구로 만들 필요가 있다. 나아가 제도 정치권 일반에 대한 시민사회의 조직적 압력 행사도 반드시 필요하다.

4. 민주공화국 건설을 위한 새 노동체제 건설 과제

1) 새로운 노동체제의 이념과 상像

촛불 혁명으로 시작된 정치사회 변동을 좀 더 거시적으로 이해하기 위해서는 지난 60년간 이어진 노동체제 변동의 궤적을 돌이켜볼 필요가 있다. 주지하듯이 전반기 30년 군부독재 권력 치하의 노동체제는 국가가 노동을 억압적 방식으로 배제하는 체제였다. 1987년 노동자 대투쟁 이후 10년이 절차적 민주주의를 작업장에 제도화하는 과도기 노동체제였다면, 1997년 이후 20년은 민주화된 사회에서 자본이 지배하는 시장 만능주의 노동체제였다. 그러므로 노동체제의 변동이 가능하다면, 그것은 한편에서 여전히 한계가 많았던 노동의 시민권을 제도적으로 안착시키고 나아가 민주적 통제의 범위 밖에서 군림했던 자본에 일정한 규율을 부과하는 것이어야 한다.

현재 종속 신자유주의 노동체제의 핵심 문제는 노동의 양극화와 이에 기반한 자본의 무소불위 시장 지배이다. 구체적으로 나타나는 가장 중요한 문제는 역시 정규 노동자와 비정규 노동자 사이의 노동시장 분절 및 각종 차별 구조이다. 정규·비정규 노동에 대한 종적 차별 구조를 축으로 기업 규모별 차별, 성차별, 이주 노동

표 6-1 **한국 노동체제의 변동**(1961년~현재)

노동체제	시기	핵심 이념	주요 내용
억압적 배제 체제	1961~87년	국가주의, 선 성장 후 분배	저임금·장시간 노동
1987년 노동체제	1987~97년	(노동 없는) 민주화	제한적 노동기본권
종속 신자유주의 노동체제	1997~2017년	시장주의, 경쟁력 담론	노동 유연화 법치주의
2017년 새 노동체제	2017년 이후	연대주의, 평등주의	비정규 연대 산별노조

차별, 청년·노령 노동자의 세대별 차별과 같은 횡적 차별 구조가 중첩되어 있다. 그 최종적 결과가 심각한 구조적 불평등과 양극화 사회이다.

한편 이를 뒷받침하는 사회제도로 한국 사회에 고유한 정치 지형과 이데올로기 지형을 생각해 볼 수 있다. 보수정당 주도의 정치 지형과 경쟁주의·성과주의 이데올로기가 만연해 있는 사회구조가 다시금 신자유주의 노동체제를 뒷받침하는 것이다. 최근 크게 강화된 반노동 사회 여론도 중요한 장애물이다. 따라서 새 노동체제를 건설하기 위해서는 일차적으로 차별 이념과 제도를 철폐하고, 나아가 연대와 평등을 지향하는 새로운 제도와 문화를 장기적·전략적으로 축적해 가야 한다.

다른 한편으로 한국 노동체제의 가장 중요한 특징 가운데 하나는 중앙집권적 행정 권력 및 정치권력에 의한 노동문제 규율이다. 그 뿌리는 일제강점기와 군사독재 정권에서 구조화된 비민주적·억압적 노동 행정이다. 그러나 민주화 이후에도 정경 유착이 해체되지 못한 사회경제 체제의 한계 속에서 이런 구조는 최근까지도 강하게 작동해 왔다. 따라서 1987년 체제의 노동 민주화 과제를 완성한다는 의미에서도 필요하지만, 지난 60년 노동체제의 질곡을 벗어나기 위해서도 노동 행정의 민주화 및 관련된 제도와 행정의 개혁이 매우 중요하다.

이 두 번째 과제는 어떤 의미에서 노사 자율성 확대나 노동체제의 자유화로 이해될지도 모른다. 여기서 문제가 발생할 수 있다. 즉 신자유주의 극복은 시장 자유주의 원리에 대한 사회와 국가의 개입 확대이므로 앞 절에서 본 과제와 모순될 가능성이 있다. 곧 반신자유주의 개혁과 국가 민주화 개혁이 구체적인 수준에서 모순적일 수도 있다. 그러므로 개혁의 전략적 지향을 명료히 하고 영역별·주제별 자유화와 국가의 시민사회 규율 범주를 정확히 구분하려는 노력이 중요하다. 예컨대 노조 활동과 관련된 자유는 확대하되, 자본·사용자의 시장 자유는 국가 규율로 억제해야 하는 쉽지 않은 과제가 우리 앞에 놓여 있다.

2) 체제 전환을 위한 영역별 과제

노동체제 전환이라는 과제가 난제라는 점은 앞서 일부 논의한 바 있었다. 먼저 그것은 중장기적 과제라는 점에서 그러하다. 적어도 10년 이상 지속되어야 체제 변화의 구조 변동이 가능하기 때문이다. 두 번째로는 노동체제 전환에는 이를 뒷받침하는 정치체제 및 축적 체제의 변화가 동시에 진행되어야 하기에 어렵다. 개혁적 국가 정치 지형이 확보되어야 하고, 마찬가지로 재벌 중심 경제체제의 개혁적 전환이 동시에 이루어져야 한다. 요컨대 정치 민주화와 경제민주화가 장기간 뒷받침되지 않으면 많은 어려움에 봉착할 수밖에 없다.

다른 한편에서 체제 전환을 더욱 어려운 과제로 만드는 또 다른 요인은 전환을 추진할 노동 주체의 변화가 병행되어야 한다는 점이다. 노동과 노동기본권에 대한 낮은 사회 인식 수준, 반공 이데올로기, 성과주의와 강한 차별 의식 등 불리한 이데올로기 지형은 노동 대중 내부에서도 큰 걸림돌이다. 또 촛불 집회를 주도한 세력임에도 노동계급의 취약한 계급 역량은 안정적 체제 전환을 추동하기 어렵게 한다. 노조 조직률 10퍼센트, 5퍼센트 내외의 진보 정당 지지율과 내부 분열 등은 항상적인 제약 요인이다. 마지막으로 노동계급 내부의 구조적 균열과 편차는 체제 전환의 과제인 동시에 전환 동력을 잠식하는 요인이 될 수 있다.

이런 점들을 생각하면서 이 절에서는 노동체제 전환을 위한 중장기적 개혁 과제를 간략하게나마 정리해 본다. 노동시장, 노동과정, 노동력 재생산, 노사 관계와 노동 정치 등 모두를 자세히 논하기 힘들기 때문에 노동시장, 국가정책, 노동운동 등 세 가지 요소로 나누어 과제를 살펴볼 것이다.[6] 특히 노동운동의 과제는 더 자세히 검토해야 할 방대한 주제이나 간략히 언급하는 것에 머무를 수밖에 없다.

먼저 노동시장 영역의 주요 과제들은 다음과 같다. 우선 비정규 노동 사용에 대한 원칙을 마련하고 이를 꾸준히 제도화해야 한다. 비정규 노동은 예외적인 경우에만 사용하고 상시 지속적 업무

---

6 노동력 재생산(노동 복지)은 복지 일반, 노동 정치는 정치 일반의 개혁 과제와 중첩되기도 한다. 그러므로 여기서는 노동 부문에서 다루어야 할 최소한의 내용에 국한한다.

에는 정규직을 사용하는 원칙을 만들어야 한다. 사용 사유 제한이나 동일 가치 노동에 대한 동일 임금을 제도화하는 방안이 가능하다. 둘째, 여성 노동 보호 장치를 강화하고 실질화해야 한다. 육아와 보육, 모성보호 제도를 확대하는 것은 물론 적극적인 할당제가 추진될 필요가 있다. 셋째, 중기 계획을 갖고 최저임금을 현실화하되 처벌 조항을 크게 강화해야 한다. 넷째, 실노동시간을 꾸준히 단축해 선진국 평균인 연간 1700시간대 노동조건을 단계적으로 실현할 필요가 있다. 물론 이 노동시간 단축은 일자리를 나누고 창출하는 제도적 노력과 연결되어야 한다. 다섯째, 각종 차별 금지 조치를 강화하고 실행해야 한다. 특히 이주·장애인·청년·노령 노동 등 하층 노동 부문에 대한 장기적 제도 개선과 지원책이 필요하다. 여섯째, 공공 부문을 확대해 새로운 일자리를 만들 필요가 있다. 공공 부문을 확대하고 공무원의 정원을 대폭 늘리는 노력을 지속해야 한다.

다음으로 국가 노동정책 영역에서도 중장기적 구조 개혁의 노력이 진행되어야 한다. 먼저 노사 관계에 대한 행정 개입을 축소하고 노사 자율 원칙을 확립해야 한다. 각종 정부 위원회를 재편하고 그 중립성을 제고하는 일도 중요하다. 또 고용노동부 명칭을 '노동사회부'로 변경하고 노동 감독 기능을 확대하며 조직 자율성을 제고하는 행정 기구 개편도 필요하다. 이럴 경우 근로감독관과 노동사회부의 인력을 증원해야 한다. 둘째, 변화하는 노동환경을 감안해 노동기본권을 OECD 수준으로 대폭 확대해야 한다. 여기에는 노동자와 사용자 개념 범주 확대, ILO 핵심 협약 비준, 〈근로기준법〉과 〈산업재해보상보험법〉의 전체 노동자 적용, 고용 허가제 폐지 등이 포함된다. 셋째, 산별 교섭을 제도화하고 확대해야 한다. 사용자단체 구성을 의무화하고 산별 협약의 확대 적용 제도를 도입할 필요가 있다. 넷째, 노동 복지를 대폭 확대해야 한다. 고용보험과 산재보험을 비롯해 4대 보험 가입률을 획기적으로 높이고, 수급액을 현실화해야 한다. 특히 산업재해 예방 제도와 처벌 수준을 전면적으로 개혁할 필요가 있다. 마지막으로 현행 노동위원회 제도를 폐지하고 노동 법원을 설치하는 것이 바람직하다. 현재 노동 분쟁을 다루는 5심 제도는 그 자체로 노동에 불리하고 비용도 많이 든다. 또 매우 보수적인 사법부를 대신해 전문성을 갖춘 노동 법원이 사건을 다루도록 해야 할 것이다.

마지막으로 노동운동 부문에서도 개혁이 긴요하다. 노동운동은 개혁의 주체이지만, 그 자체가 노동체제의 한 구성 부분으로서 개혁의 대상이기도 하다. 먼저 연대주의 이념과 운동 노선을 새로이 수립할 필요가 있다. 지금처럼 노동운동에 대한 시민적 비판이 높을 때가 적절한 개혁 시점일 수 있다. 사회 연대 노조주의나 사회운동 노조주의 등 비정규 및 기타 취약 노동자 집단과의 연대, 사회적 약자 집단들과의 연대를 강화하는 운동 노선이 적절해 보인다. 둘째, 조직률을 크게 제고하고 산별노조 조직을 완성시키는 전략적 실천이 필요하다. 여기에는 비정규 노동을 포괄하는 조직화, 산별 교섭, 산별 재정, 산별 의사 결정 체제 확보, 총 연합 단체 기능 재조정 등이 주요 과제가 될 것이다. 셋째, 제2의 정치 세력화 운동을 추진해야 한다. 우선 2008년과 2012년의 진보 정치 실패 경험을 비판적으로 재평가하고, 새로운 전략적 과제를 도출해야 한다. 노조·정당의 관계 재정립, 노동자 (진보)정당 가입률 제고, 정당 명부식 비례대표제 확보 등의 전략적 과제들을 노조와 정당 모두가 추진할 필요가 있다.

5. 결론

노동체제 전환의 시각에서 보았을 때 대다수 촛불 시민들의 요구인 '새 민주공화국 건설'은 결코 쉽지 않은 과제이다. 현재의 결정적인 약점은 노동운동, 조직 노동의 역량이 매우 취약하며, 노동계급 내부가 심하게 균열되어 있다는 점이다. 반대로 자본과 보수 국가의 힘은 촛불 이후의 정치적 위기에도 불구하고 여전히 강하다. 이런 세력 관계의 불균형 뒤에는 해방 이후 역사적으로 구조화된 노동 정치 지형의 불균형이 자리 잡고 있다.

그러나 모두가 알고 있듯이 노동문제가 진전하지 않는 한 촛불 시민들의 열망은 실현될 수 없고, 새로운 국가 건설은 난망하다. 따라서 노동운동 주체들은 물론 개혁적 시민사회 전체의 깊은 성찰과 전략적 논의, 그리고 부단한 실천이 반드시 필요하다.

1997년 이래의 종속 신자유주의 노동체제의 모순이 극심하다는 점에서 체제 변동의 내적 동력은 충분히 갖추어져 있다. 이는 일정한 정도에서는 촛불 이후 집권 세력의 전략 선택과 정치 구도를 넘어서는 사회적 동력일 것이다. 사실 촛불 혁명의 에너지도 그 체제 모순으로부터 폭발했다. 이 힘을 어떻게 새로운 국가 건설의 동력으로 만들지는 온전히 주체들의 실천에 달린 문제일 것이다.

7장

문재인 정부 노동정책의 평가와 전망

1. 문제 제기

출범 1년을 맞는 문재인 정부의 '노동정책'에 대한 의견이 매우 분분하다.[1] 대체로 '성과를 기대하고 후한 점수를 줄 수 있다'는 평가(김유선 2018)부터 '기만적이며 실패가 예견되어 있다'는 견해(노동당 노동위원회 외 2017)까지 크게 갈리는 듯하다. 물론 긍정 평가와 부정 평가를 사안별·내용별로 동시에 제시하는 서로 다른 여러 의견도 있다(이주희 2018; 정흥준 2018; 김철식 2017). 하지만 전체적으로 봤을 때 일관되고 포괄적인 평가, 또는 거시적인 논의들이 충분하지는 않은 것으로 판단된다.

특히 새로운 사회적 대화 기구에 참가하는 문제를 둘러싼 의견 차이가 상당하다. 민주노총의 참여 방침에도 불구하고, 현재까지 민주 노조 운동 내부에는 여전히 참가하면 운동의 자주성과 민주성이 크게 손상되리라며 비판하는 논의가 강하게 제기되고 있다. 연구자들의 대체적인 의견은 참여로 기울어 있지만(노중기 2018a; 이주희 2018; 장흥근 2018) 현장은 꼭 그렇지만은 않다.

이 장에서는 문재인 정부 노동정책에 관해 기존 논의들과 달리

◆ 이 글은 민주노총정책연구원·한국산업노동학회·한국비정규노동센터가 공동 주최한 정책 토론회(2018년 5월 4일)에서 발표한 내용을 수정 및 보완했다.
1 임기를 시작한 대통령의 첫 업무 결재, 첫 외부 방문이 모두 노동 관련 사안들이었던 것은 '노동 존중 사회 건설'로 요약되는 문재인 정부 노동정책을 상징한다. 일자리위원회 설치와 인천공항공사 현장 방문이 그것이었다. 이런 일이 처음인 만큼 당연히 그 의미와 가능성에 대해 논란도 많다.

체제론의 거시 분석을 시도하고자 한다. 기존 평가들은 대개 미시적인 정책 사안이나 세부 쟁점에 대한 판단을 근거로 찬반 논의를 진행했다. 하지만 객관적인 평가를 위해서는 전체를 조망하는 거시 정치사회학적 분석이 필요하다. 그리고 단순한 찬반이나 양적 평가를 넘어서는 분석적이고 질적인 논의가 긴요하다. 새 사회적 대화 기구 참가 여부를 노동운동의 맥락에서 검토할 때에도 이런 분석적 논의는 필수이다.[2]

정부의 노동정책을 평가하는 데 1년은 너무 짧은 시간이다. 정책 실행의 경험이 충분하지 않다는 점에서 자칫 선거 공약 평가에 머물 수도 있다. 그러나 기존의 국가 노동정책과 비교해 그 전략적 방향이 크게 달라진 문재인 정부 노동정책의 중요성은 무척 크다. 정부가 스스로 '노동 존중 사회 건설'이라는 전망을 제시하고, 급진적으로 보이는 개혁적 정책안들을 제출하고 있기 때문이다. 그러므로 섣부른 감이 있더라도 그 성격에 관한 학술적·실천적 논의가 필요하다.

돌이켜 보면 과거 여러 차례 실패한 경험으로 국가 주도 노동 개혁 정치에 대한 불신이 노동운동 전반에 팽배해 있다. 그렇지만 언제나 그렇듯이 일방적이고 전면적인 부정과 불신은 이론적으로 과도하며 실천적으로도 오류가 될 수 있다. 반대로 대선 공약이나

---

2 이 장은 이론적 논문이라기보다 실천적 함의가 많은 정책 연구 보고서에 가까운 글이다. 그리고 집권 초반의 새 정부 노동정책과 관련된 연구가 많지 않으므로 기존 연구 검토는 되도록 소략한 수준으로 제한하고자 한다.

지난 1년의 노동 개혁으로 현재까지 나타난 긍정적 신호가 남은 임기에도 계속되어 일정한 성과를 내리라고 기대하는 것도 섣부르기는 마찬가지이다.

그러므로 이 글은 여러 가지 세부 정책안들이나 1년 사업의 성과에 대한 세밀한 평가보다 거시적 정책 평가 및 대응 전략에 집중하고자 한다. 먼저 문재인 정부의 지난 1년간 노동정책을 간략하게 정리·평가하고(2절), 상당히 급진적으로 보이는 '노동 개혁 공약'이나 정책들이 나타난 배경에 대해 가설적이나마 분석적 논의를 제시한다(3절). 그리고 향후 전개 과정을 예측하기 위해 이를 거시적인 노동체제의 변동이라는 맥락에서 해석한다(4절). 마지막으로 이런 정치 구도 속에서 필요한 민주 노조 운동의 대응 전략을 간략하게 제안하고자 한다(5절).

2. 문재인 정부 노동정책 개관 : 대선 공약과 1년 노동정책

1) 대선 공약과 국정 과제

문재인 정부의 경우 대통령 선거 공약 내용이 당선 이후 국정 과제 선정이나 부처 업무 보고에서 크게 변화하지 않았다.[3] 따라

---

3 이 점은 직전 정부인 박근혜 정부와 대비된다. 박근혜 정부의 대선 공약은 인수위원회의 국정 과제 선정, 그리고 부서 업무 보고 등을 거치면서 크게 바뀐 것이 중요한 특징이었

서 노동정책 공약이라는 대강의 범주에서 주요 내용들을 요약해도 무리가 없다. 공약 중 중요한 내용을 추려 정리한 〈표 7-1〉을 보면 문재인 정부의 공약을 크게 세 가지 범주로 나눠 살펴볼 수 있다. 일자리를 늘리고 그 질을 개선하는 일자리 정책, 차별 해소 및 비정규 노동 정책, 그리고 노동기본권 및 노사 관계 정책 등이다. 세 영역 모두 이전 정부의 대선 공약에 비해 상당히 급진적인 개혁안으로 구성되었다는 점이 유독 두드러졌다.[4]

먼저 일자리 정책과 관련해 살펴보면 취임 첫 결재가 '대통령직속 일자리위원회 설치'이고, 연간 1800시간 노동시간 단축을 통한 일자리 창출을 명료히 제시한 점이 주목할 만하다. 특히 공공 부문에서 일자리 81만 개를 만든다는 계획은 실현 가능성을 의심할 정도로 규모가 크다.[5] 실노동시간을 1800시간대로 줄이는 계획이 일자리 창출과 연결되어 제시된 것도 특징이다.

다음으로 차별 해소와 비정규 노동 정책에서는 노무현 정부가

다. 자세한 내용은 노중기(2014) 참고. 문재인 정부의 경우 인수위 기간이 없었고, 두 번째 대선 출마였으며, 촛불 혁명이라는 정치적 조건이 작용해 공약의 변화가 적었다고 볼 수 있다.

4 물론 2012년 대선 때 문재인 후보의 노동정책 공약도 비교적 개혁적이었다. 2017년에 달라진 것은 정책안이 좀 더 구체화되었고 대상이 대폭 확대되었으며 기본권 보장의 내용이 세분화된 점이다. 예컨대 상시 업무의 정규직 전환 원칙은 공공 부문에만 적용되다가 19대 대선에서는 민간 부문을 포함한 일반적인 원칙으로 확대되었다. 18대 대선 당시 문재인 후보의 노동 공약은 민주통합당(2012) 참고.

5 2012년 18대 대선에서 문재인 후보는 공공 부문에서 40만 개의 좋은 일자리를 창출하겠다고 공약한 바 있다. 19대 대선에서는 공공 부문 81만 개와 민간 부문 50만 개 등 모두 131만 개의 일자리 창출로 늘어났다.

표 7-1 문재인 정부 노동정책 공약 개요

구분	주요 내용
일자리 정책	• 2022년까지 공공 부문 일자리 81만 개 창출(공공 사회 서비스 34만 개) • 2018년부터 공공 기관 청년 고용 의무 비율 상향 조정(3% → 5%) • 중소기업 추가 고용 장려금 신설(2017년 3000명, 2018년 이후 매년 2만 명) • 연 1800시간 노동시간 단축 등을 통해 민간 일자리 50만 개 창출 • 고용보험 보장성 강화 및 청년 구직 촉진 수당, 공적 퇴직연금 도입 • 대통령 직속 '일자리위원회' 설치
차별 해소 및 비정규 노동 정책	• 비정규직 '사용 사유 제한' 제도 도입 • 비정규 노동 비율 OECD 수준으로 감축, 공공 부문 비정규직의 정규직 전환 • 상시 지속, 생명·안전 업무 정규직 직접 고용 원칙 도입 • 원청의 공동 사용자 책임성 강화(임금 및 안전 조치 의무 강화) • 파견·도급 노동 구별 기준 재정립 • 특수 고용 노동자 노동기본권 보장, 산재보험 대상 확대 • '비정규직 차별 금지 특별법' 제정, 차별 시정 제도 전면 개편 • 2020년 최저임금 1만 원 실현, 소상공인 등의 부담 완화 방안 마련 • 1년 미만 고용 노동자(비정규직 포함) 퇴직급여 보장
노동기본권 및 노사 관계 정책	• 한국형 사회적 대화 기구 구성 및 '노동 존중 사회 기본 계획' 수립 • ILO 핵심 협약(결사의 자유, 단결권·단체교섭권, 강제노동 금지 등) 비준 • 노조 조직률, 단체협약 적용률 획기적 제고 • 노동시간 면제 제도, 교섭 창구 단일화 개선 방안 마련 • 산별 교섭 등 초기업 단위 단체교섭을 촉진하기 위한 제도 마련 • 불합리한 단체협약 시정·지도·개선, 양대 지침 등 부당 행정 지침 폐기 • 일자리 최소 기준 준수를 위한 근로 감독 강화, 근로 감독관 증원 • 공공 기관 노동이사 제도 도입, 민간 확산 • '감정 노동자 보호법' 제정 • 노동 인권 교육 의무화

주 : 세 가지 정책 범주 구분은 필자의 자의적 분류이며, 많은 정책이 둘 이상의 영역과 관련된다.
자료 : 더불어민주당(2017), 국정기획자문위원회(2017)에서 발췌 정리.

거부했던 비정규직의 '사용 사유 제한' 제도 도입은 물론 '상시 지속, 생명·안전 업무의 정규직 직접 고용 원칙'을 수용한 점이 커다란 진전이었다. 또 간접 고용의 핵심 문제인 '원청의 공동 사용자 책임성' 문제도 주목할 만하다. 마찬가지로 참여정부가 약속했으나 실행하지 않았던 특수 고용 노동자의 노동기본권 보장을 다시 약속한 것도 원칙적이기는 하나 중요하다. 그 밖에 비정규 노동자 비율의 대폭 감축, 공공 부문 비정규직 노동자의 정규직 전환, 2020년까지 최저임금 1만 원 인상 등도 상당히 개혁적인 정책안들이었다.

셋째, 노동기본권 및 노사 관계에서는 ILO 핵심 협약 비준을 통한 노조 조직률 제고, 산별 교섭 등 초기업 단위 단체교섭 촉진 제도 도입, 근로감독관 증원 및 감독 강화, 노동 인권 교육 의무화 등 민주 노조의 오랜 요구들이 대거 수용된 것이 특징이었다. 이명박·박근혜 정부에서 퇴보했던 기본권을 회복하겠다는 약속도 유의미한 것으로 판단된다. 여기에는 복수 노조 창구 단일화와 노동시간 면제 제도 문제, 공무원·교원의 단결권 회복, 부당 행정 지침 폐기 등이 포함되었다. 마지막으로 새로운 것은 아니지만 정책 실행 수단으로 한국형 사회적 대화 기구를 구성하고 '노동 존중 사회 기본 계획'을 수립하겠다는 약속도 있었다.

문재인 정부가 제시하는 공약의 가장 큰 특징은 먼저 지난 20년 이상 민주 노조가 요구했던 개혁 사안들을 상당 정도 수용했다는 점이다. 비정규직 사용 사유 제한이나 간접 고용 사용자 책임성 문제 등은 과거 정부들이 거부했던 사안들이므로 상당한 진전이라고 평가하기에 부족함이 없다. 또 처음으로 제시된 노조 조직률 제고나 산별 교섭 제도화 방침 또한 매우 개혁적인 정책 약속이었다.

두 번째 특징은 과거에는 노동 개혁 시도나 국가 주도 개혁이 대체로 노동과 자본의 요구들을 서로 교환하는 형식을 취했는데 이번에는 그렇지 않다는 점이다.[6] 노동 관련 정책 공약에서 자본의 요구라 할 만한 것은 거의 보이지 않는 특징이 있었다. 또 대부분의 공약 사항이 오랫동안 자본이 강하게 반대해 왔던 사안들이어서 개혁성이 더욱 두드러져 보인다.

세 번째 특징은 공약 내부의 주요한 잠재적 긴장이 일자리 정책과 나머지 노동 개혁 정책 사이에서 나타나는 것으로 보인다는 점이다. 소득 주도 성장이나 포용적 성장이라는 경제정책 기조가 일자리 정책으로 나타난 것이므로 일자리 창출 공약을 실현하는 데 어려움이 있을 경우 곧바로 여타 개혁 정책도 후퇴할 가능성이 생기기 때문이다. 또 경제성장과 일자리 창출이라는 자본과 시민사회의 요구가 개혁의 걸림돌이 될 수도 있다. 이럴 경우 국가기구 내부의 권력 집단인 경제 부처들이 개혁의 후퇴를 주도할 개연성이 크다.[7]

네 번째 특징은 일부 주장처럼 새 정부의 '노동 존중'이 노동체제 전환의 기획이라면 공약에서 여전히 부족한 점이 많다는 것이다. 여기에는 노동자 개념 확대 문제, 〈근로기준법〉 5인 미만 사업장 적용 확대, 쟁의에 대한 손해배상 청구 소송 제한 문제와

---

6 김대중·노무현 정부의 경우 노동 유연화와 노동기본권의 교환이 기본 구도였다. 크게 왜곡되기는 했지만 이명박·박근혜 정부에서도 이 구도 자체는 유지된 듯하다. 이명박 정부의 경우 작업장 단위 복수 노조 허용이 그러했고, 박근혜 정부의 노동 개혁에서는 노동시간 단축이 교환 수단 기능을 한 듯하다.

7 그러므로 현재까지 뚜렷한 성과를 내지 못하고 있는 일자리위원회를 경제 부처가 주도하고 있다는 점을 주목해야 한다. 일자리위원회와 새로운 사회적 대화 기구(경제사회노동위원회) 중 어느 조직이 노동 공약이나 정책 실행에서 주도권을 행사하며 그 관계가 어떻게 설정될지가 매우 중요한 문제가 될 가능성이 크다. 또 일자리 창출을 새 정부 제일의 국정 과제로 제기한 정치 전략은 위험성이 큰 것으로 보인다. 일자리 정책 효과는 단기에 나타나지 않으며 통제할 수 없는 수많은 변수가 개입한다는 점에서 적절한 과제 설정이 아니다. 자세한 내용은 박용석(2018) 참고.

〈형법〉상 업무 방해 조항 적용 문제, 정리 해고 요건 강화, 공무원·교원 특별법 폐지 문제 등이 포함된다.[8] 또 노동 법원을 설치하는 문제, 노동부·복지부·환경부·여성부 등 정부 내 사회 부처들의 위상을 제고하는 문제 등도 논의에서 제외되어 있다.

2) 문재인 정부 노동정책 1년 평가

2017년 5월 9일 출범한 문재인 정부는 이전 정부들과 매우 다른 모습을 보여 주었다. 인수위원회 준비 기간 없이 출범하자마자 굵직한 노동정책 사안들을 실행했고 그 내용도 파격적이었다. 이후 1년 동안 문재인 정부가 실행한 노동정책의 대강은 〈표 7-2〉와 같다.

2018년 5월 현재까지 문재인 정부의 노동정책 실행은 크게 봤을 때 공약의 기조를 변경 없이 진행하고 있다. 몇 가지 문제는 있지만 최저임금 인상, 공공 부문 비정규직 전환, 적폐 청산, 사회적 대화 등에서 일정한 개혁성을 보여 주었다.

대표적으로 문제가 된 사안은 두세 가지였다. 먼저 그 자체로

---

8 물론 ILO 비준과 더불어 진행될 국내법 개정 작업에서 문제들이 상당 부분 해소되리라고 기대할 수도 있을 것이다. 한편 이들 중 일부는 18대 대선에서 공약으로 제시되었으나 19대 대선 과정에서 빠졌다는 점도 지적할 수 있다. 대표적으로 〈근로기준법〉 5인 미만 사업장 확대 적용, 노동자 사용자 개념 확대, 손해배상 청구 소송 제한 등이 그렇다. 이 문제들은 현재 모호한 상태이나 사회적 대화 과정에서 다시 주요 논제로 떠오를 것으로 보인다.

표 7-2 문재인 정부 1년 노동정책 개요와 평가

구분	주요 내용	결과 및 평가
일자리 창출	일자리위원회 구성 및 운영	가시적 성과 없음, 고용 위기 지속
최저임금 인상	2018년 16.4%(7530원) 인상	자본 저항, 산입 범위 확대 논란
노동시간 단축	주 52시간 상한 법제화, 휴일 연장 노동 50% 임금 가산	가산 임금 후퇴로 개혁성 퇴색, 규모별 단계적 실행으로 효과 반감
적폐 청산	양대 지침, 성과 연봉제 폐기	전교조 법외노조 지속, 한상균 민주노총 전 위원장 수감
공공 비정규 노동	정규직 전환 일정 및 규모 확정, 간접 고용도 전환 대상	전환 방식(무기계약/자회사) 문제 발생, 일부 정규직 반발, 임시 교사 등 제외
사회적 대화	새로운 대화 기구 구성 합의, 민주노총 참가, 개편안/의제	일단 순조로운 출발, 기구 구성 지체, 노동 내부 일부 반대, 기대와 우려 공존

개혁 사안인 노동시간 단축은 원래 약속했던 가산 임금 중복 적용 문제에서 쉽게 후퇴하는 문제점을 드러냈다. 기업 규모별 단계적 적용도 마찬가지였다. 아마도 초기의 몇 가지 개혁 사안, 곧 최저 임금 인상이나 공공 부문 비정규직 전환 등에서 나타난 자본의 저항을 고려한 것으로 보인다. 노동시간 단축에서 드러난 더 큰 문제는 이 과정에서 노동 측과 협의가 전혀 없었다는 점이다.[9] 그리고 정부 내부의 컨트롤 타워가 잘 보이지 않는다는 점도 중요하다. 이런 문제점들은 2018년 중반 이후 최저임금 제도 개편 및 산입 범위 재조정 문제에서도 되풀이될 개연성이 있다.

다음으로 공공 부문 비정규직의 정규직 전환 과정에서 나타난 문제들도 있었다. 공공 부문 비정규직 제로 방침을 실행하는 과정

---

9 2017년 하반기 내내 민주노총이 참가하는 새로운 사회적 대화 기구 건설이 정부의 주요 과제였다. 당시 이를 위한 정부의 물밑 작업이 계속되었던 점을 감안하면 노동시간 단축 문제는 노동계에 상당히 이율배반적 태도로 읽힐 수밖에 없었다.

에서 많은 갈등이 야기되었고, 노동 측의 비판이 심각하게 제기되었다.[10] 상당한 정치적 의지에도 불구하고 공공 기관 특성이나 재정 여건 및 내부 반발 등을 매개로 원래의 정책 목표나 원칙에서 후퇴하는 한계를 드러냈기 때문이다. 그것은 또 정부 정책의 기조가 노동계의 반대에도 불구하고 타협적이었던 데 기인했다. 예컨대 정부는 자회사 방식이나 무기 계약직 및 중규직中規職 전환을 정규직 전환으로 인정하는 입장이었다.[11]

그 밖에 과거의 대표적 노동 적폐 사안이던 전교조 합법화 문제나 한상균 전 민주노총 위원장 석방 문제를 집권 초기에 해결하지 못한 것도 한계였다. 대선 기간 후보가 수차례 약속한 공약 사항이었고 정부의 행정 조치만으로 쉽게 해결될 수 있었음에도 약속은 지켜지지 않았다.[12]

---

10 이에 대한 자세한 내용은 황선웅(2018) 참고. 공공 부문 비정규직의 정규직 전환은 문재인 정부 개혁 정책의 구체적 진행 양상을 예감하게 하는 준거로 이해되었기에 더욱 중요했다. 정부의 정치적 의지와 실행 과정에서의 구조적 또는 제도적 저항을 균형 있게 평가할 필요가 있다.

11 정부 정책 실행의 문제를 넘어서기는 하나 이 과정에서 나타난 내부 정규 노동의 반발도 중요한 쟁점이었다. 임시직 교사나 인천공항의 경우처럼 정규직의 반발은 공공 부문 일반에서 발생할 개연성이 크고 이는 노동 측의 전략적 대응을 요구한다.

12 이 두 사안은 단순한 노동 정치 사안을 넘어서는 국가 정치 사안으로 해석되었을 가능성이 크다. 말하자면 정권 초반기에 매우 중요한 안정적 지지율을 확보하는 데 걸림돌이 되는 사안으로 권력 핵심이 받아들였다는 것이다.

3. 문재인 정부 노동 개혁 정책의 정치 동학

1) 급진 노동 개혁 정치의 배경과 원인

노동정책 1년에 대한 평가보다 더 중요한 것은 일견 급진적으로 보이는 문재인 정부 정책 기조가 나타나게 된 배경과 원인에 대한 정치사회학적 분석이다. 새로운 정책 기조가 과거에 되풀이된 경험처럼 쉽게 무산될 성격인지를 판단하는 일이 매우 중요하기 때문이다.[13]

직관적으로 알 수 있듯이 문재인 정부의 급진적 노동 개혁안은 2016년 촛불 혁명의 가장 중요한 결과물 가운데 하나였다. 커다란 정치적·사회적 변동 과정과 노동 개혁은 1987년 민주 대항쟁이나 1997년 IMF 외환 위기 이후의 노동 개혁 사례에서 볼 수 있듯이 긴밀하게 연관되어 있다. 촛불 혁명[14]은 1987년 민주 대항쟁이나 외환 위기 사례와 비교해 그 내부 역동성과 변인의 차이가

---

13 2012년 박근혜 정부의 '경제민주화 공약空約'은 물론 2003년 참여정부의 '사회 통합적 노사 관계' 정책은 집권 1년이 지나기도 전에 포기되었다. 또 김대중 정부나 김영삼 정부에서도 노동 개혁으로 시작된 노동 정치는 노동 억압으로 끝났다.

14 촛불 혁명을 혁명으로 볼 수 있는지에 대해서는 더 많은 이론적 논의가 필요하다. 필자는 1987년 헌정 체제의 한계인 제한적 민주주의는 물론 신자유주의 20년에 대한 대중적·정치적 저항이었고, 국정 농단과 탄핵 사태로 집권 수구 세력의 역사적 한계가 드러나 정권 교체에 성공했으며, 2000만 명에 육박하는 대중 동원이 동력으로 작용했음을 감안하면 혁명으로 규정해도 무리가 없다고 본다. 다만 그 성격에 관한 논의는 더 진척되어야 할 것이다.

있는 만큼 가설적이나마 이를 좀 더 자세히 검토할 필요가 있다. 노동 정치의 맥락에서 촛불의 의미 및 현 노동 개혁 국면의 정치적 배경을 다음과 같이 정리해 볼 수 있다.

먼저 촛불 혁명의 심층에서는 신자유주의 20년의 심각한 사회경제적 모순이 작동하고 있었다(손호철 2017). 그것은 사회 전반에서 점증하는 사회적 양극화와 비정규직화, 그리고 극단적 빈곤의 심화로 나타나고 있다. 그리고 2008년 이후 진행된 세계적 수준의 신자유주의 퇴조 움직임은, 경쟁력과 효율성 담론이 지배 담론이 될 수 없다는 광범위한 사회적 문제 제기를 불러온 또 하나의 요인이었다.

구체적으로 이런 정세는 '이게 나라냐'라는 촛불 혁명의 구호나 요구, 그리고 세대를 망라하는 참여 주체 등 여러 측면에서 뚜렷하게 나타났다. 특히 촛불 혁명에 이르는 정치적 과정에서 민주노조 운동의 투쟁이 상당한 동인으로 작용한 것도 같은 맥락에서 해석될 수 있다. 그리고 과거와 달리 재벌 대자본의 경영 실적이 나쁘지 않은 점도 일부 영향을 미쳤을 것이다. 결국 '소득 주도 성장'이나 '포용적 성장' 전략에서 볼 수 있듯이 이 새로운 흐름을 자유주의 보수 정부인 문재인 정부가 정확히 포착했다고 판단할 수 있다.

다음으로 촛불은 무엇보다 일차적으로 정치혁명이었다. 그리고 이는 구체적으로 1987년 정치체제 또는 헌정 체제의 '제한적 민주성'을 탈각하는 과제를 제시한 것이라고 볼 수 있다. 그 반민주성은 결코 대통령의 초법적 권력 남용, 재벌과의 정경 유착이나 국가기구의 불법행위 등에 국한되지 않았다. 1987년 노동체제에서 그러했듯이 이런 민주주의의 제한성은 주로 노동 영역에 집중되어 있었다.[15] 따라서 박근혜 정부의 반민주성을 개혁하는 일은 노동 적폐의 처리는 물론 오래 억압되어 온 각종 민주적 권리를 노동 영역에서 확장하는 일과 무관하지 않았다.

셋째, 1987년 이래 국가 주도의 노동 개혁은 항상 '뜨거운 감자'였다. 자유주의 집권 세력의 개혁적 노동정책은 강력한 저항 세력, 곧 수구 정치 세력과 재벌 자본 및 보수 언론의 강한 반발을 야기했다. 따라서 촛불 혁명 이후 이들의 정치 상황이 노동 개혁 시도와 긴밀히 연관된 것으로 판단할 수 있다.

현재 수구 정치 세력은 혁명의 대상으로 규정되어 심각한 타격을 받았고 극단적으로 균열되어 있다. 새누리당의 자유한국당과 바른미래당으로의 분열은 물론 더불어민주당 내부에 있었던 상대적으로 보수적인 세력도 집권 세력과 분리되었다. 또 재벌 자본은 그 부패와 비민주성이 충분히 드러나 심각한 정치적 수세에 내몰려 있고 이는 보수 언론도 크게 다르지 않다. 이 같은 상황 전개는 2000년대 중반에 형성된 지배 블록의 신자유주의 대동맹이 크게 약화된 정치 지형을 형성하고 있음을 보여 준다.[16] 문재인 정부의

---

15 최근 더욱 확실하게 밝혀진 삼성의 노조 파괴 공작, 국정원과 검찰 등이 개입한 각종 용역 폭력, 쌍용자동차 정리 해고 파업 진압, 전교조·공무원노조 법외노조 공작, 철도 파업 진압과 민주노총 침탈 억압 등은 대표적 사례이다. 또 현재 문재인 정부의 노동 개혁 공약 중 기본권 신장 관련 정책들이 모두 이 문제와 연관되어 있다.

16 신자유주의 대동맹을 비롯해 국가 프로젝트와 대항 헤게모니 프로젝트 등 과거 노동 개혁 정치의 정치 지형에 대한 자세한 분석은 노중기(2010b) 참고.

급진적 노동 개혁 정책은 이런 정치 지형 변동을 상당 정도 반영하고 있다고 해석할 만하다.

넷째, 문재인 대통령을 중심으로 한 집권 세력의 성격도 급진적 노동 개혁의 가능성과 연관해 생각할 여지가 있다. 촛불 혁명 및 보수 세력의 균열과 함께 현 집권 세력은 그 자유주의적 성격을 역대 노동 개혁 주도 세력 가운데 가장 뚜렷하게 드러내고 있다. 이들이 과거 신자유주의 대동맹의 강력한 구성 부문이었지만 참여정부 노동 개혁의 주도 세력이었으며 그 실패의 경험도 공유하고 있다는 점을 주목해야 한다. 즉 과거의 경험을 통해 노동 개혁의 중요성과 의미를 충분히 이해하고 있는 정치집단이라는 특징이 있다. 특히 그 과정의 중심에 문재인 대통령이 있었고 그 자신이 노동운동에 깊이 참여했던 전문가이자 활동가이기도 했다.

마지막으로 노동운동 주체들의 상황도 개혁 구도에 부합해 보인다. 우선 과거의 개혁 국면과 달리 노조와 진보 정당이 일정한 수준에서 제도화되어 있고 안정적 활동 기반을 갖추고 있다.[17] 비록 두 차례 진보 정당 균열과 민주 노조 운동 내부의 위기적 상황 탓에 그 역량은 취약하나 과거만큼 열악하지는 않다. 특히 20여 년의 반신자유주의 투쟁 경험으로, 또 노동 내부의 심각한 구조적 균열로 노동 정치 전반에 걸친 광범한 개혁적 변화가 필요하다는

---

[17] 과거 개혁 국면에서 노동조합운동 및 노동 정치 운동은 하나같이 매우 취약했다. 많은 경우 정치운동은 물론 노조 운동조차 합법적 시민권을 갖지 못했다. 2003년의 경우 노조 운동은 외환 위기 이후의 조직력 한계를 그대로 안고 있었고 정당 운동은 운동 초기의 내부 취약성이 여전했다.

공감대가 넓게 형성된 점이 중요하다. 앞서 논의했듯이 수구 정부에 비타협적으로 맞선 민주 노조들의 요구가 촛불 혁명의 중요한 부분이었다는 점도 노동 개혁 국면을 불러온 요인이었다. 곧 촛불 혁명은 오랫동안 수세 국면이었던 노동운동이 공세로 전환했음을 상징했다.

요컨대 2017년 이후 진행되는 노동 개혁 정치 구도의 성격은 과거와는 크게 다르다. 과거와 달리 쉽게 붕괴되지 않을 만한 상대적으로 안정된 정치 지형 위에서 진행되고 있다고 판단된다. 이런 정치 정세를 과거의 노동 개혁 국면과 비교해 더 정치하게 검토할 필요가 있다.

2) 문재인 정부 노동 개혁의 특성 : 비교 평가

과거 국가 주도 노동 개혁 사례는 크게 세 차례 있었다. 1987년 직후부터 1989년 국회를 통과한 노동법 개정안이 대통령거부권 행사로 무산된 것이 첫 번째 개혁 국면이었다. 두 번째 시기는 1996년 노사관계개혁위원회에서 시작된 노동 개혁으로 연말의 날치기 노동법 개정 파동과 겨울 총파업을 거쳐 1998년 노사정위원회 합의 및 2월 노동법 개정으로 마무리되었다. 세 번째 시기는 2003년 노무현 정부 출범 이후 노사정위를 둘러싸고 벌어진 개혁 국면으로 2006년 노사 관계 로드맵 합의로 마무리되었다.

과거 세 번의 노동 개혁 국면은 국가 주도라는 점을 제외하면 그 동인과 과정, 결과까지도 성격이 저마다 달랐다. 다만 노동운동의 입장에서 보았을 때, 노동 개혁의 성과가 매우 제한적이었거나 대체로 실패한 개혁이었다는 점은 공통적이었다. 〈표 7-3〉은 과거 세 차례 노동 개혁 정치 지형과 현재의 지형을 간략히 비교 정리한 것이다.

앞 절에서 논의한 문재인 정부의 노동 개혁 국면을 이전과 체계적으로 비교하면 특성이 뚜렷하게 드러난다. 노동체제의 특성, 개혁의 동인 및 주체들의 세력 관계, 그리고 개혁의 의제와 과정 및 결과 등을 비교 준거로 삼아 살폈다.[18]

먼저 노동자 대투쟁 이후의 첫 번째 개혁이었던 1989년 초 노동법 개정과 비교할 수 있다. 당시 개혁과 문재인 정부의 개혁은 대규모 사회운동과 노동자 요구의 분출에 따른 결과로 개혁 국면이 열린 점에서 같다. 억압적 배제를 특징으로 하는 노동체제가 오래 이어진 끝에 노동자들의 생존권과 노동 민주화 요구가 폭발적으로 분출한 1987년 당시와 마찬가지로, 문재인 정부의 노동 개혁은 촛불 혁명의 대중적 요구에 기반해 있었다. 요컨대 노동운동의 공세적 도전에 대해 지배 블록이 수세적으로 방어하는 정치 지형 위에서 노동 개혁이 시도된 점이 같다.

노동의 공세적 국면이라는 공통점에도 불구하고 중요한 차이가 있다. 즉 1987년 이후의 노동 개혁에는 노동운동 주체가 조직적으로 형성되지 않았거나 그 정치적 세력이 매우 미약했다. 그

---

18 거시 노동 정치 분석상의 비교이므로 세부 사항들에 대해 달리 판단하거나 의견이 갈릴 수 있다. 많은 부분이 직관적 판단에 의존하고 있기도 하다. 그러나 향후 논의를 위한 가설적 주장 또한 의미가 있다. 이런 판단들에 기초가 되는 필자의 기존 연구는 노중기(2008: 2010b: 2014) 참고.

표 7-3 1987년 이후 노동 개혁 정치 지형에 관한 비교

시기	노동체제 특성, 개혁 동인 및 세력 관계	개혁 의제와 과정	개혁 결과와 평가
① 1987~89년	• 억압적 배제→1987년 노동체제 전환 • 1987년 민주 항쟁과 정치적 개방 • 생존권, 노동 민주화 요구 폭발 • 조직적 운동 역량 부재, 자생적 쟁의	• '노동 없는 민주화' 국가 전략 • 노동 민주화 의제 • 일방적 법 개정	• 제한적 성과 • 단결권 일부 확대, '악법 조항' 온존 • 1987년 체제 형성
② 1996~98년	• 1987년→종속 신자유주의 노동체제 • 노동체제 모순과 IMF 외환 위기 • 지배 블록의 '두 국민 헤게모니 전략' • 민주 노조 조직 역량 확대, 겨울 총파업	• '민주화/선진화' 국가 전략(기본권/유연화 교환) • 형식적 합의 체제	• 실패, 부등가 교환 • 비정규 노동 확대, 노동시장 양극화 • 민주 노조 합법화
③ 2003~06년	• 종속 신자유주의 노동체제 심화 • 참여정부 집권, 신자유주의 대동맹 • 고용 불안, 비정규 노동 문제 분출 • 정파 갈등 내부 균열, 진보 정당 구성	• '선진화 국가 전략' 단일화(교환) • 형식적 합의 체제 • 민주 노조 배제	• 실패, 부등가 교환 • 비정규 노동 확대, 수구 정치 세력 집권 • 노동운동 위기 발생
④ 2017년 이후	• 종속 신자유주의 체제 모순 폭발 • 촛불 혁명과 지배 블록 균열·위기 • 고용 불안, 비정규 문제 및 사회 양극화 • 민주 노조 운동 위기 및 재활성화	• '노동 존중 국가 전략'(가정, 가능성) • 실질적 합의 체제 • 민주 노조 참가	• 체제 전환(가능성) • 기본권/산별노조/조직 확대(가능성) • 민주 노조 운동 혁신

결과 개혁은 커다란 한계를 갖고 지배 블록에 의해 위로부터 이루어졌다. 반대로 아래로부터의 요구는 1989년 대통령거부권 행사 사례처럼 지배 블록에 의해 강하게 통제되는 특징을 보였다.[19] 현장 노동운동의 자발성과 폭발성에도 불구하고 조직화 수준이나 정치적 구심이 매우 취약했던 정세 조건에서 개혁의 근본 한계가 설정되었다고 볼 수 있다.

다음으로 김영삼 정부 시기의 노사관계개혁위원회로부터 시작

---

19 대표적으로 1987년 11월 노동법 개정은 지배 블록 내부에서 발의되어 완결되었고 최소한의 개혁 조치에 머물렀다. 이후 1988년 여소·야대 국면에서 대중적인 노동법 개정 운동으로 1989년 초 개혁 법안이 국회를 통과했다. 그러나 노태우 정부의 거부권 행사로 개혁은 무위에 그쳤다.

된 일련의 개혁 국면은 1987년 노동체제가 종속 신자유주의 노동체제[20]로 전환한 역사적 과정이었다. 이 정치과정을 기획하고 주도한 것은 지배 블록 내부의 온건파였고 그들은 상당한 정도의 개혁적 의제를 스스로 제기하고 개혁을 시작했다. 그러나 날치기 노동법 개악으로 나타난 수구 세력의 반발, 그리고 1997년 외환 위기 직후의 경제 위기 상황으로 말미암아 그 개혁성은 크게 퇴색했다. 결과적으로 새롭게 도입된 노사정 합의 정치의 정치과정은 노동의 저항을 완화하거나 분할 지배하는 통제 수단을 넘어서지 못했다.

이를 최근의 개혁 국면과 비교하면, 1996년 이후의 개혁은 주요한 사회운동의 폭발이나 노동운동의 결집이 없었다는 점, 그리고 지배 블록이 기획하고 주도한 위로부터의 개혁이라는 점에서 한계가 컸다. 특히 내용 측면에서 제한적 노동 민주화와 신자유주의 노동 유연화 정책의 교환 구도로 개혁이 설정되었고 방점은 후자에 있었다. 전체 과정에서 노동 측은 개혁 앞에서 수세적으로 대응할 수밖에 없었다. 요컨대 현재의 개혁 국면은 교환 구도가 아니며 노동 측 요구가 대부분의 의제가 되는 공세적 국면이라는 점에서 큰 차이가 있다.

---

[20] '종속 신자유주의 노동체제' 개념에 관해서는 노중기(2010b: 2018a) 참고. '종속성' 개념에 대해서는 이론적 논란이 있을지 모른다. 다만 필자는 세계 체제 속에서 한국 자본주의가 차지하는 독특한 구조적 지위를 반영하고 우리 노동 정치의 구조와 역사를 드러내는 의미로 그 개념을 사용한다. 말하자면 서구의 신자유주의와는 여러모로 상당한 차이가 있음을 강조한 것이다.

노사관계개혁위원회에서 1기 노사정위원회로 이어진 노동 개혁의 동인은 사실 1987년 노동체제 자체의 모순이었다. 1987년 이후 10년 동안 민주 노조 운동의 처절한 투쟁이 배경이었던 것이다. 그러므로 노동체제의 모순이 상당 수준으로 축적되었고 노동운동의 조직 역량이 커진 점에서 최근의 개혁 국면과 유사한 점도 있다. 그러나 노동이 주도하는 개혁 흐름은 겨울 총파업 시기에 일부 나타났을 뿐이며 외환 위기를 지나면서 그 성격은 크게 변질되었다.[21] 결과적으로 보면 국가와 자본이 신자유주의 노동체제를 위로부터 강제하는 반개혁적 개혁 국면이 되고 말았다.

　　세 번째 시기인 노무현 정부의 노동 개혁도 기본적으로 두 번째 시기의 개혁과 대동소이했다. 다만 외환 위기 이후의 상황이 지속되는 가운데 민주화와 유연화를 교환하는 구도에서 노동 민주화의 요소가 크게 줄어들어 불균형이 심화되었고, 국가와 자본의 주도성이 더욱 커진 개혁 과정이었다. 또 개혁 의제에서 노동 민주화와 함께 고용 불안 개선이 포함되었으나 그 결과는 오히려 비정규직 확대, 양극화 심화였던 것도 유사하다. 당시 노동운동은 1996년 이후의 개혁 국면보다 더 수세적으로 대응해야만 했고 결국 합의 정치 자체가 야기한 노동통제 효과로 말미암아 심각한 정

21　노동체제의 구조적 압력에 의한 노동 민주화 개혁이기에 유사한 점이 많다. 당시 개혁의 핵심 주제는 노동 민주화 국가 프로젝트로 개념화할 수 있다. 민주화 국가 프로젝트는 신자유주의의 선진화 프로젝트와 교환되는, 상대적으로 대등한 교환 구도였는데 외환 위기로 말미암아 균형추가 후자로 크게 기울었다. 자세한 내용은 노중기(2008; 2010b) 참고.

파 갈등 및 내부 균열을 떠안았다.

현재의 개혁 지형과 비교하면 세 번째 시기의 노동 개혁은 여러모로 대비되는 점이 많았다. 먼저 당시에도 고용 위기, 비정규직 확대 등의 경제적 모순이 심각했다. 그러나 청년 고용 위기는 현재보다 덜했고 외환 위기 이후의 경제 회복이 더디게 진행되는 국면이었다. 또 이와 연관해 자본의 지불 능력도 차이가 컸다. 둘째, 세 번째 시기에 지배 블록은 신자유주의 동맹 체제로 결속된 수구 분파와 자유주의 분파가 단결해 노동을 압박했다. 따라서 당시에는 노동운동의 입장에서 볼 때 개혁 국면이라기보다 개혁이 종료되는 시점이자 수세적·방어적 국면이었다. 셋째, 당시 노동운동은 이중으로 분할 지배당했고 합의 기구인 노사정위원회는 그 과정에서 매우 효율적이었다.[22] 노무현 정부의 노사정위가 민주노총의 불참에도 불구하고 작동할 수 있었던 데 반해 현재는 민주노총 없는 사회적 대화의 가능성이 높지 않아 보인다. 넷째, 개혁 동인과 관련해 당시에도 대통령 탄핵 사태와 이를 반대하는 촛불 집회가 있었으나 2016년의 촛불 혁명과는 비교하기 힘들다.

지금까지의 논의를 요약하면, 2017년 문재인 정부와 함께 시작된 노동 개혁은 과거와 질적으로 구별된다. 먼저 촛불 혁명의

---

[22] 노사정위는 한편으로 한국노총과 민주노총의 조직 성격 차이를 극대화해 분할했고 다른 한편으로 민주 노조 운동 내부의 조직된 정규 노동과 미조직된 비정규 노동을 분할하는 효과를 산출했다. 노사정위의 합의 정치는 조직된 정규 노동의 이기주의, 곧 민주노총의 경제주의를 집중적으로 공격하는 정치적 효과를 통해 민주 노조 운동을 귀족 노조, 집단 이기주의로 매도하도록 만든 국가 장치였다. 자세한 내용은 노중기(2008) 참고.

사회경제적 요구를 담고 있는 노동운동의 공세적 국면에서 진행되는 개혁이라는 점이 다르다. 다음으로 교환 구도가 아니라 비정규직 축소, 노동기본권 신장으로 요약되는 노동 주도의 개혁 구도로 설정된 점도 중요한 차이이다. 셋째, 지배 블록이 수구 세력과 자유주의 세력으로 심각하게 균열된 상황에서 진행되어 개혁에 대한 저항이 상대적으로 약한 정치 지형이다. 넷째, 민주 노조 운동의 전략적 대응 능력이나 상황도 과거와 다르다. 산별 노조의 전환이 있었고 조직 규모도 훨씬 커졌기 때문이다. 또 합의 정치의 통제 효과도 상대적으로 크지 않은 것으로 판단된다. 요컨대 이런 구조적 지형은 현재의 정세가 20년 이상 지속된 종속 신자유주의 노동체제를 변화시킬 수 있는 체제 전환적 국면일 수 있음을 암시한다.

4. 향후 노동 개혁의 잠정적 전망

촛불 혁명이 가져온 노동 개혁의 정치 지형이 문재인 정부의 남은 임기나 그 이후까지 유효하리라고 볼 수는 없다. 한국 노동 정치의 역동성과 특수성을 감안하면 미래 상황은 매우 유동적이라고 봐야 할 것이다. 노동 정치의 전개 과정에서는 물론 북미 정상회담을 포함한 남북 관계의 전개, 지방선거와 총선 등 제도 정치의 정세 변동, 경기나 고용 상황 등 경제적 조건의 예상치 못한 변화 등에서 수많은 돌발 변수가 예상되기 때문이다. 여기서는 몇 가지 중요 변수만을 간략히 생각해 본다.

먼저 현재 지배 블록 내의 정치적 헤게모니 분파가 균질적이지 않다. 즉 더불어민주당과 정부 내에는 개혁 세력이 현재까지 주도권을 갖고 있으나 이전의 신자유주의 세력이 여전히 다수 존재한다. 이들은 지난 20년 동안 신자유주의 경제·사회 정책을 지지하고 도입한 주체들이었고 지금도 노동문제를 경제문제의 하위 변수로 여긴다. 촛불 혁명 이후 숨죽이고 있으나 정치 지형의 조그만 변화에도 개혁 구도에서 이탈할 가능성이 큰 집단이다.

대체로 집권 세력 내부에서 청와대나 노사정위원회 등 일부 노동 관련 개혁적 정부 부처들을 제외하면 이들이 다수를 차지하고 있다. 특히 그중 가장 강력한 집단은 여러 경제 부처와 국회의 집권 여당 내부에 포진해 있다. 이들은 민주 노조 운동에 대한 대중적 불신에 기초해 때로는 자본과 이해관계를 공유하고, 때로는 득표 전략의 일부로 노동문제를 바라보는 기회주의적 태도를 취한다. 대표적으로 2017년 하반기 이후의 주 52시간 노동시간 단축 국회 여야 합의나 최저임금 산입 범위 제도 변경 논란에서 자본의 이해가 쉽게 관철된 것도 보수 언론의 여론 몰이에 호응하는 이 같은 내부 세력이 있었기에 가능했다.[23]

----

23 집권 직후의 노동 개혁에 대한 자본 저항으로 야기된 이 두 가지 사안은 대선 기간 공약과도 크게 배치될뿐더러 반개혁적 요소가 두드러진다. 노동시간 단축은 박근혜 정부의 이른바 '노동 개혁'과 본질적으로 다르지 않으며 법원의 상식적 판결보다 후퇴한 내용이었다. 또 산입 범위 조정은 불과 1년도 되지 않은 최저임금 인상 효과를 크게 축소하는 것으로 '소득 주도 성장'의 정책 기조와도 상충한다. 취업규칙 불이익 변경에 대한 〈근로기준법〉 원칙을 쉽게 훼손한 개악적 요소도 큰 문제였다. 특히 노동 개혁의 핵심 정책인 '새로운 사회적 대화' 정치를 결정적으로 훼손한 개악적 요소가 컸다. 이를 두고

현재까지 집권 세력 내 상호 갈등하는 두 개의 분파, 곧 개혁 분파와 보수 분파 사이를 조정하는 컨트롤 타워나 전략적 기획은 존재하지 않는 것이 이 사례들에서 확인된다. 경기가 유동적이고 고용 불안은 구조적·장기적임을 감안하면 개혁적 노동정책의 미래란 극히 불투명한 셈이다.[24]

   둘째, 두 차례 선거와 남북 관계 및 제도 정치의 권력관계 변동에 따라 개혁의 향배가 크게 영향을 받을 수 있다. 그리고 세계경제의 변동과 국내 경기 상황에 따라서도 상황은 역전될 수 있다. 최종적으로 노동 개혁은 집권 헤게모니 분파의 권력 유지나 연장이라는 전략적 목표에 동원되는 하위 수단이 될 수밖에 없다. 노동 개혁은 정치·경제 상황이 변화해 득표 수단이 되지 못하는 순간 위기에 직면할 것이다.

   이와 관련해 2017년 말부터 심화된 고용 불안 및 청년 실업 증대 현상을 배경으로 노동시간 단축과 최저임금 산입 범위 논란이 불거졌다는 점은 매우 시사적이다. 촛불 혁명 이후 수세에 몰렸던 자본이 최저임금 인상에 따른 문제들과 일자리 창출 부족이라는 새 정부의 약점을 예리하게 공격했던 것이 주효했다. 여전히 수구적 보수 세력이 장악하고 있는 제도 언론이 이 과정에서 주요한 역할을 수행했다.

정부가 자본의 작은 저항에 쉽게 물러서서 개혁 후퇴를 선택했다고 해석할 수밖에 없다.
[24] 2018년 6월 지방선거를 앞두고 청와대 경제팀과 기획재정부 장관 사이에서 불거진 최저임금 효과 및 소득 주도 성장 관련 갈등은 대통령에 의해 일시적으로 봉합되었다(《이데일리》 2018/06/07 참고).

셋째, 재벌 독점 대자본은 여전히 노동 개혁을 가로막을 수 있는 힘 있는 행위자라는 점도 미래를 예측하기 어렵게 한다. 전경련으로 대표되는 재벌 독점 대자본 세력은 시간이 지나고 노동 개혁이 더 진행될 경우 보수 언론을 동원해 지금보다 강하게 저항할 것이다. 현재의 노동 개혁 의제들이 재벌의 이해관계 가운데 본질적 요소를 공격한다는 점을 감안하면 어느 정도 저항은 필연적인 일로 봐야 한다.

다만 이 문제는 문재인 정부의 또 다른 주요 개혁 사안인 재벌 개혁 문제와 연동되어 있다. 이는 원·하청 불공정 거래를 혁신하고, 지배 구조를 개혁하는 것을 핵심으로 하지만 그 전망은 불투명하다.[25] 독점 대자본의 수익 구조에 심대한 영향을 미칠 재벌 개혁이 본격적으로 진행된다면, 이들의 노동문제 개입은 일정한 한계 내로 제한될 것이다. 또 재벌 개혁 자체가 노동 개혁의 가능성을 더 확대할 수도 있다. 반대로 재벌 개혁이 진전을 보이지 않거나 미봉책에 그치면 재벌의 대응 능력이 높아져 노동문제가 최전방의 전선이 될 가능성이 크다.

넷째, 더 구체적으로 이런 반발과 저항, 또는 개혁의 성격 변질은 국가기구 내부에서 시작될 개연성이 높다. 특히 경제와 치안 부처를 중심으로 한 보수적 국가기구의 반발이 예상된다. 이들은

---

25 현재 공정거래위원회의 재벌 개혁의 정책 방향과 성과, 자동차·조선 등 제조업 구조 조정 과정의 한계, 정부가 주도하는 4차 산업혁명 담론 열풍과 혁신 성장론의 대두 등의 사례를 매개로 부정적인 판단이 일각에서 부각되고 있다. 그러나 재벌 개혁의 성패를 현재 시점에서 충분히 가늠하기는 힘들다.

1987년 헌정 체제에서 연원한 '제한적 민주성'의 요소들 외에도 지난 20년 신자유주의 노동체제의 산물이라는 점에서 큰 걸림돌이다. 따라서 지배 분파가 누구인지와는 별개로, 이 부처들의 인적 구성이나 조직, 그리고 행정 과정에는 자본 편향성이 내장되어 있다. 말하자면 개혁 사안이 국가기구를 통해 실행되는 과정에서 원래 취지대로 집행되지 않을 가능성이 높은 셈이다.

문재인 정부의 정치·행정 개혁 과정이 순조롭지 않을 경우 노동 개혁의 여러 계기들마다 국가기구 내의 반개혁 관료 세력이 결집할 수 있다. 치안 부처는 개혁 과정에서 야기될 노사정 간의 갈등이나 전투적 노동쟁의를 계기로 문제를 제기할 것이며 경제 부처는 예산 부족을 빌미로 정책 실행을 가로막을 가능성이 높다. 따라서 노동 개혁은 정부 부처 및 행정 개혁과 함께 진행되어야 하지만 그렇지 못했다는 점에서 한계가 역력하다. 더욱이 노동시간 단축이나 최저임금제도 변경 논란에서 드러났듯이 노동 개혁의 컨트롤 타워가 보이지 않는 것도 큰 약점이다.

마지막으로 개혁 동력이자 주요 정치 세력인 노동운동의 내부 사정도 그리 만만하지 않다. 민주 노조 운동 내부에는 여전히 국가가 주도하는 개혁을 거부하는 세력이 상당 정도 존재한다. 또 공공 부문 정규직 전환에서 나타났듯이 조직되어 있지 않은 미조직 노동과의 갈등이나 균열도 반개혁을 불러일으킬 빌미를 줄 수 있다. 나아가 한국노총을 포섭하고 민주노총을 배제해 분할 지배하려는 정치적 개입도 충분히 예상할 만하다. 이런 노동 내부의 균열선이 적절히 관리되지 못할 경우 반개혁의 빌미로 작용할 우려가 크다. 이런 점에서 노동 주체의 이익대표 창구인 새로운 사회적 합의 기구의 적절한 운영이 중요하다. 그리고 투쟁과 조직화의 전략적 실행, 민주 노조 조직을 주체적으로 혁신하는 과제도 매우 중요한 변수이다.

이상의 논의를 종합하면 유리한 구조적·전략적 정치 지형에도 불구하고 노동 개혁에는 수많은 난관이 예상된다. 과거의 개혁 정치에서도 그랬듯이 이런 복합적 지형의 모순과 갈등은 사회적 대화를 둘러싼 노동 정치에서 발생할 가능성이 높다. 특히 2018년 하반기 이후 노동기본권과 단결권 관련 노동법 개정을 둘러싸고 벌어질 것으로 보인다. 그것은 일자리위원회와 함께 노동 개혁 정치의 중심으로 사회적 대화 기구를 제시했던 문재인 정부의 노동 정책에 기인한다. 그러므로 과거 불참 전략으로 대응했던 민주 노조 운동이 참여 전술로 전환한 것은 커다란 변화이자 노동 개혁의 성패를 가늠할 중요한 주체적 요소가 될 전망이다.[26]

5. 민주 노조 운동의 전략과 대응 과제

상황이 낙관적이지만은 않다는 점을 감안하면 민주 노조 운동의 전략적 대응은 향후 노동 개혁 정치에서 매우 중요한 변수가

---

[26] 2018년 5월 22일 노사정대표자회의에 참가하고 새 사회적 대화 기구에 참여할 의지를 보였던 민주노총이 대화 기구 전면 불참을 선언했다. 최저임금 산입 범위 문제를 국회에서 일방적으로 결정하는 것을 막기 위한 투쟁의 일환이었다.

될 것이다. 먼저 강조할 점은 현 국면의 주도권이 상당 정도 민주 노조 운동에 있다는 점을 인식할 필요성이다.[27] 2017년 이후의 노동 개혁 정치는 표면적으로 국가 주도성이 두드러지지만 내용상 주도권은 민주 노조 운동에 있다. 이는 개혁이 지배 블록 내부에서 시작된 것이 아니라 광범위한 대중적 요구로부터 추동되었기 때문이다. 이 점과 관련해 노동운동의 입장에서 확인해 둘 몇 가지 사안이 있다.

먼저 민주 노조 운동이 촛불 혁명을 주도한 핵심 세력이었음을 확인하는 것이 중요하다. 민주노총 전체 조직이 3년간 지원한 '세월호' 사건은 물론, 박근혜 정부 '노동 개혁'에 대한 투쟁, 전교조 법외 노조 공작과 SJM·만도 등에 대한 용역 폭력 등을 비롯한 각종 노조 파괴 공작에 대한 비타협적 투쟁, 민중 총궐기 투쟁 등이 모두 촛불 혁명으로 이어진 배경이자 원인이었다. 잘 알려져 있지는 않지만 2016년 하반기의 촛불 집회 자체도 민주 노조 운동의 실천적 성과였음을 부인할 수 없다. 더 나아가 민주 노조 운동은 박근혜 정부는 물론 보수 정부가 집권한 10년, 신자유주의 억압 체제 20년 내내 투쟁하며 저항한 유일한 사회 세력이었다.

사회적 인정 여부와 무관하게 이 점은 객관적 사실이다. 민주 노조 내부에서 이런 객관적 사실을 뚜렷이 자각해야 하는 것은 물

---

27 이런 인식이 있다면 좀 더 적극적으로 독자적 개혁 의제들을 제기할 필요도 있다. 대표적으로 노동부의 사회부총리 직제 노동사회부로의 확대 개편, 노동법원 설치, 고용·보험 운영에 노동조합 참가, 〈파견법〉 폐지 등이 있다.

론 사회적 대화 기구 등의 정치과정에서도 분명히 주장할 필요가 있다.

다음으로 이런 맥락에서 새 정부의 대선 공약들과 이후 '노동 존중 사회' 천명은 모두 민주 노조 운동이 현재 확보한 채권 목록으로 볼 필요가 있다. 촛불 혁명으로 권력을 얻은 새 정부가 천명한 이런 약속들은 쉽게 폐기할 수 있는 성질이 아니기 때문이다. 민주 노조의 입장에서 보면 새로운 것을 요구하는 것이 아니라 정부가 스스로 한 약속을 지키라는 것인 만큼 정치적·사회적 정당성 또한 매우 크다.

이 문제와 관련해 이전과 달리 새로운 사회적 대화 기구가 그다지 부정적인 통제 기구가 아닐 수 있다는 점도 중요하다. 정부가 약속한 개혁 사안들의 실행을 채근하고 압박하는 기구가 될 수 있기 때문이다. 노동 개혁과 더불어 신자유주의 개악 조치를 받아들여야 하는 교환 구도의 딜레마에 사로잡혀 고민할 필요도 크게 줄어들었다. 과거 개혁 국면에서 국가와 자본이 노사정위를 적절히 전술적으로 이용했듯이, 이제는 민주 노조 운동이 이를 전술적인 장치로 사용할 필요가 있다.

셋째, 민주 노조 운동은 과거에 비해 상대적으로 강한 조직력과 정치적 역량을 확보하고 있음을 스스로 인식해야 한다. 현재 내부에 여러 가지 구조적 문제가 없지는 않을 것이다. 그러나 과거의 개혁 국면들과 비교하면 조직 규모나 정치적 위상, 그리고 전략적 지형 등 모든 측면에서 우월하다는 뜻이다. 특히 민주 정부와 수구 정부를 오가며 20여 년간 지속된 신자유주의 공세를 견뎌 온 운동적 역량은 큰 강점이다. 진보 정당의 두 차례 분열과 사회적 합의주의 공세, 그리고 수구 정부의 각종 물리적 억압을 이겨내고 조직의 자주성과 민주성을 유지해 온 과정 자체가 그렇다. 따라서 현재 역량을 과소평가하는 우를 범해서는 안 된다.

이런 전제 위에서 노동 개혁 국면에 대응하는 민주 노조 운동의 전략 방침을 크게 세 가지로 제안하고자 한다. 먼저 너무 당연하게도 전략적 집중이 필요하다. 대체로 그 효과가 장기적으로 발생하는 과제, 그리고 정치적으로 중요한 과제를 핵심 전략 의제로 삼아야 한다. 특히 정규직 조직 노동의 이해보다는 미조직된 비정규직 노동의 이해를 앞세울 필요가 있다. 이런 장기적·정치적 과제에는 비정규직 관련 제도 개혁, 노동기본권 확대와 조직률 제고, 산별 교섭 관련 제도 개혁 등이 포함될 수 있다.

한편 전략적 대응이란 모든 개혁 사안이 완벽하게 이루어지기를 요구하는 태도와는 무관하다. 작은 사안을 양보하더라도 큰 사안을 확보하는 것, 전략적 이해타산을 항상 염두에 두는 태도가 필요하다. 그러므로 단기적·경제적 이해에 대해서는 좀 더 유연하게 대응해야 한다. 이런 의제들에는 최저임금, 노동시간 단축 등 노동조건 개선 및 각종 복지 제도 개선 의제 등이 해당된다.[28]

다음으로 '사회적 대화' 등과 관련해 구체적인 참가 전술 방침을 세울 필요가 있다.[29] 향후 노동 개혁 정치는 대체로 참가 전술

---

[28] 이렇게 판단해 보면 최근 문제가 된 최저임금 산입 범위 문제나 주 52시간 노동시간 단축 문제, 더 나아가 공공 부문 비정규직의 자회사 정규직 전환 문제도 유연하게 바라볼 수 있어야 한다. 이를 그냥 용인하자는 것이 아니다. 다만 전체 개혁 의제들 속에서 그 상대적 위치나 중요성을 전략적으로 평가할 수 있어야 한다는 뜻이다.

을 매개로 진행되겠으나 이는 전술적 방침임을 다시금 명료히 인식해야 한다. 그럴 경우 교섭이나 대화 시기에도 민주 노조의 일상 활동인 투쟁과 조직 사업을 항상 일차적인 사업으로 배치해야 한다. 또 전술적 참가란 전략적 과제를 달성할 가능성이 사라지거나 참가의 조건이 해소되면 언제라도 대화를 중단할 수 있는 참가를 말한다. 이는 참가에 따르는 자주성 위기에 대응하는 변함없는 원칙이기도 하다.

이 점과 관련해 민주 노조 운동 내부에 있는 생디칼리슴 또는 투쟁 만능주의 경향을 스스로 규율할 수 있어야 한다.[30] 이 문제는 단지 정파적인 문제만은 아니다. 주도권을 행사할 수 있는 노동 개혁 정치 국면이란 무엇보다 과거 20년의 수세기(수세적 시기)에 익숙해진 방어적 경제투쟁을 넘어서야 한다는 뜻이기 때문이다. '투쟁으로 모든 것을 이루어 낸다'는 주관적 신념은 현재의 정치 국면에서 매우 부적절하다.

셋째, 노동 개혁 국면을 민주 노조 운동의 내부 혁신 사업과 연계해 진행할 필요가 있다. 앞서 살폈듯이 개혁의 정당성은 주체 스스로 개혁할 때 더 강화된다. 지난 20년 동안 민주 노조 운동은 끊임없이 조직 혁신의 필요성을 인식하고 혁신 방안을 만들었다. 그러나 수세기 국면에서 성과는 매우 제한적일 수밖에 없었다. 이

---

29 새로운 사회적 대화 기구 및 관련 운동 전략에 대한 자세한 분석은 노중기(2018b) 참고.
30 생디칼리슴의 모든 측면이 부정적인 것은 아니다. 다만 노동운동의 정치적 과제에 대해 근본적으로 불신한다는 점에서 그 한계는 뚜렷하다. 생디칼리슴에 대한 자세한 내용은 달링턴(2015) 참고.

제 정부가 주창하는 '노동 존중 사회'에 조응하는 민주 노조 운동 내부 혁신을 스스로 만들 기회가 온 것이다.[31]

예컨대 이런 혁신 과제 중에는 사회 연대 전략과 전략 조직화 사업 등을 매개로 비정규 연대 체제로의 조직 전환을 이루어 내는 중차대한 문제가 있다. 또 이 과정에서는 1사 1노조,[32] 기업 지부 폐지, 비정규 노동 할당제, 의사 결정 사업 구조 혁신, 재정 집중 등 제2 산별노조 운동도 병행해 추진하는 것이 바람직하다. 더불어 총연맹의 위상과 역할이 근본적으로 재조정되어야 한다. 민주 노조 운동 내부의 정책 능력, 정치 교섭 능력을 제고하고 연구와 교육 기능을 강화하는 것은 물론 제2의 정치 세력화 방안도 새롭게 마련되어야 할 것이다.

---

31 이를 단지 불리한 여론 지형을 염두에 둔 홍보 전술이나 사회적 대화 참가 전술의 일부로 봐서는 안 된다. 그것은 전략적 개혁 의제들과 비중이 동등한 전략적 조직 과제이다. 또 노동체제 전환을 위한 주체적 준비이자 30년을 경과한 민주 노조 운동이 당면한 과제이기도 하다.

32 대기업에서 1사 1노조 조직의 원칙을 고수하는 것은 내부 노동자들 간의 연대에서 매우 중요하다. 대기업 내에 존재하는 정규직, 사내 하청, 비정규직 노동자들을 하나의 조직으로 묶지 않고서는 연대가 이루어질 수 없기 때문이다. 2017년 4월 대선 기간에 조직을 분리한 기아자동차 정규·비정규 노동 조직의 사례는 이런 면에서 매우 심각한 후퇴였다.

6. 결론

논의를 요약하면 다음과 같다. 현재 문재인 정부의 노동 개혁 정책은 지난 시기의 국가 주도 노동 개혁 정치와는 구조적 조건이 크게 다르다. 특히 신자유주의 20년에 대항한 촛불 혁명의 연장이자 그 결산이라는 점에서 중요한 차별성을 갖는다. 이런 조건의 변화는 실로 새로운 노동체제의 출발일 수도 있다는 긍정적 전망을 가능케 한다.

그렇지만 향후 노동 개혁의 성패가 매우 불확실한 상황인 것도 사실이다. 무엇보다 민주당 정부는 친자본주의 정치 세력이기 때문이다. 그리고 반세기 이상 우리 사회에 존재해 온 보수 우위의 정치적·이데올로기적 지형이라는 구조적 요인도 중요하다. 또 경기변동의 불안정성과 항상적인 고용 불안 등 상황적 요인이 맞물려 개혁을 가로막을 수 있기 때문이다.

이런 불확실성을 최대한 줄이려면 주체의 전략적 실천이 매우 중요하다. 노동 정치가 구조적 제약 속에서 진행되는 전략적 상호작용이라는 점에서 보면 주체 실천은 불리한 구조적 요인을 넘어설 수 있게 하는 결정적 동력이다. 더욱이 현재 상황이 노동체제 전환의 과도기일 수 있으므로 민주 노조 운동의 일관된 실천의 중요성은 더 커진다.

이 장의 이론적 함의를 간략히 생각해 보자. 본문의 논의는 대개 가설적이었고 많은 부분들이 미래 전망과 연관되어 있었다. 특히 거시적 분석에 집중했다. 그러므로 엄밀한 인과 분석에 이르기보다 이후의 이론적·정책적 논의를 촉발하기 위한 문제 제기의 의미가 더 컸다. 엄밀하고 정치한 논의, 미시적인 논의가 부족한 점은 중요한 한계일지 모른다.

그러나 이 장에서는 거시 정치사회학적 논의가 미시 노동정책 분석에 앞서 필요함을 강조하고자 했다. 이미 많은 연구에서 사용되고 있는 '노동체제론'은 문재인 정부의 노동정책을 평가하고 전망하는 데 매우 유용해 보인다. 새로운 노동체제의 가능성과 한계, 그 성격에 관한 논의가 현실적인 연구 과제가 되었음을 확인할 수 있었다. 이는 문재인 정부 노동 개혁의 전략적 목표와 연관되어 있기도 하다. 이와 관련해 노동체제의 개념 일반, 그리고 특히 종속 신자유주의 노동체제 개념에 대한 비판적인 연구와 이론적 재구성도 시급한 과제라는 것이 드러났다.

마지막으로 민주 노조 운동 혁신 방안에 대한 이론적·정책적 논의가 필요하다는 점이 이 연구의 또 다른 함의이다. 논란이 있을지 모르나 현재 시민사회 내에서 심각하게 고립되어 있는 민주 노조 운동은 새로운 노동체제를 건설할 주된 동력이자 핵심 행위자이다. 정치적 고립 상황은 민주 노조 운동의 내적 한계와 구조적으로 결합되어 있으므로 노동운동 주체들도 혁신의 필요성을 뚜렷하게 인식하고 있다. 다만 직관적 인식에도 불구하고 구체적인 개혁 방안이나 프로그램에 관한 논의는 빈약하다. 이에 대한 연구가 긴요하고 시급함을 다시금 강조할 필요가 있다.

참고문헌

강수돌. 2010. 「파업, 폭력 그리고 상흔」. 〈매일노동뉴스〉(2010/06/10).

강신준. 2005. 「'노사관계 선진화 방안'에 대한 노동계의 대안, 방향전환이 시급하다」. 『연대와 실천』138호.

경제사회발전노사정위원회. 2015. 「노동시장 구조개선을 위한 노사정 합의문」(2015/09/15).

고세훈. 2000. 「영국 보수당의 보수주의와 대처리즘의 일탈」. 안병영·임혁백 엮음. 『세계화와 신자유주의: 이념·현실·대응』. 나남출판.

고용노동부. 2013. 「고용률 70% 로드맵」(2013/06/03).

_____. 2018. 「2018년 고용노동부 업무계획」(2018/01).

고원. 2008. 「이명박 정부의 성격: 국가주의 개발주의로의 후퇴」. 『민주사회와 정책연구』 하반기(통권14호).

교수연구자비상시국회의. 2017. 「2017 새 민주공화국 건설을 위한 정치사회적 제안: 국민보고대회」(2017/02/28).

구준모. 2013. 「박근혜 정부의 노동정책, 무엇을 노리는가」. 『사회운동』111호(여름호).

국정기획자문위원회. 2017. 「문재인 정부의 국정운영 5개년 계획」(2017/07).

국제자유노련ICFTU·OECD 노조자문위원회TUAC·국제산별노련GUFs. 2006. 「진상조사단 한국방문보고서」(2006/09/21).

권두섭. 2010. 「철도노조 파업의 '불법화'에 대한 문제점과 대안」. 전국민주노동조합총연맹 주최 이명박 정부의 노동기본권 탄압 토론회 '노동기본권 보장이 민주주의다' 발표 자료(2010/04/16).

기획재정부. 2015. 「청년 고용 절벽 해소종합대책」(2015/07/27).

김경란. 2013. 「박근혜 정부의 시간제 일자리 확대에 대한 민주노총 입장」. 민주노총 정책 토론회 발표문(2013/10/01).

김공회. 2016. 「박근혜 정부의 경제정책: 집권 4년 차에 즈음한 평가와 전망」. 『박근혜 정권의 성격과 시민사회의 대응』. 토론회 자료집(2016/01/28).

김기덕. 2017. 「노동적폐와 노동행정 개선과제와 방향」. 민주노총·한국노총. 『문재인 정부,

노동존중사회를 향한 우선 이행과제」. 토론회 자료집(2017/06/15).

김동원. 2008. 「노무현 노동정책의 평가와 이명박 정부의 과제」. 한국노동법학회·한국노사
　　관계학회·한국노동경제학회 공동학술대회 '노동정책의 발전방향' 발표
　　논문(2008/04/23).

김동춘. 2014. 「박근혜 정권의 국정원 정치: 구조적 파시즘하에서의 국가주의의 재등장」.
　　『경제와 사회』 101호(봄호).

김선수. 2010. 「파업과 위력업무방해죄」. 전국민주노동조합총연맹 주최 토론회 '파업권 침해,
　　업무방해죄 적용의 문제점' 발표문(2010/06/29).

김성희. 2015. 「안정성의 기반침식과 유연성과 잔여적 복지의 전면화: 박근혜 정부 2년 노동
　　복지정책 평가」. 민주화를 위한 전국교수협의회. 『박근혜 정부 2년을 말한다』. 토론회
　　자료집.

김승택. 2017. 「문재인 정부 일자리정책: 성과와 과제」. '일자리 정부 100일 성과와 향후 과제'
　　세미나 자료(2017/08/24).

김용철. 2010. 『삼성을 생각한다』. 사회평론.

김유선. 2008. 「이명박 정부 노동정책 전망: 인수위활동 평가를 중심으로」. 『이명박 정부,
　　어디로?』. 제17대 대통령직인수위원회 활동 평가 대토론회 자료집(2008/02/20).

＿＿＿. 2013. 「고용률 70%와 시간제 일자리 확대, 평가와 과제」. 민주노총 정책 토론회
　　발표문(2013/10/01).

＿＿＿. 2018. 「문재인 정부 노동정책 1년: 일자리정책, 최저임금, 노동시간」.
　　한국노동사회연구소 토론회 발표문(2018/04/24).

김종엽 엮음. 2009. 『87년체제론: 민주화 이후 한국사회의 인식과 새 전망』. 창비.

김철식. 2017. 「문재인 정부의 노동정책」. 『황해문화』 가을호.

김태연. 2008. 「이명박 정권하의 노동운동의 과제」 『진보평론』 36호(여름호).

김태현. 2006. 「OECD와 한국의 노동기본권」. 민주노총 주최 긴급 토론회 'OECD 가입 10년
　　한국 노동기본권의 현실' 발제문(2006/10/26).

＿＿＿. 2008a. 「이명박 정부의 노동정책과 노동운동의 대응방향」. 전국민주노동조합총연맹
　　토론회 발표문(2008/01/16).

＿＿＿. 2008b. 「이명박 정부의 노사관계 정책과 그 문제점」. 전국민주노동조합총연맹 주최
　　토론회 '이명박 정부 노동정책 집행의 방향과 대안' 발표문(2008/06/11).

＿＿＿. 2008c. 「이명박 정부의 노동규제 완화의 문제점과 노동자의 입장」. 전국민주노동조합
　　총연맹 주최 토론회 '이명박 정부 노동규제 완화, 어떻게 볼 것인가?'
　　발표문(2008/06/11).

_____. 2010. 「OECD 특별감시과정 종료 이후 악화된 노동기본권」. 전국민주노동조합총연맹
　　　주최 이명박 정부의 노동기본권 탄압 토론회 '노동기본권 보장이 민주주의다'
　　　발표문(2010/04/16).

_____. 2013. 「고용률 70%와 노사정대타협」. 민주노총 정책 토론회 발표문(2013/05/27).

김형탁. 2015. 「노사정 합의에 대한 비판과 정의당의 입장」. 『9·13 노사정 합의의 문제점과
　　　대응 방안』. 토론회 자료집(2015/09/15).

김혜진. 2009. 「비정규법을 둘러싼 혼란, 무엇이 진실인가?」. 『진보평론』 41호(가을호).

김호기. 1993. 「조절이론과 국가이론: 제숍의 전략-관계적 접근」. 『동향과 전망』 19호
　　　(봄·여름호).

나상윤. 2008. 「하반기 노사관계 전망과 노동운동의 대응: 공공부문을 중심으로」. 『연대와
　　　소통』 9·10월호.

남우근. 2017. 「문재인 정부 노동정책에 대한 평가와 과제」. 녹색당 주최 '문재인 정부
　　　국정계획 점검 정책 토론회' 자료집.

노광표. 2014. 「공공기관 개혁과 노동조합」. 노동포럼. 『공공성 강화를 위한 공공기관 개혁과
　　　공공부문 노동권』. 토론회 자료집(2014/06/16).

노동당 노동위원회 외. 2017. 『문재인 정부의 노동전략, 노동운동의 과제』. 토론회
　　　자료집(2017/06/13).

노동부. 2003. 「노사관계 법·제도 선진화 방안」.

_____. 2006a. 「06년 노동정책 방향」. 이상수 노동부 장관 강연문.

_____. 2006b. 『2006년 국정감사 자료』.

_____. 2008a. 「노동분야 국정 과제 실천계획」(2008/03/13).

_____. 2008b. 「ILO 결사의 자유위원회 진정(No.1865)에 대한 대한민국 정부의
　　　입장」(2008/05).

_____. 2008c. 「프레시안 인터넷판 보도(「역시 이명박 … 오직 비즈니스 프렌들리」
　　　2008/05/16)에 대한 해명자료」(2008/05/16).

_____. 2008d. 「정당한 노동조합 활동의 허용 범위와 한계에 대한 지도지침」(2008/09).

_____. 2008e. 「노동 규제 개혁 추진 현황」(2008/09).

노사관계발전추진위원회. 2003. 「노사관계체제 발전전략과 노사포럼 운영결과」(2003/12).

노사정대표자회의. 2013. 「고용률 70% 달성을 위한 노사정 일자리협약」(2013/05/30).

노중기. 1995. 「국가의 노동통제 전략에 관한 연구」. 서울대학교 사회학과 박사 학위논문.

_____. 1996. 「노사관계 개혁과 한국의 노동 정치」. 『경제와 사회』 31호(가을호).

_____. 2000. 「한국사회의 노동 개혁에 관한 정치사회학적 연구」. 『경제와 사회』 48호(겨울호).

_____. 2001. 「김대중 정부의 노동정책」. 『민주사회 정책연구』 창간호.

_____. 2003. 「노사정위원회 5년, 평가와 전망」. 『동향과 전망』 56호.

_____. 2005. 「전투적 조합주의에서 살릴 것과 죽일 것은 무엇인가」. 『노동사회』 100호.

_____. 2006a. 「고도성장 이후 노동운동의 전환과 과제」. 『경제와 사회』 69호(봄호).

_____. 2006b. 「노무현 정부의 노동정책: 평가와 전망」. 『산업노동연구』 12권 2호.

_____. 2007. 「국가의 노동통제와 민주 노조 운동: 1987~1992」. 한국학술정보.

_____. 2008. 『한국의 노동체제와 사회적 합의』. 후마니타스.

_____. 2009. 「이명박 정부 출범 1년의 노동정책: 평가와 전망」. 『경제와 사회』 81호(봄호).

_____. 2010a. 「민주화 20년과 노동사회의 민주화」. 『기억과 전망』 22호(여름호).

_____. 2010b. 「한국 노동 정치와 국가프로젝트: 이명박 정부 노동통제 전략에 대한 해석」.
    『산업노동연구』 16권 2호.

_____. 2012a. 「87년 노동자 대투쟁의 역사적 의의와 현재적 의미」. 『경제와 사회』
    96호(겨울호).

_____. 2012b. 「통합진보당 사태와 민주 노조 운동의 위기」. 『산업노동연구』 18권 2호.

_____. 2014. 「박근혜 정부 노동정책에 관한 비판적 고찰」. 『경제와 사회』 103호(가을호).

_____. 2018a. 「1987년 민주항쟁 30년, 민주 노조 운동의 평가와 전망」. 『산업노동연구』 24권
    1호.

_____. 2018b. 「새로운 사회적 대화의 전략과 과제」. 경제사회발전노사정위원회 토론회
    '포용적 노동체제의 비전과 새로운 사회적 대화' 발표문(2018/02/22).

달링턴, 랠프. 2015. 『사회 변혁적 노동조합운동: 20세기 초 미국과 유럽의 신디칼리즘』.
    이수현 옮김. 책갈피.

더미래연구소·더좋은미래. 2017. 『문재인 정부 최우선 정책과제를 제안한다: 권력기관 개혁 및
    노동 개혁』. 토론회 자료집(2017/06/07).

더불어민주당. 2017. 『제19대 대통령선거 더불어민주당 정책공약집: 나라를 나라답게』.

도재형. 2014. 「한국 노동법의 미래」. 한국고용노사관계학회 학술대회 토론문(2014/06/18).

메이슨, 티모시. 2000. 『나치스 민족공동체와 노동계급』. 김학이 옮김. 한울.

민주노총(전국민주노동조합총연맹) 건설노조탄압대책위원회. 2016. 『건설노동자 노동기본권
    확보 방안 마련을 위한 토론회』. 자료집(2016/07/14).

민주노총 법률원. 2006. 「2006. 2. 27 환노위 날치기 통과된 비정규 법안의 문제점」.

민주노총·ILO. 2006. 『공무원노동기본권 토론회 자료집』(2006/07/27).

민주노총. 2003. 「노사관계 로드맵 비판」(2003/09).

_____. 2006a. 『2006년 민주노총 제38차 임시대의원대회 자료집』(2006/09/19).

_____. 2006b.『OECD 가입 10년, 한국노동기본권의 현실 토론회 자료집』(2006/10/26).

_____. 2009.「한국 노동권 실태보고서: OECD TUAC 브리핑자료」(2009/10).

_____. 2010a.「복수 노조 전임자 관련 개정노조법 경과 및 비판」(2010/01/18).

_____. 2010b.「제50차 대의원대회 자료집」(2010/10/05).

_____. 2012.「민주노총 대선요구 질의에 대한 대선 후보 회신 결과」(2012/11/29).

_____. 2013a.「박근혜 정부 100일 평가보고서: 고용·노동·사회정책 중심으로」
(2013/06/04).

_____. 2013b.「통상임금 논쟁의 본질과 대응방향」(2013/05/30).

_____. 2013c.「통상임금 관련 전원합의체 판결 내용 및 향후 대응방향」(2013/12/18).

_____. 2014a.「박근혜 정부 1년 노동정책 평가보고서」(2014/02/19).

_____. 2014b.『행정부 법해석 왜곡과 권력남용 문제점 및 대응방향 토론회: 철도 민영화,
의료민영화, 통상임금, 전교조 법외노조 통보 사례를 중심으로』. 토론회자료집
(2014/02/19).

_____. 2014c.「노동시간 단축 노사정소위 논의 비판」(2014/04/21).

_____. 2014d.『철도 파업 불법탄압 사례발표 및 대응방향 집담회』. 자료집(2014/01/08).

_____. 2015.「[이슈페이퍼] 2016년 경제정책 방향 비판」(2015/12/23).

민주통합당. 2012.『사람이 먼저인 대한민국: 국민과의 약속 119』.

박노자. 2014.「박근혜 스타일: 사회적 파시즘과 정치 제도적 자유민주주의」.『경제와 사회』
101호(봄호).

박석운. 2005.「토론문」. 학술단체협의회 외 주최 노동정책 토론회 '참여정부의 노동정책,
무엇이 문제인가?'(2005/07/15).

박영균. 2009.「자본주의의 위기와 파시즘, 파쇼적인 것들과 사회주의」.『문화과학』
58호(여름호).

_____. 2013.「반지성주의와 파쇼적인 것들의 정치를 넘어선 진보의 정치로」.『진보평론』
57호(가을호).

박용석. 2018.「주요 정부위원회 정책 추진에서 드러난 문재인 정부 '노동 존중사회' 실현의
현주소」. 민주노총정책연구원·한국비정규노동센터·한국산업노동학회 정책 토론회
'문재인 정부 1년, 노동정책 평가와 과제' 발표문(2018/05/04).

박준형. 2017.「문재인 정부에서 노동자가 요구하는 개혁은 어떻게 가능할까? 독자적이고
영리한 대응이 필요할 때」.『오늘보다』29호(2017/06).

박태주. 2006.「세계화와 사회적 대화, 그리고 노사정위원회」.『한국형 사회협약, 과연
가능한가』. 전태일 36주기 기념 대토론회 자료집.

비전노동센터. 2008.「공공부문 구조 개혁 현황과 3대 변수」.『이슈의 재구성』
2008-41(2008/05/23).

새천년민주당 대통령선거대책위원회 노동위원회. 2002.『노동자에 대한 희망의
약속』(2002/11).

손호철. 2002.「밥 제숍의 '전략-관계적' 국가론: 맑스주의 국가론의 최후의 보루?」.『근대와
탈근대의 정치학』. 문화과학사.

_____. 2003.『현대 한국정치: 이론과 역사, 1945~2003』. 사회평론.

_____. 2010.「민주주의와 신자유주의 사이에서」.『기억과 전망』 22호(여름호).

_____. 2017.『촛불 혁명과 2017년 체제: 박정희, 87년, 97년 체제를 넘어서』.
서강대학교출판부.

신광영. 2005.「참여정부의 노동정책과 과제」. 고려대학교 노동대학원 토론회 발표문.

신원철. 2004.「노무현 정부 노동정책의 평가와 전망: 역사적·제도적 접근」.『민주사회와
정책연구』(통권 6호).

신은종. 2014.「공화주의 노사관계 탐색을 위한 시론적 검토: 가치와 주체 형성을 중심으로」.
한국고용노사관계학회 학술대회 발표문(2014/06/18).

신진욱·이영민. 2009.「시장 포퓰리즘 담론의 구조와 기술: 이명박 정권의 정책담론에 대한
비판적 담론 분석」.『경제와 사회』 81호(봄호).

오동석. 2016.「박근혜 정부의 성격 규정과 시민사회의 대응: 합법적 관점」.『박근혜 정권의
성격과 시민사회의 대응』. 토론회 자료집(2016/01/28).

오민규. 2013.「통상임금 문제, 저임금 미조직 노동자와의 연대 강화의 계기로」. 민주노총
토론회 토론문(2013/05/30).

윤상우. 2009.「외환위기 이후 한국의 발전주의적 신자유주의화」.『경제와 사회』
83호(가을호).

윤지영. 2015.「정부의 노동5법은 노동자와 청년을 살리는가?」.『노동관련 5개 법안에 대한
시민 전문가 공청회 자료집』(2015/12/21).

윤진호. 2014.「박근혜 정부의 노동정책 1년: 예정된 좌절」. 서울사회경제연구소 발표문.

은수미. 2006.「사회적 대화의 전제조건 분석」. 한국노동연구원.

이계수·오병두. 2008.「이명박 정부의 친기업적 경찰국가화에 대한 비판과 민주법학의 대응」.
학술단체협의회 창립 20주년 기념 토론회 '21세기의 진보와 진보학술운동의 과제'
발표문(2008/11/07).

이광일. 2009.「파시즘 다시 보기, 파시즘이 올 가능성이 있냐구?」.『문화과학』 58호(여름호).

_____. 2013.「자유주의정치의 '역사적 헤게모니': 그 긴 그늘과 좌파」.『진보평론』

58호(겨울호).

이근. 2007. 「중진국 함정과 선진국 전략」. 이병천 엮음. 『세계화 시대 한국자본주의: 진단과
　　대안』. 한울.

이남주. 2016. 「수구의 롤백전략과 시민사회의 대응」. 『박근혜 정권의 성격과 시민사회의
　　대응』. 토론회 자료집(2016/01/28).

이병천. 2007. 「양극화의 함정과 민주화의 깨어진 약속」. 이병천 엮음. 『세계화 시대
　　한국자본주의: 진단과 대안』. 한울.

이상훈·이승우. 2013. 「박근혜 정부의 노동정책 분석과 전망: 노동의 부재와 신자유주의적
　　고용체제의 공고화」. 사회공공연구소 이슈페이퍼 2013-5.

이영면. 2014. 「최저임금 결정을 위한 합리적 기준」. 최저임금연대 토론회 발표문
　　(2014/05/27).

이종보. 2010. 「'민주정부'에서의 삼성의 지배전략과 민주주의」. 『진보평론』 44호(여름호).

이주희. 2018. 「문재인 정부 1년: 비정규직 및 사회적 대화 정책평가와 과제」.
　　한국노동사회연구소 토론회 발표문(2018/04/24).

이창근. 2013. 「통상임금 논쟁의 본질과 민주노총 대응방향」. 민주노총 토론회 토론문
　　(2013/05/30).

＿＿＿. 2016. 「토론문」. 『박근혜 정권의 성격과 시민사회의 대응』. 토론회
　　자료집(2016/01/28).

＿＿＿. 2017. 「행정부 권한으로 가능한 노동 분야 우선개혁 과제 제안」. 민주노총 '대통령에
　　당선되자마자 할 수 있다' 토론회 발표문(2017/04/26).

임상훈. 2006. 『한국형 노사관계 모델(2)』. 한국노동연구원.

임영일. 2002. 「신자유주의하 노동의 위기와 노동체제의 전환」. 경상대학교 사회과학연구소
　　엮음. 『신자유주의 구조 조정과 노동체제의 변화』. 한울.

＿＿＿. 2003. 「신자유주의적 구조 조정과 노동체제의 전환」. 경상대학교 사회과학연구원 엮음.
　　『신자유주의적 구조 조정과 노동운동: 1997~2001』. 한울.

＿＿＿. 2005. 「노동운동 위기론과 산별노조 건설운동의 반성」. 『연대와 실천』 133호.

장홍근. 1999. 「한국 노동체제의 전환과정에 관한 연구, 1987~1997」. 서울대학교 사회학과
　　박사 학위논문.

＿＿＿. 2018. 「노동존중사회, 사회적 대화의 역할」. 경제사회발전노사정위원회 토론회 '포용적
　　노동체제의 비전과 새로운 사회적 대화' 발표문(2018/02/22).

전국언론노동조합. 2016. 「노동 개혁, 청년 실업 해결에 도움 안 돼, "59.3%"」. 보도자료
　　(2016/05/03).

전태일기념사업회. 2006. 『한국형 사회 협약 과연 가능한가』. 전태일 36주기 기념 대토론회
　　　자료집(2006/11/09).

정문건·손민중. 2004. 『새 한국형 경제운용시스템을 찾아서』. 삼성경제연구소.

정영태. 2008. 「실용주의 불도저 대통령과 한국사회」. 『노동사회』 2월호.

정태인. 2015. 「박근혜, IMF-김영삼을 닮아가고 있다」. 〈프레시안〉(2015/09/18).

정흥준. 2018. 「고용노동정책의 전환기, 2017년 노사관계 평가와 2018년 전망」.
　　　한국노동연구원. 『노동리뷰』 2018년 1월호.

제숍, 밥. 2000. 『전략관계적 국가이론』. 유범상·김문귀 옮김. 한울.

조경배. 2008. 「신자유주의, 자본권력의 강화와 노동인권의 위기」. 학술단체협의회 창립
　　　20주년 기념 토론회 '21세기의 진보와 진보학술운동의 과제' 발표문(2008/11/07).

조돈문. 2005. 「기업하기 좋은 나라 VS. 사회통합적 노사관계」. 학술단체협의회 외 주최
　　　토론회 '참여정부의 노동정책 무엇이 문제인가?' 발표문(2005/07/15).

＿＿＿. 2006. 「자유시장경제모델로의 이행과 노무현 정권의 노동정책」. 『민주사회와 정책연구』
　　　통권 10호.

조현연·김정석. 2016. 「박근혜 정부의 '다원적 두 국민전략'과 세대갈등: 공무원 연금과
　　　임금피크제 문제를 중심으로」. 『경제와 사회』 110호(여름호).

조희연. 2008. 「신자유주의적 불평등, 신보수정권 시대의 복합적 반신자유주의 정치: 새로운
　　　보수체제의 성격과 대응 실천에 대한 급진민주주의의 시각」. 『진보평론』 36호(여름호).

철도공사파업유도진상조사단. 2010. 「철도 파업의 배경과 철도공사의 노조탄압 및 인권탄압에
　　　대한 진상조사보고서」(2010/02/09).

최덕현. 2016. 「교원 노동 3권 제한 실태와 과제」. 『교원의 노동 3권 보장 어떻게 할 것인가?』.
　　　토론회 자료집(2016/06/23).

최영기 외. 2005. 『한국형 노사관계 모델(1)』. 한국노동연구원.

최장집. 1992. 「한국의 노동계급은 왜 계급으로서의 조직화에 실패하고 있나?」. 한국사회학회
　　　한국정치학회 엮음. 『한국 국가와 시민사회』. 한울.

＿＿＿. 2005. 「사회적 시민권 없는 한국 민주주의」. 최장집 엮음. 『위기의 노동』. 후마니타스.

＿＿＿. 2006. 『민주주의의 민주화』. 후마니타스.

＿＿＿. 2010. 「한국 민주주의를 이해하는 방법에 관한 하나의 논평」. 『경제와 사회』
　　　85호(봄호).

풀란차스, 니코스. 1994. 『국가·권력·사회주의』. 박병영 옮김. 백의.

한국노동사회연구소. 2008. 「차기정부에서 노동조합운동의 전망과 과제」(좌담). 『노동사회』
　　　1월호.

한국노동사회연구소·민주사회를 위한 변호사모임. 2003.『노동부 노사 관계 선진화 방안 평가』(2003/10).

한상희. 2014.「행정부처 월권적 법해석 문제 진단」. 민주노총 주최 '행정부 법해석 왜곡과 권력남용 문제점 및 대응방향 토론회' 토론문(2014/02/19).

황선웅. 2018.「문재인 정부 비정규직 정규직 전환 평가와 과제: 공공부문을 중심으로」. 민주노총정책연구원·한국비정규노동센터·한국산업노동학회 정책 토론회 '문재인 정부 1년, 노동정책 평가와 과제' 발표문(2018/05/04).

『경향신문』. 2003/08/07.「'노조 대항권' 법제화, '산 넘어 산'」.

〈레디앙〉. 2006/10/16.「정부, OECD에 "민주노총은 '재앙'적 존재" 반박의견서 제출」.

──. 2006/11/14.「노-경총, 로드맵 주요 부분 비밀 합의 밝혀져」.

──. 2008/06/17.「정부, 타결보다 강경대응 선택했나?」.

──. 2010/06/08.「쌍용차 1년: 노조, 경찰 회사 폭력행위 고소」.

──. 2010/07/22.「법원, 공무원노조 설립신고 반려 적법」.

──. 2010/07/28.「노동자들의 피땀이 만든 쾌거」.

〈레이버투데이〉. 2005/07/18.「노정 관계 갈등 없다」.

──. 2005/08/25.「김 노동, 내용 없는 대타협보다 작은 합의 축적 바람직」.

──. 2005/09/02.「노동부는 노사정위 강화 원치 않아」.

──. 2005/09/15.「노사관계 로드맵을 해부하다: "노동정책 타협모델에서 법치주의로 전환됐다"」.

──. 2005/10/24.「청와대 노동비서관 역할 전환 검토, '노사 관계'에서 '고용'으로」.

──. 2006/02/15.「노 대통령 연일 극찬」.

──. 2006/03/07.「경총, "참여정부, 노동정책 제일 잘했다"」.

──. 2006/03/08.「정부 의지 우려 불구, 구체적 의제에는 참가」.

──. 2006/03/13.「국민과 함께, 현장과 함께 새로운 도약의 계기 선언」.

──. 2006/03/30.「ILO, 한국정부에 '강도 높은' 권고」.

──. 2006/04/17.「노사정 3자의 '사회적 대화'는 유효한가: 노사정위원회 발전 방향을 위한 대토론회」.

──. 2006/06/21.「저출산·고령화 사회 협약 체결」.

──. 2006/08/07.「비정규직 올 7월 말 현재 147명 구속」.

──. 2006/08/14.「언행불일치: 거꾸로 가는 공공부문」.

──. 2006/09/04.「파업 시 대체인력에 정부가 뒷돈」.

_____. 2006/10/01. 「KTX 적법도급 판정 논란」.

_____. 2006/10/11. 「노동부가 불법 파견 증거 다수 누락시켰다」.

_____. 2006/10/20. 「민변, 정부가 UN에 낸 보고서 반박」.

_____. 2006/11/02. 「민주노총 총파업, "법과 원칙"대로」.

_____. 2008/06/19. 「한국노총-경총 "재단안 확정되면 정부에 지원요청"」.

〈매일노동뉴스〉. 2008/09/29. 「노동부, 실업자 노조가입 2012년까지 완료」.

_____. 2008/10/17. 「아시아 노사정 대표 서울선언 채택」.

_____. 2010/01/04. 「노동계 7대 이슈: 메가톤급 법 개정 논란 계속될 듯」.

_____. 2010/01/25. 「노동정책, 기재부에 물어봐!」.

_____. 2010/07/14. 「노사정위원장, 굴욕 서약」.

_____. 2010/08/05. 「노동부, 공무원노조들 규약 또 문제 삼아」.

_____. 2010/08/10. 「독립성 논란에 휩싸인 노동위원회」.

_____. 2013/05/30. 「고용률 70% 일자리협약, 어디서 많이 봤다 했더니」.

_____. 2014/03/21. 「야당, 노동부 임금 체계 개편 매뉴얼에 부글부글」.

_____. 2015/09/22. 「[뉴스발굴] 노동 개혁은 전경련 머릿속에서 나왔다」.

_____. 2015/12/14. 「최고경영자 10명 중 6명, 노사정 합의 추진 회의적」.

_____. 2016/01/27. 「파견법 선택한 청와대, 최종 목적은 노조 힘 빼기?」.

〈미디어오늘〉. 2015/09/15. 「쉬운 해고 노동 개혁안, 전경련 민원사항이었다」.

〈오마이뉴스〉. 2008/05/01. 「그들의 작전은 노동계 분열」.

_____. 2008/09/10. 「노사만으로 대타협? 차라리 대책이 없다고 하지」.

_____. 2008/10/17. 「국감 끝나면 국정원·경찰청 정보 보고」.

〈이데일리〉. 2018/06/07. 「최저임금 합의점 찾나. 김동연 홍장표 오늘 간담회」.

〈프레시안〉. 2005/07/07. 「노 "도와주는 언론 없는 게 가장 큰 어려움, 노사정은 실패한 정책"」.

_____. 2015/09/15. 「현대차를 위한 노동 개혁?」.

『한겨레』. 2006/02/13. 「싸늘한 국민시선 왜 모르나」.

_____. 2010/08/14. 「타임오프 고시무효소송 민주노총 패소판결」.

『한국경제신문』. 2004/02/11. 「김대환 신임 노동장관, 친노기조 바꿀까」.

Coates, David. 1989. _The Crisis of Labour: Industrial Relations and the State in Contemporary Britain_. Philip Allan.

Hall, Stuart. 1988. _The Hard Road to Renewal: Thatcherism and the Crisis of the Left_.

London-New York: Verso [『대처리즘의 문화정치』. 임영호 옮김. 한나래. 2007].

Jessop, Bob, Kevin Bonnett, Simon Bromley and Tom Ling. 1988. *Thatcherism: A Tale of Two Nations*. Polity Press.

Jessop, Bob. 1990. *State Theory: Putting the Capitalist State in its Place*. The PSU Press [『전략 관계적 국가이론』. 유범상·김문귀 옮김. 한울. 2000].

_____. 2002. *The Future of Capitalist State*. Polity [『자본주의 국가의 미래』. 김영화 옮김. 양서원. 2010].

Marsh, David. 1992. *The New Politics of British Trade Unionism: Union Power and the Thatcher Legacy*. ILR Press.

Poulantzas, Nicos. 1979. *Fascism and Dictatorship*. Verso.

찾아보기

ㄱ

국가 프로젝트state projects 84~87, 96, 97,
　　99, 102, 107, 108, 112, 113,
　　119~121, 123, 130, 188, 236

ㄴ

노동 정치 13, 16, 23, 27~29, 35, 38, 40,
　　42, 47, 50~52, 58~61, 70, 72, 77, 83,
　　84, 86, 94, 96, 97, 112, 115, 126,
　　127, 131, 144, 150, 151, 156, 158,
　　162, 184, 192, 218, 221, 233~235,
　　237, 239, 241, 244, 249, 255

노동규제개혁위원회 55

노동정책 7, 8, 10~14, 19, 22, 23, 25,
　　27~29, 32, 34, 39~42, 44~46, 50~54,
　　56~58, 60, 61, 63, 65, 67~70, 74,
　　76~80, 83, 84, 88, 91~94, 99, 111,
　　120, 121, 126~132, 135, 141, 142,
　　148, 151, 152, 158, 162, 164~167,
　　169, 177, 180, 181, 190, 207, 209,
　　211, 214, 219, 224~227, 231, 234,
　　236, 246, 249, 256

노동체제 7, 11, 23, 28, 35, 40, 41, 44, 45,
　　51, 52, 127, 130, 131, 162, 163, 167,
　　181, 184, 188, 194, 196, 197, 200,
　　203, 204, 207, 211, 215~218, 220,
　　221, 226, 230, 239, 240, 242,
　　254~256

노무현 정부 10~12, 18, 19, 22~24, 27~31,
　　33, 34, 37~44, 46, 50, 53, 60, 61,
　　68~70, 74, 75, 77, 78, 80, 88~93, 98,
　　100~102, 105, 106, 130, 132, 136,
　　141, 155, 177, 179, 180, 185~187,
　　209, 212, 213, 227, 230, 238, 242,
　　243

노사 관계 선진화 방안(로드맵) 11, 15, 16,
　　19~21, 23, 25, 29, 31, 33~35, 40, 43,
　　69, 75, 88, 91, 92, 98, 100, 135, 137,
　　138, 180, 238

노사관계개혁위원회 22, 39, 96~98, 103,
　　180, 238, 240, 242

노사관계발전추진위원회 13, 14, 19

노사민정 협의체 58, 62~64, 75, 92

노사정위원회 10~14, 16~18, 20, 21, 23,
　　27, 28, 31, 33~35, 37, 39, 40, 43, 57,
　　60, 64, 74, 79, 92, 93, 98, 105, 107,
　　111, 140, 170, 174, 176, 177, 214,
　　238, 242, 243, 245

ㄷ

두 국민 전략two nation strategy 87, 107, 113,
　　114, 116, 122, 131, 154, 156, 157,
　　167, 194

ㅁ

문재인 정부 7, 8, 224~227, 229, 231,
　　233~236, 239, 243, 244, 247~249,

255, 256

민영화 13, 56, 76, 79, 88, 100, 140, 141,
　　144, 205, 209

민주 노조 운동 10, 26, 27, 32, 38, 42, 46,
　　50, 60, 69, 82, 96~98, 106, 110, 117,
　　118, 120, 122, 123, 139~142, 174,
　　187, 190, 191, 224, 226, 235, 237,
　　240, 242~245, 248~256

민주노총 11, 13, 15, 17, 18, 20, 21,
　　24~33, 38, 42, 43, 46, 53, 54, 56, 57,
　　59, 69, 71, 75, 76, 78, 82, 91, 98,
　　109, 118, 126, 132, 135, 140~142,
　　144, 149, 162, 170, 173~175, 178,
　　189, 191~193, 197, 198, 205, 224,
　　232, 233, 236, 243, 248~250

민주화 (국가) 프로젝트 96~98, 100, 101,
　　103~108, 113, 114, 116, 117,
　　120~123, 188, 242

ㅂ

박근혜 정부 38, 126~132, 135~142, 145,
　　147, 148, 150~152, 155, 157~159,
　　162~167, 169, 170, 173~175,
　　177~184, 186, 187, 189~197, 202,
　　203, 205, 207~209, 213, 226, 229,
　　230, 234, 236, 245, 250

배제 전략 11, 13, 35, 38, 68, 74, 77, 78,
　　103, 141, 142, 194

법치주의 7, 55, 58, 60, 62~64, 67~69, 71,
　　72, 75, 78, 84, 88, 89, 99~101, 104,
　　108, 110~121, 127, 130, 131,
　　142~158, 165, 167, 176~178,
　　180~182, 188, 189, 193, 195, 196,
　　206, 210, 216

ㅅ

사회 통합적 노사 관계 10, 14, 15, 18, 28,

29, 33, 34, 39, 53, 104, 177, 234

사회적 대화 62, 64, 93, 207, 231, 232,
　　243, 245, 249, 252, 254

사회적 합의 28, 30, 33, 39, 41, 43, 64, 93

선진화 (국가) 프로젝트 97, 99~101, 103,
　　104, 107, 108, 113, 114, 116~122,
　　188~190, 195, 196, 205, 242

손해배상 청구 소송 12, 13, 15, 24, 64, 73,
　　90, 144, 175, 203, 209, 212, 230, 231

신자유주의 7, 18, 19, 24, 29, 36, 37, 39,
　　40, 50, 53, 61, 63, 68, 70, 71, 77~80,
　　83, 88, 90, 91, 93, 94, 99, 100, 105,
　　113, 114, 120, 127, 128, 130, 131,
　　143, 144, 148, 150, 151, 153~159,
　　166, 167, 177, 181, 183, 185,
　　193~196, 203~206, 210, 211, 217,
　　234, 235, 241~243, 245, 250, 251,
　　255

신자유주의 노동체제 79, 99, 130, 131,
　　157, 190, 191, 204, 206, 216, 242,
　　248

신자유주의 대동맹 19, 106, 122, 123, 236,
　　237, 240

ㅇ

이명박 정부 50~52, 54, 55, 57, 58, 60, 61,
　　63, 67~72, 74, 76~80, 82~84, 88~94,
　　98, 99, 101, 104, 105, 108~111,
　　115~117, 120~122, 130, 132, 136,
　　137, 141, 142, 144, 157, 168, 177,
　　179~182, 188, 191, 205, 213, 230

ㅈ

전략 관계 국가론 84~86, 92

종속 신자유주의 노동체제 7, 23, 26, 41, 43,
　　44, 47, 78, 115, 121, 130, 166, 167,

190, 191, 194, 195, 197, 203, 206,
215, 216, 221, 240, 241, 244, 256
직권 중재   12, 13, 15, 16, 20, 21, 30, 41,
69, 92, 98, 116

ㅊ

촛불 혁명   200, 202, 206, 207, 210, 215,
221, 227, 234~240, 243~246, 250,
251, 255

ㅍ

파시즘   83, 94, 116, 117, 126~129, 146,
151~154, 157~159, 164~166, 190,

195, 196
필수 공익사업   13, 16, 21, 92, 101

ㅎ

헤게모니 배제 전략   68
헤게모니 프로젝트hegemonic projects   85~87,
106, 107, 113, 122, 123, 130, 236

기타

1987년 노동체제   41, 78, 91, 95, 97, 130,
163, 166, 167, 188, 190, 194, 196,
200, 203, 216, 235, 240~242

각 장 출전

1장 ◆ 「노무현 정부의 노동정책 : 평가와 전망」

　　한국산업노동학회 엮음. 『산업노동연구』 12권 2호(2006)

2장 ◆ 「이명박 정부 출범 1년의 노동정책 : 평가와 전망」

　　비판사회학회 엮음. 『경제와 사회』 81호(2009)

3장 ◆ 「한국 노동 정치와 국가 프로젝트 변동 : 이명박 정부 노동통제
　　전략에 대한 해석」

　　한국산업노동학회 엮음. 『산업노동연구』 16권 2호(2010)

4장 ◆ 「박근혜 정부 노동정책에 관한 비판적 고찰」

　　비판사회학회 엮음. 『경제와 사회』 103호(2014)

5장 ◆ 「박근혜 정부 노동 개혁 정치에 대한 비판적 고찰」

　　민주사회정책연구원 엮음. 『민주사회와 정책연구』 32호(2017)

6장 ◆ 「촛불 혁명 새 공화국 건설과제 제안 중 노동 부문 개혁 과제」

　　박근혜정권 퇴진 비상국민행동 발표문(2017/01).

7장 ◆ 「문재인 정부 노동정책 1년, 평가와 전망」

　　한국산업노동학회 엮음. 『산업노동연구』 24권 2호(2018)